W0196099

Das große Buch vom Träumen

Reitz · Schmidts · Rosky

Das große Buch vom Träumen

Die Bilder unseres Unbewussten nutzen

Inhalt

Bereits in der »Ilias« des griechischen Dichters Homer lassen sich einige Helden von Träumen leiten.

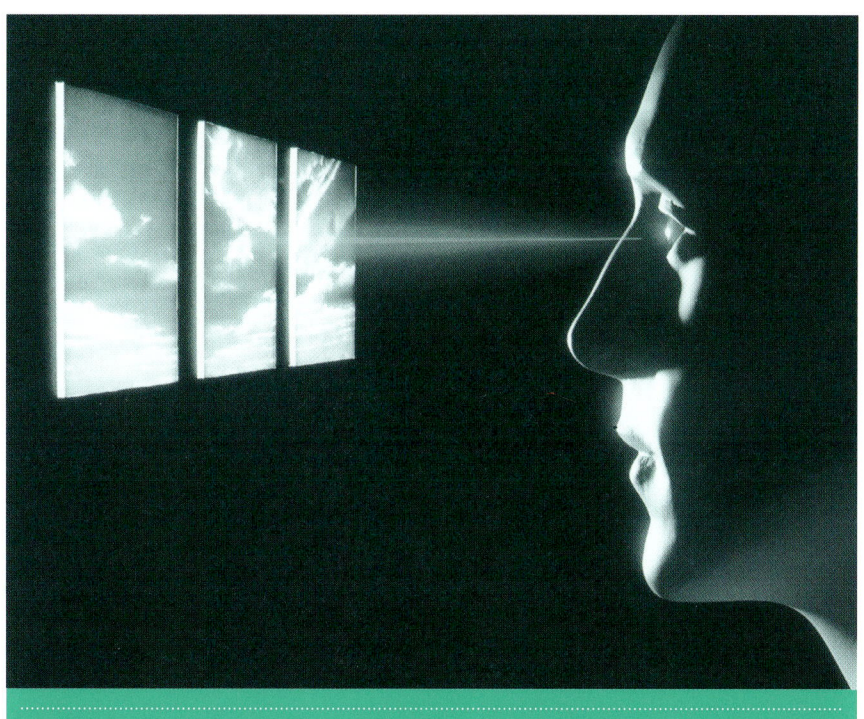

Die Surrealisten – wie Dalí, Masson, Bunuel oder Magritte – stellten den Traum und das Irrationale in den Mittelpunkt ihrer Kunst.

Der Surrealismus – Traumkunst oder Die Kunst zu träumen

Vorwort

Was rechtfertigt es eigentlich, inmitten einer Flut der unterschiedlichsten Traumbücher, die gerade auch zum hundertjährigen Jubiläum der Veröffentlichung der »Traumdeutung« von Sigmund Freud erschienen sind, ein weiteres Buch zu diesem Thema herauszubringen?

Diese Frage stellt zugleich die Frage nach dem Anliegen der Autoren. Als Psychoanalytiker und Archäologen versuchen wir, Menschen sowohl in ihrem Glück als auch in ihrem Leid zu verstehen. Wir sind deshalb aufgerufen, die Quellen zu erforschen, die menschliches Handeln, Phantasieren und Träumen speisen. Und wir sind auch bemüht, unsere Patienten zu motivieren, Vertrauen in die eigenen dunklen Kräfte zu entwickeln, um sich auf diese Weise mit uns auf die Forschungsreise in die Welt des Unbewussten zu begeben und dabei die heilenden Kräfte, die in jedem Menschen wirksam und zur Bewältigung seines Alltags nötig sind, zu erschließen. Gerade das Träumen ist ein guter Weg, Vertrauen in die eigenen Kräfte, Phantasien und Utopien für das eigene Leben zu entwickeln und die Realität eigenverantwortlich zu gestalten.

Wir wollen durch dieses Buch auch Vertrauen schaffen in die Kommunizierbarkeit menschlicher Bedürfnisse, die sich gerade auch in Träumen artikulieren. Natürlich kann die Äußerung solcher Bedürfnisse in der Realität auf Ablehnung stoßen, und natürlich mobilisiert diese Ablehnung zuweilen Enttäuschung und Wut. Diese Wut muss aber nicht notwendigerweise die Vernichtung des Anderen oder seiner Selbst nach sich ziehen. Aggression ist nicht »von Natur aus« zerstörerisch, ihr Ziel ist primär sowohl im privaten wie im politischen Bereich eine Veränderung. Das setzt allerdings die Entwicklung einer sowohl persönlichen wie auch politischen Gesprächskultur voraus.

Als Therapeuten ist es unser erklärtes Ziel, destruktives Agieren überflüssig werden zu lassen und damit einen Beitrag für die Friedensfähigkeit zu leisten – in der Familie ebenso wie in anderen Gruppen und in größeren gesellschaftlichen Dimensionen. In all diesen Gruppierungen ist jeder konfrontiert mit der Fremdheit des Anderen, mit der Fremdheit anderer Kulturen und Völker, ja mit der Fremdheit des eigenen Lebens. Angst ist dabei unvermeidlich. Wenn sie aber mitgeteilt werden kann, kann sie auch verstanden werden. Dazu soll dieses Buch immer wieder anregen und Mut machen.

Es ist nicht unser primäres Anliegen, in einer wissenschaftlichen Sprache und auf dem neuesten Stand der Diskussion eine Kontroverse gegen andere Auffassungen zum Träumen und zur Traumdeutung zu führen. Es geht uns auch keineswegs um Vollständigkeit der Traumforschung und Traumliteratur. Es geht uns vielmehr darum, Mut zu machen, Freude an der Phantasie zu wecken, die in der Menschheitsgeschichte nahezu jedes Problem lösen konnte.

Wir möchten denjenigen danken, die mit ihren Träumen dieses Buch überhaupt erst möglich gemacht haben.

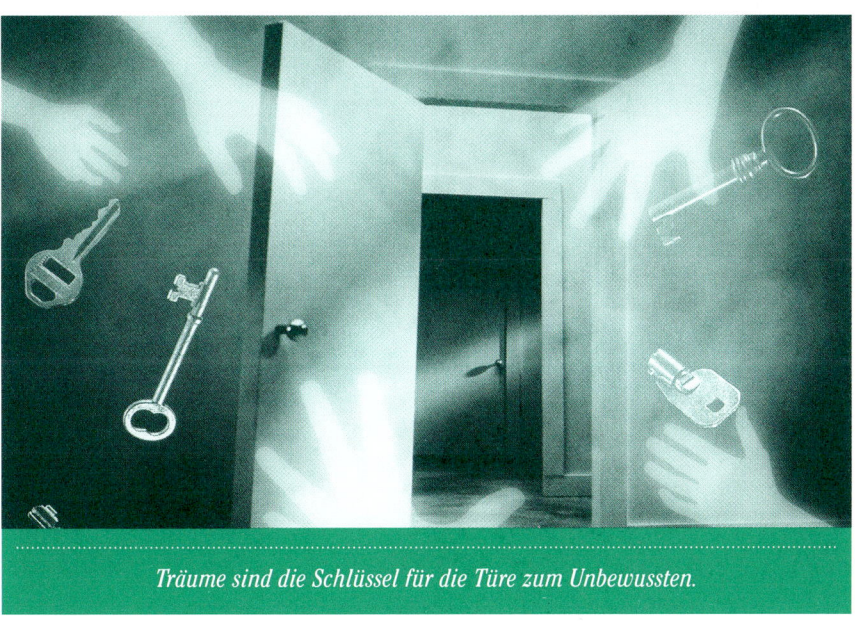

Träume sind die Schlüssel für die Türe zum Unbewussten.

Die Welt
der Träume

*Träume und Phantasien sind ständige
Begleiter unseres Lebens. Aber was haben
sie zu bedeuten? In welcher Beziehung
stehen sie zu unserer Wirklichkeit?
»Ich weiß aus unleugbarer Erfahrung,
dass Träume zu Selbsterkenntnis führen.«
So äußerte sich Georg Christoph Lichten-
berg (1742–1799).
Die nordamerikanischen Indianer halten
das Träumen sogar für wichtiger als die
Realität des Alltags. Warum die Beschäftigung mit Träumen produktiv und schöpferisch ist, wollen wir in diesem einführen-
den Kapitel zu begründen versuchen. Dazu
werden wir ein erstes Licht werfen auf die
Eigenarten des Traumes und die vielzäh-
ligen Traumtheorien.*

Träume – die Sprache der Seele

In einem Film von Luis Buñuel gibt es folgende Szene: Eine große Gesellschaft sitzt an einem Tisch. Das Essen wird aufgefahren. Lebhaftes Gerede und Diskutieren. Plötzlich erhebt sich einer der Anwesenden, klopft mit einem Löffel ans Weinglas und bittet um Ruhe. »Gestatten Sie, ich würde gerne einen Traum der letzten Nacht zum Besten geben.« Die Anwesenden nicken zustimmend. Und er erzählt. Dann setzt er sich wieder. Und die Unterhaltung geht normal weiter.

Man muss diese Szene sehen. So trocken und selbstverständlich. Als wäre es die normalste Sache der Welt, dass jemand einen Traum erzählt und eine ganze Gesellschaft aufmerksam zuhört.

Warum aber wirkt das auf uns so befremdlich? Weil es eben »nur« ein Traum ist, der da erzählt wird. Wäre es ein Gedicht oder ein Trinkspruch, den unser Träumer vorgetragen hätte, die Szene hätte nichts Ungewöhnliches.

Träumen macht weise und erfolgreich

Im öffentlichen Leben unserer westlichen Kultur – jenseits des Reservats der Psychotherapie – spielen Träume im Allgemeinen keine Rolle. Es gibt Kulturen, wo das anders ist. Die nordamerikanischen Indianer halten Träume für bedeutender als die Realität des wachen Alltags. Der Jesuit Père Fremin, ein Missionar, der im 17. Jahrhundert bei den Irokesen lebte, schrieb in sein Tagebuch: »Die Leute denken nur daran, sie sprechen über nichts anderes, und ihre Hütten sind erfüllt von ihren Träumen.«

Für viele so genannte primitive Kulturen ist der Traum als Sprache der Seele und des Geistes wichtiger als alles andere. Lost Star, ein Maricopa-Indianer, sagte einmal: »Jeder, der wohlhabend oder erfolgreich ist, muss von etwas geträumt haben. Nicht weil er ein guter Arbeiter ist, kam er zu Wohlstand, sondern weil er träumte.« Smohalla, ein Häuptling der Nez Percé, geht noch einen Schritt weiter: »Meine jungen Männer sollen niemals arbeiten. Männer, die arbeiten, können nicht träumen, und Weisheit kommt in Träumen.«

Jeder hat seine Träume

Natürlich gibt es auch in unserer Gesellschaft eine gewisse Akzeptanz und ein wachsendes Interesse gegenüber Träumen. Sagen Sie einmal auf einem Geburtstag oder beim Kaffeetrinken mit Freunden, dass Sie an einem Buch über Träume arbeiten. Das Interesse – besonders von weiblicher Seite – ist Ihnen gewiss.

Und bald schon werden die ersten Träume erzählt. Fast jeder erinnert sich an irgendeinen Traum. Auch derjenige, der vorgibt, niemals zu träumen, hat nicht selten schon bald einen Traum vor Augen. Manchmal ist es ein jahre- oder jahrzehntealter Traum, der aus dem Schatten des Vergessens heraustritt.

Traum und Wirklichkeit

Manchmal erscheint die Wirklichkeit wie ein Traum. Umgekehrt wirken manche Träume so real, als hätte es sich tatsächlich so zugetragen. Realität und Traum verschwimmen. Das ist kein Zufall, denn Träume haben unmittelbar mit der Wirklichkeit zu tun. Dennoch werden Träume oft nur zur Kenntnis genommen und als interessant empfunden – was den Wirklichkeitsbezug der Träume angeht, herrscht dagegen häufig Skepsis. Traum ist Traum und Alltag ist Alltag. Traum und Wirklichkeit gelten als zwei verschiedene Dinge. Dabei träumen wir ständig. Tagtäglich. Stündlich. Auf dem Weg zum Bahnhof, beim Einkaufen, ja, sogar selbst bei der Arbeit! Wir träumen vom Feierabend und vom Wochenende, grübeln darüber nach, warum der Kollege so schlecht gelaunt ist.

Wir stellen Vermutungen an und malen uns mit großem Vergnügen aus, was sein könnte. Wir entwerfen alptraumhafte Szenarien. Schmieden Rachepläne. Haben sexuelle Phantasien jeder Art.

Unsere Phantasien und Tagträumereien bekommen unentwegt und reichlich Nahrung von außen. Die Werbeindustrie spielt mit unseren tiefsten Sehnsüchten und Wünschen. Sie weckt unser Begehren nach einem noch schnelleren und bequemeren Auto oder dem neuesten Computermodell. Die »Traumfabrik« lockt 1998 Hunderte Millionen Besucher in die Kinos: Der Untergang der Titanic 1912, ein Alptraum, wird im gleichnamigen Film als eine tragische Liebesgeschichte inszeniert. Das und vieles mehr geht auch in unsere nächtlichen Träume ein: Mythen, Phantasien, Gespräche, Gerüchte, Tagträume, (unerfüllte) Wünsche, Sehnsüchte, Hoffnungen, Sexualität and Gewalt, Gelebtes und Ungelebtes. Der nächtliche Traum spiegelt die ganze Komplexität der Wirklichkeit.

Was Träume verraten

Aber wieso sollte die Beschäftigung mit den Träumen zur Selbsterkenntnis führen oder zur Weisheit beitragen? Der Traum zeigt uns nicht nur das, was wir kennen, was uns bewusst ist, der Traum zeigt uns eine Seite in uns, die wir im Alltag nicht wahrnehmen. Sigmund Freud sagte, der Traum sei die via regia, der Königsweg, zum Unbewussten.

Unser Wachbewusstsein gehorcht vor allem rationalen Denkschemata. Im nächtlichen Traum sind aber Vernunft und Verstand, die tagsüber lebenswichtig sind, ihrer Herrschaft enthoben. In Träumen zeigt sich, was wir eigentlich gerne wären, was wir aus gesellschaftlichen oder anderen Gründen tagsüber unterdrücken: die unausgesprochenen Sorgen und Probleme, Antriebe und Beweggründe unseres Lebens. Denn die sind gar nicht so vernünftig und rational, wie wir sie gern hätten. Deshalb sind wir uns selbst in weiten Bereichen fremd. Die Beschäftigung mit den nächtlichen Träumen kann uns aber helfen, vertrauter mit uns selbst zu werden und gleichzeitig die von uns nicht abhängige Wirklichkeit zu erkennen. Der Traum ist der Schlüssel zu uns selbst und zu der von uns unterschiedenen Welt.

Das Leben im Zeitraffer

Der Traum hat noch eine andere Eigenart. Sein Inhalt erschöpft sich nicht im Geschehen des vorangegangenen Tages. Er enthält zwar identifizierbare Tagesreste des Vortages, aber auch das Langzeitgedächtnis des Träumers liefert seine Beiträge zu den Tagesresten, ja bestimmt deren Auswahl. Aktuelle und längst vergangene, teilweise jahrzehntealte Erinnerungen aus der Kindheit verschmelzen zu beeindruckenden Traumbildern. Träume sind Kompendien des Lebens. Im Zeitraffer findet sich hier dicht gedrängt und in eindringlichen Bildern zusammengefasst, was uns im Leben bewegt und antreibt. Die Romantiker verglichen die Träume wegen ihrer poetischen Schönheit und Ausdruckskraft mit Gedichten. Künstler, Wissenschaftler und Schriftsteller lassen sich bis zum heutigen Tag von ihren nächtlichen Eingebungen inspirieren. Denn der Umgang mit den Träumen führt nicht nur zur Selbsterkenntnis, er ist auch ungeheuer kreativ.

Ganz persönliche Träume

Träume sind genauso individuell wie ihre »Besitzer«. So wie jeder Mensch ganz persönliche Vorlieben und Bedürfnisse ebenso wie eine ganz individuelle Vergangenheit aufweist, hat er auch ganz persönliche Träume. Das wusste schon der antike Traumdeuter Artemidoros von Daldis, der mahnte, Träume immer im Zusammenhang mit der Vorgeschichte und dem Leben des Träumers zu sehen. Alle nachfolgenden seriösen Traumdeuter, auch die Psychoanalytiker im 20. Jahrhundert, haben das bestätigt. Ein reines Nachschlagewerk für Traummotive macht demnach keinen Sinn.

Es gibt darüber hinaus auch historische, geographische, gesellschaftliche und kulturelle Bedingtheiten, die einen Traum prägen. So träumt ein Bewohner der Stadt München von einer karibischen Insel gewiss anders als jemand, der in der Karibik lebt. Ein Hungriger träumt anders als ein Reicher. Der Pygmäe, der fern der Zivilisation im Regenwald Äquatorialafrikas lebt, träumt vielleicht von einer erfolgreichen Jagd, mit Sicherheit nicht von Eisenbahnen, schnellen Autos und von Urlaubsfreuden.

Und doch gibt es auch kultur- und zeitenübergreifende Gemeinsamkeiten in den Träumen aller Menschen. Verhaltensweisen und Leidenschaften, die sich in der gesamten Menschheitsgeschichte kaum geändert haben.

Eine Wissenschaft vom Träumen

Das alles ist bei der Deutung von Träumen zu bedenken. Weil Träume aus den genannten Gründen mit Informationen förmlich überfrachtet sind und eine ganze Reihe von nicht bewussten, sowohl dem Träumer als auch dem Deuter unbekannten Geheimnissen und Rätseln enthalten, ist das Verstehen und Deuten von Träumen eine anspruchsvolle Tätigkeit, die in der Tat zu mehr Weisheit und Selbsterkenntnis führen kann. Freud hat diese Tätigkeit nicht umsonst einmal mit dem Entziffern der Hieroglyphen verglichen.

Es gibt viele Wege, sich dem Traum zu nähern – genauso wie es zahlreiche verschiedene Wissenschaften und Zugänge gibt, die sich mit dem Leben beschäftigen. Die Soziologie untersucht die diversen Formen menschlichen Zusammenlebens in einer Gesellschaft, die Kulturwissenschaft untersucht die geistigen und künstlerischen Hinterlassenschaften eines Volkes, die Religion beschäftigt sich mit der Beziehung des Menschen zum Göttlichen usw.

Auch ein Traum kann aus verschiedenen Blickwinkeln betrachtet werden. Im Talmud steht dazu eine schöne Geschichte. Demzufolge soll Rabbi Bizna einen Traum gehabt haben, der ihn sehr beunruhigte. Er konsultierte alle 24 Traumdeuter Jerusalems. Jeder deutete seinen Traum anders. Welche Deutung war die richtige? Alle waren richtig. Jeder der Traumdeuter hatte einen anderen Aspekt des Traumes ins Auge gefasst.

Viele Theorien – ein Ziel

Auch die Traumtheorien, die wir in diesem Buch vorstellen, greifen jeweils einen bestimmten Aspekt heraus. Sigmund Freud legt den Schwerpunkt auf den Sexualtrieb des Menschen. C. G. Jung stellt die Archetypen, die Urbilder, die allen Menschen gemeinsam sind, in den Mittelpunkt seiner Traumtheorie. Medard Boss glaubt an die Sinnlichkeit der Träume; Träume seien genauso sinnlich und real wie die Wirklichkeit. Günter Ammon macht darauf aufmerksam, dass der Traum die Entwicklung der Identität dokumentiert und Auskunft gibt über die Beziehungen in der Gruppe.

Wollte man die Traumdeutung oder allgemein die Beschäftigung mit den Träumen mit einer Wissenschaftsdisziplin vergleichen, man müsste wohl die Archäologie auswählen. Die Archäologie ist in der Tat eines der umfassendsten Forschungsgebiete, weil sie zahlreiche andere Fächer und Disziplinen in sich einschließt. Die archäologische Ausgrabung ähnelt der Traumarbeit. Bei beidem geht es um die Aufdeckung von Verborgenem und um die Rekonstruktion von Ereignissen, die uns nur aus fragmentarischen Überresten bekannt sind. Es geht um das Entdecken von Zusammenhängen und um die möglichst vollständige Ergänzung – letztendlich um das Verstehen der ganzen Wirklichkeit.

Das Verborgene entdecken

Heinrich Schliemann (1822–1890) war 41 Jahre alt und ein reicher Kaufmann, als er sich entschloss, seinen Beruf aufzugeben und seinen Jugendtraum zu verwirklichen. In seiner Jugend hatte ihm der Vater vom Trojanischen Krieg erzählt und ihm die antiken Dichtungen Homers vorgelesen. Der Sohn hielt die Erzählungen für wahr und war der festen Überzeugung, dass solche gewaltigen Festungsmauern, wie sie von Homer beschrieben wurden, nicht einfach spurlos verschwinden könnten. Heinrich Schliemann begann, nach dem Troja Homers zu suchen. Er fand es 1870 in Nordwest-Anatolien.

Die Ausgrabungen auf dem Hügel Hissarlik dauerten mehr als zwei Jahrzehnte, und er fand zahlreiche Siedlungsschichten – neun übereinandergelagerte Städte. Eine solche Schichtenabfolge, auch Stratigraphie genannt, ist eine unentbehrliche Orientierungshilfe bei der archäologischen Interpretation. Ihre Anwendung geht davon aus, dass von zwei übereinander lagernden Schichten in der Regel die obere jünger sein muss als die darunter liegende. Aufgabe des Ausgräbers ist es, eine abgelagerte Schicht von der anderen aufgrund von Struktur und Inhalt klar zu unterscheiden und zu deuten.

Traumdeutung als archäologische Seelenarbeit

Im übertragenen Sinne ist das auch die Aufgabe des Traumdeuters, der in die tieferen Schichten des Unbewussten vorstößt und dabei Vergangenes und Gegenwärtiges unterscheiden und interpretieren muss. Natürlich gibt es dabei auch »Ablagerungen«, die Früheres und Heutiges gleichermaßen betreffen. Das ist auch so bei der archäologischen Ausgrabung, wo manche Ablagerungen wie Mauern oder Pfostenlöcher mehrere Schichten durchziehen. Erst die Ausgrabung bringt ans Tageslicht, was unter der Oberfläche verdeckt liegt. Zu Beginn bleiben die tief in der Erde liegenden Schichten unsichtbar, erst mit der Zeit werden sie sukzessive an die Oberfläche befördert. Das, was sichtbar wird, sind Spuren und Fragmente der einstigen Wirklichkeit. Die Rekonstruktion kann beginnen. Ähnlich geht auch der Tiefenpsychologe vor. Auch er versucht, die Träume und die sich daran anschließenden Assoziationen zu interpretieren, die Geschichte des Träumers zu rekonstruieren und verborgene Zusammenhänge zu erkennen. Je nach Theorie konzentriert er sich dabei auf einen bestimmten Aspekt der Wirklichkeit.

Manches bleibt im Verborgenen

Wer gräbt, ist vor Überraschungen nicht gefeit. Es kommen Dinge zum Vorschein, die man nicht erwartet hätte oder die einem unbekannt sind. Doch sind es gerade diese Dinge, die zu völlig neuen Erkenntnissen führen können. Das ist bei der Tiefenpsychologie genauso wie bei der archäologischen Ausgrabung. Andererseits sieht und findet man oft nur das, was man sucht. Bei jeder Ausgrabung und bei jeder Traumdeutung bleiben Rätsel und Geheimnisse. So glaubte Schliemann in der zweiten Schicht das Troja Homers wiederentdeckt zu haben. Bis heute ist umstritten, ob Hissarlik überhaupt etwas mit dem Troja Homers zu tun hat. Zehn Jahre nach Schliemanns Tod schreibt Sigmund Freud in der »Traumdeutung«, einem Werk, das Epoche machen sollte: »In den bestgedeuteten Träumen muss man oft eine Stelle im Dunkel lassen, weil man bei der Deutung merkt, dass dort ein Knäuel von Traumgedanken anhebt, der sich nicht entwirren will, aber auch zum Trauminhalt keine weiteren Beiträge geliefert hat. Dies ist dann der Nabel des Traums, die Stelle, wo er dem Unerkannten aufsitzt.«
Ob man nun deutet oder nur erinnert und staunt, so wie die vielen Denker und Künstler, die sich von ihren Träumen inspirieren ließen – jede Beschäftigung mit Träumen ist gewinnbringend. Träume enthalten ein kreatives Potenzial, das von jedem Menschen genutzt werden kann.

Geschichte der Traumdeutung

Schon im Altertum beschäftigten sich die Menschen mit ihren Träumen, was zahlreiche Schriftzeugnisse belegen. Vor 4000 Jahren entstanden erste Traumlexika. Im alten Ägypten waren es die »Meister der geheimen Dinge«, Priester, die sich der Traumdeutung widmeten.

Im antiken Griechenland wurde der »Tempelschlaf« zu einer festen Institution. Das Träumen wurde zur heilenden Medizin. Im Mittelalter wurde das Traumdeuten dann als sündhaft und ketzerisch verdammt. Erst im 19. Jahrhundert gewann die Traumdeutung wieder an Bedeutung. Die romantischen Dichter und Philosophen erklärten den Traum zum Maß aller Dinge.

Anfänge der Psychologie in der Antike

Die moderne Schlafforschung hat gezeigt, dass jeder Mensch träumt, auch derjenige, der sich später nicht daran erinnert. Rasche Augenbewegungen (Rapid Eye Movement), die regelmäßig mehrmals in der Nacht einsetzen, sind nach empirischen Untersuchungen im Schlaflabor ein eindeutiger Hinweis auf einen Traumvorgang. Schon in der Antike hatte man einen solchen Zusammenhang vermutet. Aristoteles (384–322 v. Chr.) hatte bei Schlafenden Augenbewegungen beobachtet und angenommen, dass sie die nächtlichen Träume hervorrufen.

Heute geht man davon aus, dass die Augenbewegungen nur eine Begleiterscheinung sind. Der modernen Medizin stehen Geräte zur Verfügung, mit denen man die Hirnaktivität messen kann. Und man hat damit herausgefunden, dass das Gehirn auch während des Schlafes hochaktiv ist. Man konnte sogar verschiedene Schlafphasen differenzieren. Die REM-Phase ist gleichzeitig die des tiefsten Schlafes.

Die Seele im Zwiespalt

Heute weiß man schon sehr viel über Bau, Struktur und Wirkung des menschlichen Gehirns, man weiß, dass es Hirnsegmente gibt, die z. B. nur für das Sehen und Erkennen, nur für das Gedächtnis, einzig für die Sprache oder ausschließlich für Emotionen zuständig sind.

Zu Aristoteles Zeiten war das noch nicht bekannt. Damals glaubte man noch, dass das Gehirn eine große Drüse sei, die Schleim produziert. Auch zu Aristoteles Zeiten gab es schon eine entwickelte Psychologie. Die Seele – so nahm man an – bestehe aus einem unsterblichen und zwei vergänglichen Bestandteilen. Das Gehirn beheimate den unsterblichen Seelenteil, der einem von Gott verliehen sei: die Vernunft. Die sterblichen Seelenteile lägen weiter unten im Körper: die Emotionen in der Brust, die Triebe in der Gegend zwischen Zwerchfell und Nabel.

Das war die Theorie Platons (428–348 v. Chr.), des Lehrers von Aristoteles, die in späteren Jahren – auch von Aristoteles selbst – weiterentwickelt wurde. Interessant ist, dass schon damals Platon die Triebe als angeborenen Teil der Seele betrachtete und betonte, dass jeder Mensch, selbst der besonders gut erscheinende, von niederen Trieben beherrscht sei. Platon war darüber hinaus genau wie Freud davon überzeugt, dass diese gesetzlose wilde Tiernatur besonders im Schlaf »herausspähe«.

Wenn die Vernunft schläft...

Platon schrieb, dass »sich die Triebe im Schlafe regen, wenn der andere Seelenteil schläft, der vernünftige, ruhige, der Herrscher über den anderen Teil; der tierhafte und wilde dagegen von Speis oder Trunk übervoll, springt auf, schüttelt den Schlaf ab, will fort und seinen Lüsten frönen. In solcher Stimmung wagt er (...) alles, als ob er gelöst und befreit wäre von jeder Einsicht und Scheu. (...) Er nimmt jede Blutschuld auf sich und enthält sich keiner Speise: kurz, er schreckt vor keiner Torheit oder Schandtat zurück. (...) Was wir erkennen wollen, ist nur dies: In jedem Menschen wohnt eine furchtbare wilde und anarchische Art von Trieben, auch in manchen unter uns, die ganz ordentlich erscheinen. Das zeigt sich also erst in unseren Träumen.«

Der irritierte Kirchenvater

Platon spricht hier ein Traummerkmal an, das Menschen von jeher beschäftigt. Schon immer waren Menschen beunruhigt über die böse, zu allem fähige Natur, die sich zuweilen in ihren Träumen zeigt. Besonders verunsichert zeigten sich die frühen Christen, die doch ein tugendreiches Leben anstrebten und den Lastern entfliehen wollten. So der große Kirchenvater Augustinus (354–430), der als Bischof eine Diözese in Tunesien leitete. Offenbar wurde er, der sich erst spät zum Christentum bekannte und bis dahin ein recht zwangloses Leben geführt hatte, in späteren Jahren immer wieder von Träumen heimgesucht, die im krassen Widerspruch zu seinen ethischen Glaubensgrundsätzen standen.

Verzweifelt fragte er: »Und so viel vermag der Trug solchen Bildes in meiner Seele, meinem Fleische, dass mich im Schlaf unwirkliche Gesichte überreden, wozu den Wachen auch die gesehene Wirklichkeit nicht bringt. Bin ich dann nicht ich, Herr, mein Gott?«

Augustinus sah in seinen triebhaften, wollüstigen Träumen sein eigenes Versagen, seine Unfertigkeit als Diener Gottes. Die Diskrepanz zwischen dem Bewussten und dem Unbewussten deprimierten ihn, und er betete zu Gott: »…und hoffend, dass Du Dein Erbarmen in mir vollenden werdest bis zu jenem vollen Frieden, den mein Innen und mein Außen haben wird bei Dir…«

Die unkontrollierten Träume

Aber was hat es eigentlich zu bedeuten, wenn man im Traum mit seiner Mutter schläft, einen Mord begeht oder ganz einfach seinen Gelüsten frönt? Augustinus konnte nicht glauben, dass er, der die Nachfolge Christi angetreten hatte und bemüht war, tugendhaft zu leben, so etwas träumte. Augustinus hoffte, dass er diese Differenz, die ihn hinderte, vollends heilig zu werden, mit Gottes Hilfe irgendwann überwinden lerne. Platon hatte also recht: »… auch in manchen, die ganz ordentlich erscheinen …«, ja sogar in Menschen, die ein im christlichen Sinne geprägtes Leben führen, kommt es zu solchen Träumen.

Aber Platon sagte noch etwas anderes, was auch die Hoffnung des Augustinus, seine »schlechten« Träume irgendwann einmal zu überwinden, nicht ganz so abwegig erscheinen lässt. Platon war der Überzeugung, dass sich die wilde primitive Tiernatur durch ein entsprechend vernünftiges und gesetzmäßiges Leben zähmen lasse. Das gelte genauso für das wache wie für das Traumleben.

»Wenn einer innerlich gesund und vernünftig ist und erst zu Bett geht, wenn er seine Vernunft angeregt hat und mit schönen Gedanken und Überlegungen gespeist hat und so zur Besinnung auf sich selbst gekommen ist; hat er dann seinen begehrenden Seelenteil weder hungern lassen noch überfüttert, damit er schlafe und nicht den guten Teil durch Lust oder Schmerz verwirre, sondern ihn allein für sich und rein nachdenken lasse und sich bemühen um Erkenntnisse, die ihm noch unklar sind (…) – und hat er auch seinen muthaften Seelenteil besänftigt und sodann sich zur Ruhe gelegt, ohne sein Gemüt durch Zornesausbrüche gegen andere erregt zu haben – hat er also die Triebe und den Mut eingeschläfert und nur den dritten Teil, in dem die Vernunft wohnt, angeregt: (…) wenn er da nun ausruht, dann erfasst er gewiss (…) die Wahrheit, und die Gesichte seiner Träume sind am wenigsten wider Brauch und Recht.«

Traumdeuter – damals und heute

Zu allen Zeiten interessierten sich die Menschen für die Bedeutung ihrer Träume, gleichgültig ob sie nun beunruhigend waren oder einfach nur nachdenklich oder neugierig machten. Schon im Altertum entstanden Traumtheorien und Traumlexika. Es gab sogar den Beruf des Traumdeuters. Im alten Ägypten waren es Priester, die sich dieser Aufgabe widmeten; »Meister der geheimen Dinge« wurden sie genannt. Doch sie deuteten nicht nur, sie sahen ihre Aufgabe auch darin, besonders wertvolle Träume hervorzurufen. Denn nicht alle Träume galten als nützlich und gewinnbringend. Eine Beobachtung, die im 20. Jahrhundert auch der Psychoanalytiker C. G. Jung machen wird. Auch er unterscheidet bedeutende und unbedeutende Träume.

Die ersten Traumlexika

Archäologischen Funden haben wir es zu verdanken, dass wir heute wissen, was die Menschen vor etwa 4000 Jahren geträumt haben und wie sie ihre Träume deuteten. Sehr viel weiter werden unsere Kenntnisse über die Träume vergangener Epochen wahrscheinlich nie reichen, denn erst mit der Erfindung der Schrift vor etwa 5000 Jahren war es überhaupt erst möglich, Gedanken und Träume für die Nachwelt aufzuzeichnen.

Im British Museum in London befindet sich die früheste Aufzeichnung einer ägyptischen Traumdeutung: der Chester-Beatty-Papyrus. Er wurde 1350 v. Chr. niedergeschrieben und enthält etwa 200 Träume – zumeist von einflussreichen Persönlichkeiten der Oberschicht. Einige dieser Träume stammen vermutlich sogar aus einer Epoche, die bis etwa 2000 v. Chr. zurückreicht.

Aus der Zeit des mächtigen Königs Hammurabi (1728–1686 v. Chr.) stammt nicht nur diese Gesetzesstele, sondern auch das älteste Traumbuch des Altertums.

Die Träume werden als Warnungen oder Prophezeiungen interpretiert, manche als Aufforderungen der Götter, ein frommes Werk zu tun. Was hatte es beispielsweise zu bedeuten, wenn man träumt, sein Hinterteil zu entblößen? Was bedeutete es, wenn ein Kranker vom Sterben träumt? Die Deutung der Ägypter lässt aufhorchen: Ein nackter Hintern bedeutet, dass die Eltern sterben. Wenn ein Kranker vom Sterben träumt, heißt das, er wird wieder gesund.

Verschlungene Pfade der Traumdeutung

Nicht erst Freud und den Psychoanalytikern des 20. Jahrhunderts, bereits den alten Ägyptern war aufgefallen, dass in Träumen die Wahrheit manchmal ins Gegenteil verkehrt wird. So sind auch die Deutungstechniken durchaus vergleichbar. Die durch Freud ins Leben gerufene Psychoanalyse machte die Freie Assoziation zur wichtigsten Technik beim Traumdeuten. Auch die Ägypter suchten die Auflösung über Assoziationen und Wortspiele: Das altägyptische Wort für Hintern ähnelt dem altägyptischen Wort für Waise! Hätten uns die Archäologen und Papyrusforscher nicht auf diesen Zusammenhang gebracht, die Deutung wäre uns unverständlich geblieben.

Auch aus Mesopotamien, dem Zweistromland zwischen Euphrat und Tigris, sind uns Traumbücher erhalten geblieben. Das älteste stammt aus der Zeit des mächtigen Königs Hammurabi (1728–1686 v. Chr.). Es handelt sich dabei um zwölf Keilschrift-Tontafeln, die heute im British Museum aufbewahrt werden. Wie in Ägypten wurden auch in Mesopotamien Träume ausschließlich von Priestern gedeutet. Doch anders als in Ägypten glaubte man nicht allein an den göttlichen Ursprung der Träume. In Träumen konnten sich genauso gut Dämonen und andere böse Geister bemerkbar machen.

Die Untertanen Hammurabis kannten Tausende von unruhestiftenden Träumen, deren Einfluss von Mamu, der guten Göttin der Träume, bekämpft werden musste.

Das assyrische Traumbuch

Auf den zwölf Tontafeln – die auch unter dem Namen »Assyrisches Traumbuch« bekannt sind – werden zahlreiche Einzelträume beschrieben. Darunter auch eine Vielzahl von prophetischen und unheilverkündenden Träumen. Denn Träume galten allgemein als Offenbarungen der unmittelbar bevorstehenden Zukunft.

Viele der dort geschilderten Traumthemen sind uns nicht fremd. Die Untertanen Hammurabis träumten wie wir vom Fliegen und Fallen, von unerfüllten und heftig ersehnten Wünschen und von nächtlichen Todesängsten. Und bei aller Traumgläubigkeit: Träume galten ihnen trotz alledem nicht als unabwendbares Schicksal. In den Schrifttafeln wird eine Reihe von Maßnahmen aufgeführt, die bei unheilvollen Offenbarungen angewandt werden konnten, um die Götter doch noch zu besänftigen.

Die Bibliothek des Assurbanipal

Etwa 1000 Jahre später als Hammurabi herrschte Assurbanipal (668–627 v. Chr.) in Mesopotamien. In Ninive, der Hauptstadt seines damaligen Reiches, brachten Ausgrabungen im 19. Jahrhundert Sensationelles ans Tageslicht. Man entdeckte nicht nur eine ganze Reihe von Palästen und Tempeln, sondern auch Assurbanipals Privatbibliothek mit etwa 5000 Keilschrifttafeln. Unter den gefundenen Tontafeln sind auch einige, die sich mit Träumen und ihrer Deutung beschäftigen.

Hier fand man auch Fragmente des »Gilgamesch-Epos«, eine im Altertum berühmte Erzählung über den sagenumwobenen altsumerischen König Gilgamesch, der als Halbgott verehrt wurde. In der Erzählung wird beschrieben, wie des Königs Leben von Träumen geprägt wird, wie sehr ihn manche Träume ängstigen und wie sie sein Handeln bestimmen.

Traum und religiöse Magie im antiken Griechenland

Im 5. Jahrhundert v. Chr., entstanden in ganz Griechenland Wallfahrtsorte, die Pilger in Scharen anzogen. Die in einer idyllischen Landschaft gelegenen Heiligtümer waren Asklepios geweiht, dem griechischen Gott der Heilkunst. Etwa 300 dieser Heiligtümer – so genannte Asklepieien – soll es zeitweise in ganz Griechenland gegeben haben. Die Pilger kamen von weit her, weil sie sich hier die Heilung ihrer Leiden und Gebrechen erhofften.

Ein Vergleich mit heutigen Wallfahrtsorten wie Fatima oder Lourdes ist nicht ganz abwegig. Bis in die heutige Zeit glauben die Pilger, dass an solchen Orten übernatürliche göttliche Kräfte wirken, die selbst unheilbar Kranke wieder gesund machen können. Damals wie heute entspringen an solchen Orten heilige Quellen, deren »reinigendes« Wasser die Kranken trinken. Der glühende, feste Glaube der Pilger, der in der Gemeinschaft der Pilger und im Rahmen von Zeremonien und Riten zusätzlich verstärkt wird – das hat sich sicher seit der Antike nicht geändert. Aber anders als heute stand damals noch das Träumen – und die Traumdeutung – im Mittelpunkt.

Im Traum die Krankheit besiegen

Der »Tempelschlaf«, die so genannte Inkubation, war die zentrale Heilmethode in den Asklepieien, die – wie wir heute durch Ausgrabungen und aus Berichten antiker Autoren wissen – unter anderem aus Badeanlagen, Theatern sowie einer Vielzahl unterirdischer Gänge und Räume bestanden.

Nachdem der Kranke sich Riten und Zeremonien unterzogen hatte, zu denen auch das Trinken des »heiligen« Wassers gehörte, kleidete er sich in purpurne Gewänder und man setzte ihm eine Krone aufs Haupt. Dann begab er sich in einen unterirdischen Raum, dessen Wände voller Inschriften waren, die von ehemaligen Wunderheilungen kündeten. Hier verbrachte er die Nacht auf dem Boden liegend oder auf einer Liegestatt, der so genannten Kline, die durchaus Ähnlichkeit mit der Couch des heutigen Psychoanalytikers hatte. Auf der Kline des Asklepios sollte der Patient träumen, nichts anderes. Bei manchen Patienten genügte das schon allein. Der Kranke träumte und mit seinem Traum verschwand die Krankheit. Er war geheilt.

Aber in den meisten Fällen war doch ein Priester erforderlich, um den Traum zu deuten. Der Gott Asklepios war entweder selbst oder in Gestalt eines Lebenden erschienen und hatte eine rätselhafte Anweisung verkündet, einen Orakelspruch. Die rätselhafte Anweisung Asklepios enthielt immer auch einen Hinweis auf das zu verabreichende Arzneimittel oder eine spezielle Heilkur, die der Priester aus der Traumbotschaft herauslas.

Suggestion und Autosuggestion

Dabei hat sicher auch eine gewisse Autosuggestion des Träumers und eine durch den Priester und die weihevolle Atmosphäre bewirkte Suggestion (seelische Beeinflussung) eine Rolle gespielt. Die Kranken hatten sich ja auch in der sicheren Erwartung eines solchen Orakels auf die Kline gelegt.

Der Tempelschlaf wurde zu einer festen Institution in der Antike. Und Berichten zufolge gab es eine große Anzahl von Spontanheilungen. Trotz der enormen Zahl von Erfolgsmeldungen gab es auch immer wieder kritische Stimmen. Prominentester Spötter der Traumgläubigkeit war sicherlich Diogenes (460–390 v. Chr.), der einmal angesichts eines Äskulap-Tempels, der mit Votivgaben und Dankesbekundungen nur so überhäuft war, anmerkte: »Es wären noch weit mehr Weihgeschenke, wenn auch die nicht Geretteten solche Stiftungen machten.«

Bedeutende Traumforscher der Antike

Viele damalige Philosophen zweifelten an dem rein göttlichen Ursprung der Träume, doch woher kamen die nächtlichen Visionen? Wie entstanden sie?

Heraklit (540–475 v. Chr.) meinte, im Schlaf ziehe sich der Mensch in seine eigene Welt zurück und Träume seien viel weniger wert als die im Wachen gemachten bewussten Erfahrungen.

Demokrit (* um 460 v. Chr.) glaubte im Gegensatz zu Heraklit, dass der Traum von außen komme und mit dem Träumenden nicht das Mindeste zu tun habe. Träume entstünden durch eine Art Telepathie von Personen oder Gegenständen, die auf den wehrlosen Schlafenden übertragen würden.

Der Mensch hat keine Macht über seine Träume. Diese untrügliche Beobachtung hat wahrscheinlich auch die Pythagoräer, die Anhänger des **Pythagoras von Samos** (* um 570 v. Chr.) veranlasst, nach äußeren Ursachen zu suchen. Sie erklärten das Träumen damit, dass die Atmosphäre voller Seelenpartikelchen sei. Dabei konnte es sich gleichermaßen um die Seelen großer Helden als auch um die übler Mächte handeln. Der Schlafende wurde praktisch willenloses Opfer der ihn heimsuchenden Seele.

Hippokrates (460–370 v. Chr.), ein berühmter Arzt und Vater der modernen Medizin, glaubte zwar an die Existenz »göttlicher« Träume, machte aber die Konstellationen des nächtlichen Sternenhimmels für den überwiegenden Teil der Trauminhalte verantwortlich. Ein hochdekorierter Akademiker und Arzt zieht die Astrologie zu Rate. Das erscheint uns heute nicht nachvollziehbar. Doch in der damaligen griechischen Kultur – als es noch keine Uhren, Instrumente zur Wetterbeobachtung und Kompasse gab – war die Beobachtung der Himmelskörper ein lebensnotwendiges und allgemein geachtetes Handwerk. Aber Hippokrates hat Träume auch noch unter einem anderen Gesichtspunkt betrachtet. Er nutzte Träume zur Diagnose von Krankheiten. Dabei dachte Hippokrates vor allem an körperliche Krankheiten, deren Ausbruch sich in entsprechenden Träumen ankündigen würde. Das Träumen von Flüssen und Quellen deutete er beispielsweise als einen Hinweis auf eine eventuell bevorstehende Erkrankung der Harn- und Geschlechtsorgane. »Prodromale Träume« (vom griechischen prodromos = vorausgehend) nannte er das.

Die Götter haben ausgedient

Auch **Aristoteles** (384–322 v. Chr.), der etwa 15 Jahre alt gewesen sein muss, als Hippokrates starb, war der Meinung, dass Träume beginnende körperliche Krankheiten ankündigen könnten. Er begründete dies damit, dass nachts, wenn äußere Wahrnehmungen weitgehend fehlten, selbst die kleinsten Reize als große erscheinen würden. Seine Beobachtung war die folgende: »...man glaubt, es habe gepoltert und gedonnert, wenn nur ein kleiner Nachhall im Ohre ist, und man glaubt Honig und süßen Geschmack auf der Zunge zu haben, wenn nur ein Tröpfchen Speichel herabrinnt, und durch ein Feuer zu gehen und zu verbrennen, wenn nur eine kleine Erwärmung an irgendeiner Stelle auftritt.« Das treffe auch auf körperliche Leiden jeglicher Art zu, da nämlich auch sie sich immer aus kleinen Anfängen entwickeln. Aristoteles hatte mit dieser Beobachtung, dass der Traum das Kleine ins Große umdeutet, ein wichtiges Traummerkmal erkannt.

Aristoteles war wahrscheinlich auch der erste Grieche, der eine entschiedene psychologische Traumtheorie vorlegte. Er bestritt vehement, dass Träume einen göttlichen Ursprung haben. Und auch hier verließ er sich wieder auf seine Beobachtungen: Alle Menschen träumten, sogar Tiere. Wenn aber die Träume Botschaften der Götter seien, würden die Götter sie nur an die verständigsten und weisesten Menschen schicken, nicht an die unverständigen, die mit den Traumbotschaften nichts anzufangen wüssten.

32

Der griechische Dichter Homer erzählt in der »Ilias« von Helden, die sich in ihren Taten von den Botschaften der Träume lenken ließen.

Traum und Wirklichkeit – eine neue Sichtweise

Aristoteles machte sich auch Gedanken über das Verhältnis von Schlaf- und Wachzustand und gelangte dabei zu der Überzeugung, dass Träume nicht aus dem Nichts entstehen, sondern schon tagsüber vorbereitet werden. Man wird »oft in den Traum hinein verfolgt von dem, was man vorhat oder womit man beschäftigt ist oder was man eben getan hat.« Aber auch umgekehrt: Häufig nähmen wir unsere Träume mit hinüber in den nächsten Tag und unser rationales Verhalten würde dadurch beeinflusst oder gelenkt. Entscheidungen und Taten würden durch nächtliche Träume und Ideen vorbereitet. Der Traum also als Kristallisationspunkt von Vergangenheit und Zukunft! Eine Ansicht, die auch in den modernen psychoanalytischen Traumtheorien regelmäßig

vertreten wird. Mit dieser Überlegung, dass nämlich ein Traum einge-
bunden ist in die aktuellen Tagesereignisse des Hier und Jetzt, also keineswegs ein so isoliertes und übernatürliches Gebilde ist, wie es die
griechische Religion glauben machen wollte, preschte Aristoteles vor
in Richtung einer rein psychologischen Traumtheorie. Auf diese Weise
entzauberte er auch einen Großteil der prophetischen Träume – sie
waren gar keine Prophezeiungen, sondern folgerichtig verantwortlich
für die eingetroffenen Ereignisse.

Aristoteles warnt in seinen Schriften wiederholt vor Traumdeutern, die
die Leichtgläubigkeit der Hilfesuchenden ausnutzen. Doch im Großen
und Ganzen war er durchaus der Meinung, dass eine Deutung von
Träumen Sinn mache. Bestimmte (nicht alle!) Träume könnten uns helfen, unser Verhalten, unsere Pläne und Gedankengänge deutlicher zu
erkennen. Denn im Traum erschienen nun einmal die kleinen Dinge
genauso groß wie die wichtigen, ganz anders als tagsüber, wo kleine
Dinge oft unbeachtet und verborgen blieben.

Ein Skeptiker unter den Philosophen

Cicero (106–43 v. Chr.), ein römischer Politiker und Philosoph, schließt
sich in vielem der kritischen Meinung des Aristoteles an. Auch er ist
davon überzeugt, Träume seien keine göttlichen Offenbarungen, und
viele der sich erfüllenden Prophezeiungen seien bloßer Zufall. Doch
Cicero geht noch weiter: Als Skeptiker, der er ist, sieht er in Träumen vor
allem verworrene Sinneseindrücke ohne irgendeine erkennbare System-
atik. Einmal vergleicht er Träume sogar mit den gestörten Wahrnehmungen von Betrunkenen und Geistesgestörten. So kommt er zu dem
Schluss: »Träume verdienen keinerlei Glauben oder Beachtung. (...)
Wenn also Träume nicht von Gott kommen und es keine Dinge in der
Natur gibt, zu der sie in einer unabänderlichen Wechselwirkung und
Beziehung stehen, und wenn es unmöglich ist, durch Versuche und Be-

obachtung zu einer sicheren Deutung derselben zu gelangen, so ist die Folge, dass sie keinerlei Glauben noch Beachtung verdienen.«

Cicero war aber kein Dogmatiker. Immerhin schließt dieser vorausschauende und weltoffene Politiker und Philosoph nicht aus, »… dass es eine Ordnung der Träume und eine Beziehung zur Wirklichkeit geben könnte.«

Vielleicht hätte ihn der Traumdeuter Artemidoros von Daldis überzeugt. Doch der sollte erst 200 Jahre später die Bildfläche betreten.

Ein frühes Meisterwerk der Traumdeutung

Artemidoros von Daldis (134–200 n. Chr.) gilt heute unbestritten als herausragendste Autorität der antiken Traumdeutung. Sein fünfbändiges Werk »Oneirokritika« (Die Kunst der Traumdeutung) gründet auf ausgiebiger Feldforschung und langjähriger Berufserfahrung des Autors als Deuter. Auf seinen zahlreichen Reisen durch Griechenland, Italien und den Vorderen Orient sammelte er Tausende von Träumen. Er studierte die Traumliteratur der Bibliotheken, besuchte die antiken Heilzentren und sprach mit den Traumdeutern vor Ort. Auch die Traumbücher, die in der Bibliothek des assyrischen Königs Assurbanipal lagerten, sollen ihm vertraut gewesen sein.

Aufmerksamkeit für das Verborgene

Artemidoros' fünfbändige Schrift bleibt bis heute eines der grundlegendsten und umfassendsten Werke, die jemals über das Thema geschrieben wurden. Sein Einfluss reicht bis in die frühe Neuzeit. In England erschien es bis weit ins 18. Jahrhundert hinein in 24 Auflagen.

Artemidoros geht sehr systematisch und »seriös« vor. Er warnt davor, Träume allzu schematisch und leichtsinnig zu deuten. Immer sei auch die Person des Träumers selbst, seine Identität, sein Beruf, der Gesundheitszustand, sogar der finanzielle Status und das familiäre Umfeld zu berücksichtigen. So schreibt er z. B.: »Man sollte denjenigen Träumen besondere Aufmerksamkeit widmen, für die man keine ersichtlichen auslösenden Faktoren finden kann.«

Das ist eine Bemerkung, die jeden heutigen Psychoanalytiker aufhorchen lassen müsste. Denn das heißt ganz eindeutig: Gerade die Träume, die merkwürdig absurd und unverständlich bleiben und für die sich auch nach längerem Überlegen keinerlei Deutung finden lässt, gerade diese Träume scheinen wichtig und ihnen sollte man besondere Aufmerksamkeit schenken. Das bedeutet also: Nicht das, was der Patient wichtig findet und dem Therapeuten unbedingt erzählen will, ist am aufschlussreichsten, sondern das, was er nicht oder nur am Rande – beiläufig – erzählt.

Andererseits ist wiederum aufschlussreich, was der Patient erzählt – warum erzählt er gerade das, wovon will er dadurch ablenken? Dabei wird ihm keine »böse« Absicht unterstellt. Es wird nur vorausgesetzt, dass der Mensch nicht nur aus einem bewussten Willen und Verstand besteht, sondern dass noch etwas anderes existiert: ein Unterbewusstes, das unaufhörlich am Wirken ist. Also nicht das Offensichtliche, sondern das tief unten in der Seele liegende, das nicht selten geheimnisvoll und rätselhaft bleibt, verdient die besondere Aufmerksamkeit des Deuters oder des Therapeuten.

Verborgene Wahrheiten

Artemidoros' zitierte Bemerkung deutet darauf hin, dass er schon von der Existenz von Verdrängungsmechanismen wusste. Eine Entdeckung, die viele eigentlich eher Sigmund Freud zuschreiben. Alle Menschen haben zeitweise unangenehme, peinliche Gefühle, Gedanken oder heimliche Wünsche, vor denen sie sich zu schützen versuchen, indem sie sie ganz einfach verdrängen. Die »Wahrheit« wird nicht ausgesprochen oder zu Ende gedacht. Aber sie ist im Unbewussten weiterhin vorhanden und blitzt manchmal durch – in Äußerungen, Handlungen und auch in den Träumen.

Die Technik des Assoziierens

Eine Technik, auf die Artemidoros großen Wert legte, war das Assoziieren, also das zielgerichtete Verknüpfen verschiedener Trauminhalte. Auch hierin sind ihm die modernen Traumdeuter weitgehend gefolgt. Genau wie Artemidoros nutzen sie die (spontanen) Einfälle, die zu Traumbildern und -gedanken auftauchen, für die Traumdeutung. Allerdings mit dem Unterschied, dass Artemidoros wohl vorwiegend seine eigenen Assoziationen, weniger die seiner Klienten heranzog.

Träume als Selbstgespräche der Seele

In seinen fünf Büchern über die Traumdeutung beschrieb Artemidoros das Träumen als Selbstgespräch der Seele und vertrat die Auffassung, dass viele Träume eine prophetische Komponente besitzen. Er unterteilte die Träume in verschiedene Gruppen:

Reaktive Träume

So gab es zum einen den reaktiven Traum, also einen, der aus gegenwärtigen körperlichen oder seelischen Befindlichkeiten resultiert und direkt mit dem aktuellen Alltag zusammenhängt: »So träumt z. B. (…) der von Angst Geplagte vom Gegenstand seiner Angst, der Hungrige wieder vom Essen, der Durstige vom Trinken und einer, der sich den Magen überladen hat, vom Erbrechen oder Ersticken. Daraus kann man erkennen, dass Träume, deren Grundlage Affekte bilden, nichts über die Zukunft aussagen, sondern nur an Zustände der Gegenwart erinnern.«

Seherische Träume

Dann kannte Artemidoros Träume, die eine tiefere symbolische oder gleichnishafte Bedeutung besitzen, und er kannte Träume, die zukünftige Ereignisse vorhersagen. Seiner Meinung nach bewirken derartige seherische Träume eine deutlich erhöhte Unruhe: Ein solcher Traum »… wirkt als Schlaferlebnis in der Weise, dass es die Aufmerksamkeit des Träumenden auf die Vorhersage der Zukunft lenkt. Nach dem Schlaf aber erweckt und erregt es seiner Natur gemäß die Seele, indem es ihn zu aktivem Handeln antreibt …«. Die seherischen Träume unterteilte Artemidoros noch einmal in solche, die sich innerhalb kurzer Zeit ebenso zutragen, wie sie im Traum erschienen sind, sowie in andere, die eine gleichnishafte oder symbolische Form besitzen und schwerer zu entschlüsseln sind. Er argumentierte, dass die Seele in dringenden Fällen nicht das Risiko eingehen wolle, missverstanden zu werden in ihrer Voraussage. In weniger akuten Situationen hingegen gebe sie dem Verstand Gelegenheit, aus eigener Kraft die Zukunft zu erkennen, indem sie »… ein Ding durch ein anderes anzeigt, wobei die Seele auf natürliche Weise in ihnen mit verhüllten Anspielungen spricht«.

Die Traummotive des Artemidoros

Von den fünf Büchern der »Oneirokritika« sind die ersten drei von allgemeinerer Art: Sie sollten einer großen Leserschaft einen Einblick in die Grundlagen der Traumdeutung geben.

Die beiden anderen Bände hatte Artemidoros ursprünglich als privates Nachschlagewerk für seinen Sohn vorgesehen, der ebenfalls ein angehender Traumdeuter war. Speziell in diesen beiden Büchern versuchte er, Symbolismen und sinnbildliche Inhalte zu entschlüsseln. Dass sich Träume nicht einfach wie Vokabeln übersetzen lassen, dokumentiert er hier in aller Deutlichkeit. So stehen in seinem Traumbuch etwa 1400 verschiedene Traummotive, doch mehr als doppelt so viele Deutungsmöglichkeiten. Und das entspricht auch dem Ratschlag, den er seinem Sohn mit auf den Weg gab: Er warnte ihn eindringlich davor, Traumsymbole allzu schematisch zu deuten. Kulturelle und individuelle Eigenheiten seien unbedingt zu berücksichtigen.

Auch gab er ihm den Rat, dem Klienten lieber mehrere Deutungsmöglichkeiten anzubieten als eine einzige, wenn er sich unsicher sei über die richtige Deutung. Das mache im übrigen auch einen sehr professionellen Eindruck auf den Klienten. Immer für alles eine einfache Erklärung parat zu haben, mache diesen dagegen eher stutzig und ließe ihn glauben, man habe nicht sehr viel Erfahrung.

Was die Menschen der Antike träumten

Was für Träume berichtet Artemidoros? Wovon träumten die Menschen in der Antike? Viele der Traummotive, von denen Artemidoros berichtet, sind auch uns heutigen Träumern bestens vertraut.

In der »Oneirokritika« sind u. a. Träume aufgeführt vom Tod eines Familienmitglieds, von Umweltkatastrophen wie Erdbeben und Überschwemmungen, Verlegenheitsträume, Inzestträume, Träume von Krankheit, vom Verlust der Zähne, vom Fliegen, von Hochzeiten, Träume vom Besäen, Bepflanzen und Bebauen der Erde, Träume von Schlangen und Drachen, von großen Töpfen, von gefüllten Kornspeichern, vom Kahlscheren des Kopfes …

Hier ein paar Deutungen, die illustrieren, wie sehr Artemidoros die Bedeutung eines Traummotivs von den individuellen Lebensumständen des Träumenden abhängig macht:

○ Das Fliegen weist generell auf eine Ortsveränderung oder Reise hin, und man kann bereits im Traum vorab erleben, wie die Reise verlaufen wird. Träumt hingegen ein Straftäter vom Fliegen, so ist das ein Hinweis auf seine bevorstehende Verurteilung oder Hinrichtung.

○ Eselsohren zu haben, ist nur für Philosophen ein gutes Zeichen, denn der Esel hört nicht zu und gibt nicht nach. Für alle anderen Träumer bedeutet es Knechtschaft und Elend.

○ Eine Hochzeit ist immer ein Hinweis auf große Veränderungen. Da bei einer Hochzeit dieselben Riten und Zeremonielle wie bei einer Bestattung stattfinden, bedeutet die Hochzeit mit einer Jungfrau für einen Kranken den Tod. Für jemanden aber, der ein großes Unternehmen vorhat, bedeutet eine solche Hochzeit ein erfolgversprechendes Zeichen für das Gelingen seiner Pläne. Für jeden anderen ist es ein Hinweis auf ein großes Durcheinander und kommende Aufregung. Wer hingegen träumt, er heirate eine Frau, die keine Jungfrau mehr ist, wird sich in älteren Unternehmungen engagieren und damit Erfolg haben.

Wie Träume zu deuten sind

Artemidoros hatte eine Faustregel: Alles, was sich im Einklang mit Natur, Sitte oder Zeit befindet, hat eine positive Vorbedeutung. Das Gegenteil aber bringt Unglück und Schaden. Diese Regel gelte für die Mehrzahl aller Fälle.

»Alles, was dem Kindesalter nicht zukommt, und zwar bei Knaben ein Bart und graue Haare, bei Mädchen Heiraten, Gebären und andere Verfrühungen, ist samt und sonders unheilvoll … Ganz folgerichtig bedeuten alle anderen vor der Reife auftretenden Merkmale den Tod, weil sie dem Greisenalter nahe stehen, auf das in jedem Falle der Tod folgt.«

Die Regel und die Ausnahme

Das galt, allerdings mit einer Ausnahme: »Das Sprechen ist von guter Vorbedeutung, weil der Mensch ein von Natur mit vernünftiger Rede begabtes Wesen ist. Ein Schullehrer träumte, dass sein fünf Monate altes Söhnchen deutlich und artikuliert spreche. Einige erwarteten, dass das Kind sterben werde; es blieb aber am Leben, und ebenso leben nach diesem Traumgesicht noch viele andere Kinder.«

Bemerkenswert an diesem Traum ist, dass nicht der Träumer selbst, sondern ein anderer Mensch – in diesem Falle ein Kind – im Mittelpunkt steht und die »seherische« Vorhersage sich auf diesen bezieht.

Solchen Träumen werden wir in diesem Buch noch öfter begegnen. Sigmund Freud, der der Meinung war, jeder Traum verfolge absolut egoistische Motive, deutet solche Träume wie den gerade geschilderten immer im Hinblick auf die Person des Träumers. Doch zurück zur Antike. Unter bestimmten Umständen, wie wir es am Beispiel des Sprechens gesehen haben, gibt es also Ausnahmen von der Regel. Doch diese Ausnahmen sind nicht einfach zu erkennen. Wie sehr die Lebensweise des Träumers und kulturelle bzw. volkstümliche Besonderheiten berücksichtigt werden müssen, zeigen die folgenden Beispiele aus Artemidoros' Ratschlägen an seinen Sohn.

Die Umkehrung der Motive

»So träumte z. B. jemand, er schlage seine Mutter. Seine Handlungsweise war gesetzwidrig, aber gleichwohl brachte sie ihm Nutzen, weil er Töpfer von Beruf war; denn wir nennen die Erde Mutter, die der Töpfer durch Schlagen bearbeitet. Infolgedessen brachte ihm seine Arbeit viel ein. Merke dir ferner, dass die häufiger vorkommende Sitte gegenüber der selteneren den Ausschlag gibt. So hatte der Rechtsgelehrte Aristeides die Gewohnheit, weißgekleidet in der Öffentlichkeit zu erscheinen. Als er aber während einer Krankheit träumte, er trage weiße Kleider, zog er aus dieser Gewohnheit keinen Nutzen; kurze Zeit darauf starb er nämlich; denn ausschlaggebend war die mächtigere Sitte, nach der die Toten in weißen Kleidern zu Grabe getragen werden …«

Zum Schluss noch ein anderes Beispiel – der Traum von Milch in den Brüsten – ein weiterer Beleg für die Faustregel des Artemidoros, dass alles, was sich zur Unzeit ereigne, schlecht sei: »Wenn eine junge Frau träumt, dass sie Milch in den Brüsten hat, zeigt das an, dass sie ein Kind empfangen, austragen und gebären wird. Für eine alte Frau dagegen, wenn sie arm ist, sagt es Besitztümer voraus; wenn sie reich ist, zeigt es Ausgaben an. Für ein junges Mädchen in der Blüte ihrer Jugend bedeutet es Heirat, denn es könnte ohne Geschlechtsverkehr keine Milch bekommen. Aber für ein Mädchen, das noch sehr klein und noch nicht im heiratsfähigen Alter ist, sagt es den Tod voraus ... Für einen Athleten dagegen, einen Gladiatoren oder für jeden trainierten Menschen bedeutet es Krankheit, denn es sind die Körper des schwächeren Geschlechts, die Milch haben.«

Entsprechungen in der modernen Traumdeutung

Artemidoros' Faustregel, die besagt, dass ein positives Traummotiv bei bestimmten Menschen und Situationen ebensogut eine negative Bedeutung haben kann (und umgekehrt), findet sich auch in modernen Traumdeutungen wieder. C. G. Jung berichtet von einem Fall, der das illustriert, was Artemidoros mit Unzeit meint. Ein Psychiater konsultiert ihn und zeigt ihm ein kleines Tagebuch, ein Weihnachtsgeschenk seiner zehnjährigen Tochter, in dem sie eine Reihe von Träumen niedergeschrieben hat. Hier zwei dieser Träume:

Auf dem Mond gibt es eine Wüste, und die Träumerin sinkt so tief in den Boden, dass sie in die Hölle gerät.

Mückenschwärme verdunkeln die Sonne, den Mond und alle Sterne, bis auf einen. Dieser eine Stern fällt auf die Träumerin.

Unheimlich und beängstigend findet der Vater die Träume seiner Tochter. Auch Jung geht es so. Ihn erschrecken die sehr intensiven Bilder von Leben und Tod: »Als ich die Träume zuerst las, hatte ich tatsächlich das Gefühl, dass sie ein nahendes Unglück ankündigten. (...) Es war das Gegenteil von dem, was man im Bewusstsein eines Mädchens in diesem

42

Alter erwarten würde. (...) Man würde erwarten, solche Bilder bei einem älteren Menschen zu finden, der auf sein Leben zurückblickt, aber kaum bei einem Kind (...).«

Das Mädchen starb einige Monate später an einer Infektionskrankheit.

Die Träume aus dem Leben interpretieren

Artemidoros gab seinem Sohn den Rat, möglichst neugierig zu sein und sich über die Gewohnheiten und Bräuche der Menschen umfassend zu informieren. Für einen Traumdeuter sei es unbedingt notwendig, sich nicht nur mit den Träumen, sondern vielmehr auch mit dem Leben der Menschen zu befassen. Nicht nur das Studium von Fachliteratur zum Thema Traum und Medizin, sondern vor allem das Studium vor Ort, das Studium des menschlichen Lebens würde ihn zu einem berühmten Traumdeuter machen. Jedem Traum liegen individuelle und kulturbedingte Sichtweisen zugrunde, denn jeder Traum ist ursächlich aus dem Leben des Träumers zu verstehen.

Denn: Jeder sieht die Welt anders, aus seinem ganz persönlichen Blickwinkel. Der orientiert sich nicht nur am Beruf, sondern auch an seinen Wünschen und Sehnsüchten. Ein armer Mensch hat ganz andere Hoffnungen und Erwartungen an das Leben als ein reicher. Ein junges Mädchen andere als eine erwachsene Frau. Einfache Standarddeutungen, die man bloß in einem Handbuch nachzuschlagen hätte, lehnte er ab. Und so hat er sein eigenes Buch auch nie verstanden, auch wenn es in der Neuzeit vielfach so gelesen wurde. Es sollte kein simples Nachschlagewerk sein für den privaten Gebrauch, sondern seinem Sohn zur Übung dienen. Die hier niedergeschriebenen Traumdeutungen waren mustergültige Beispiele für andere, ähnliche und verwandte Deutungen. An eine einfache, lineare Übertragung hatte er dabei wohl weniger gedacht. »Die Traumdeutung ist nichts anderes als eine Nebeneinanderstellung von Ähnlichkeiten«, war eines seiner Hauptargumente.

Der Traum in den heiligen Schriften der Weltreligionen

Auch in den großen Weltreligionen spielen Träume – ihr Ursprung, ihre Bedeutung und ihre Deutung – eine sehr große Rolle. Ob als Offenbarung, als Gleichnis oder als Prophezeiung, Träume und Traumerscheinungen sind in allen Schriften der verschiedenen Glaubensbekenntnisse zu finden.

Träume in den christlichen Religionen

Die Bibel enthält eine ganze Vielzahl von Träumen. Alle werden als göttliche Offenbarungen betrachtet. Im Alten Testament, im 1. Buch Moses 41, 1–32 wird von einem Traum berichtet, der den Pharao so sehr beschäftigte, dass er alle Gelehrten seines Reiches herbeizitierte, um ihn zu deuten: Der Pharao sah sich am Ufer eines Flusses, dem sieben wohlgenährte Kühe entstiegen und zu weiden begannen. Bald darauf kamen sieben ausgemergelte Rinder und fraßen die fetten auf. Im zweiten Teil des Traumes sah der Herrscher sieben prachtvolle Ähren, die von sieben gänzlich ausgedorrten verschlungen wurden.
Keiner der Weisen seines Reiches konnte diese Träume deuten. Doch man berichtete ihm von Joseph, den er in Gefangenschaft hielt, und er ließ ihn zu sich holen. Bevor dieser jedoch begann, dem Pharao eine Erklärung für seine Visionen zu geben, ließ er ihn wissen: »Dies steht nicht in meiner Macht. Doch Gott wird verkünden, was zum Besten des Pharao ist.« Hier liegt die Auffassung zugrunde, dass eine ureigens von Gott gesandte Botschaft ausschließlich durch Auserwählte verstanden und übermittelt werden kann. Der menschliche Geist, der der Sprache Gottes nicht gewachsen ist, reagiert irritiert.

Die Traumbilder zeigten sich nicht als unmittelbare zukünftige Realität, sondern waren gleichnishaft verschlüsselt. Joseph deutete die beiden Traumsequenzen als die herannahenden sieben ertragreichen und die anschließenden sieben Jahre der Hungersnot. Er erklärte dem Pharao die Dopplung seines Traums damit, dass Gottes Beschluss unumstößlich sei und er bereits damit begonnen habe, seine Voraussage in die Tat umzusetzen.

Den Seinen gab's der Herr im Schlaf

Überall im Alten Testament stößt man auf solche Berichte, in denen Gott seinen Auserwählten Vorhersagen oder Befehle im Schlaf gibt. Doch Träume sind nicht immer verschlüsselt. Das vor Christi Geburt entstandene Alte Testament war eine Verkündigung des Gottes Jahwe an das israelitische, das auserwählte Volk. Den Juden offenbarte sich Jahwe vorwiegend in direkter oder nur wenig verschleierter Form. Nur die Träume der Heiden sind stets verschlüsselt und müssen – wie im beschriebenen Fall von Joseph, einem Juden – gedeutet werden. Gewarnt wird in der Bibel häufig vor den »falschen Propheten«, vor Lügnern und Scharlatanen, die Träume zu ihrem eigenen Vorteil bewusst falsch deuten.

Auch im Neuen Testament findet sich eine Vielzahl von Träumen, die den meisten heutigen Christen bekannt sind. Zum Beispiel wird Joseph die Empfängnis Christi in einem Traum von einem Engel angekündigt. Maria erhält dieselbe Botschaft – ebenfalls durch einen Engel – im Wachzustand. In einem anderen Traum des Joseph wird diesem mitgeteilt, er solle mit seiner Familie nach Ägypten fliehen, weil die Häscher des Herodes das Jesuskind töten wollten.

Doch unabhängig von den in der Heiligen Schrift überlieferten göttlichen Träumen und Visionen, was hielten die frühen Christen von ihren eigenen Träumen?

Träume als seelische Ekstase

Septimus Tertullianus, der 195 zum christlichen Glauben übertrat und sich in 30 noch erhaltenen Schriften mit den Glaubensfragen seiner Zeit auseinandersetzte, hielt Träume für bedeutsam, weil »die Seele (…) stets geschäftig und tätig ist, was die Art und Weise des Göttlichen und Unsterblichen mit sich bringt«.

In den Träumen sah Tertullianus eine seelische »Ekstase, eine Ausschreitung des Geistes und ein Ebenbild des Wahnsinns«, die aber normalerweise ohne Auswirkung auf das reale Leben sei. Er warnte eindringlich davor, sich durch sie täuschen und in die Irre führen zu lassen, da die meisten der Träume durch Dämonen hervorgerufen würden. Dennoch räumte Tertullianus ein, dass viele Träume von Gott gesandt würden und segensreich seien, denn der Großteil der Menschheit kenne Gott aus Träumen. Göttliche Träume seien ehrbare, heilige, prophetische, offenbarende, erbauliche, erweckende Träume und sie würden sich auch über »Unheilige« verbreiten.

Traumdeutung im Talmud

Im Talmud, der heiligen Schrift des Judentums, finden sich gleich mehrere Kapitel zum Thema Traum. Die jüdischen Gelehrten standen in der damaligen nachbiblischen Zeit als Traumdeuter in hohem Ansehen. Ihre Theorien über dieses Thema sind sehr durchdacht und fundiert.

Wie in der Bibel wird auch im Talmud vor einer allzu leichtfertigen Traumdeutung und vor falschen Propheten gewarnt. Wie in der »Oneirokritika« des Artemidoros wird der Traumdeuter daran gemessen, inwieweit er die Persönlichkeit und das soziale Umfeld des Träumers bei der Interpretation mitberücksichtigt. Sogar die seelische Verfassung des Träumers kurz vor dem Einschlafen wird einbezogen.

Träume mit sexueller Symbolik

Interessant ist, dass Träume mit sexueller Symbolik als nichtsexuell und Träume ohne sexuellen Inhalt häufig als sexuell gedeutet werden. So verheißt ein Traum, in dem jemand Geschlechtsverkehr mit seiner Mutter hat, Zugewinn an Weisheit. Einen Olivenbaum mit Olivenöl zu begießen deutet dagegen auf Inzest hin. Träumt jemand vom Beischlaf mit einer verheirateten Frau, wird er erlöst werden. Hatte er dagegen bereits vor dem Einschlafen sexuelle Gedanken, ist der Traum als wörtlich zu nehmen.

Bedeutende und unbedeutende Träume

Die jüdischen Gelehrten hielten alle Träume für bedeutend – ausgenommen die, die durch körperliche Reize ausgelöst werden. So heißt es im Talmud: »Rabbi Chisda sagte: Jeder Traum bedeutet etwas, ausgenommen ein solcher, der durch Fasten kommt. Ferner sagte Rabbi Chisda: Ein ungedeuteter Traum gleicht einem ungelesenen Brief.«

Das Traumthema im Koran

Auch in der heiligen Schrift des Islam, dem Koran, der um 600 n. Chr. erschien, sind Träume ein wichtiges Thema. Der Prophet Mohammed hatte großen Respekt vor seinen eigenen Träumen und den Träumen anderer Menschen. Jeden Morgen soll er seine Schüler nach ihren Träumen gefragt haben und die, die ihm wichtig erschienen, gedeutet haben. Der Koran soll ihm selbst vom Erzengel Gabriel im Schlaf diktiert worden sein.

Auch Mohammed warnt vor falschen Traumdeutern und ist der Ansicht, bei der Deutung müsse auch die Persönlichkeit und das soziale Umfeld mitberücksichtigt werden. Allgemein betont auch er die göttliche Natur der Träume, kennt aber auch Ausnahmen: z. B. Träume, die körperliche Ursachen haben, etwa nach vorhergehendem Weingenuss oder dem Essen von Linsen und Pökelfleisch. Solche Träume seien wertlos, ebenso solche von Menschen mit schlechtem Charakter.

Traumdeutung im Hinduismus

Die indischen Weden, die heiligen Schriften des Hinduismus, die um 1000 v. Chr. entstanden sind, halten den Einfluss von Persönlichkeit und Charakter des Träumers für wichtig bei der Traumdeutung und unterscheiden zwischen wichtigen und unwichtigen, glücklichen und unglücklichen Träumen. In einer Teilsammlung der Weden, in der Brihardamyaka-Upanischad, wird allerdings der traumlose Schlaf als der erstrebenswerteste aller Zustände betrachtet. Er kommt dem Nirwana am nächsten. In der altindischen Philosophie gilt der Schlaf als ein Bewusstseinszustand, der zwischen der wachen und einer »anderen« Welt (der Welt des Unendlichen, Göttlichen) angesiedelt ist. Im Schlaf sei sowohl die wache als auch die andere Welt vertreten.

Der Pharao träumt von den sieben wohlgenährten und den sieben ausgemergelten Rindern. Historienbibel um 1430.

Traumdeutung in Europa vom Mittelalter bis ins 19. Jahrhundert

Im Mittelalter vermischen sich Aberglaube und Traumdeutung zusehends. Traumbücher fanden in der Bevölkerung weite Verbreitung, doch die meisten dieser Schriften waren primitive Lexika. Diese Traumlexika waren zwar allesamt von Artemidoros beeinflusst, dessen Buch nach wie vor als das Standardwerk zum Thema galt, doch von der differenzierten Lehre des antiken Traumdeuters war nicht mehr viel übrig geblieben. Willkürliche Deutungen und Aberglaube nahmen überhand.

Verbotene Träume

Unter Papst Gregor II., der von 715−731 herrschte, wurde die Traumdeutung kurzerhand verboten. Wer es trotzdem tat, wurde hingerichtet. Auch das Träumen selbst galt nach offizieller Meinung der Kirchenoberen zunehmend als schändlich. Vieles, was in den Träumen auftauchte, passte nicht so recht zum christlichen Glauben.
Schon einer der ersten Kirchenlehrer, der heilige Augustinus (354−430) war durch seine maßlosen Träume beunruhigt und hoffte, mit Gottes Hilfe irgendwann zu seinem inneren Frieden zu finden (siehe auch Seite 21). Augustinus empfand einen inneren Zwiespalt. Einerseits wusste er ganz genau, dass er keine Kontrolle über seine Träume haben könne, andererseits fürchtete er, vor Gott für seine Träume verantwortlich zu sein. Ein Stein fügte sich zum anderen. Ein Kollege und Zeitgenosse von Augustinus, der Kirchenlehrer Hieronymus, träumte, er stehe vor dem höchsten Gericht und müsse sich dafür verantworten, dass er viel lieber die klassische Literatur (Platon, Cicero etc.) lese als die Bi-

bel, und deswegen auch kein wirklicher Anhänger Christi sei. Hieronymus litt Höllenqualen. Als er erwachte, schwor er, »weltliche« Literatur
nie mehr anzurühren. Eine ähnlich fanatische Einstellung entwickelte
er auch gegenüber den Träumen. Es begann mit einer Warnung vor
falschen und dämonischen Träumen. Schließlich verdammte er fast
alle Träume als Hexenwerk und die Beschäftigung mit Träumen als
Aberglaube. Die Beschäftigung mit eigenen Träumen war überflüssig,
konnte darüber hinaus sogar vom Glauben wegführen.

Im Verbund mit dämonischen Mächten

Das Böse, Dämonische der Träume tritt in den Vordergrund. Träume
werden zum Beweismittel bei der Hexenverfolgung. Ab dem 13. Jahrhundert etwa tagen päpstliche Ketzergerichte, denen in den folgenden
Jahrhunderten Millionen von so genannten Hexen und Ketzern zum
Opfer fallen. Ein eindeutiges Beweismittel bei der Verfolgung der Menschen, die sich angeblich mit dämonischen Mächten verbündet hatten,
wurden Träume vom sexuellen Verkehr mit dem Teufel. Inkubus (mit
einer Frau buhlender Teufel) und Sukkubus (mit einem Mann buhlender Teufel in Frauengestalt) wurde das genannt. Wer davon träumte, war
des Todes. Nur der Verdacht genügte. Unter der Folter erbrachte man
das Geständnis. Vermeintlicher Aberglaube wurde vonseiten der Kirche
also mit noch größerem Aberglauben bekämpft und ausgeschaltet.

Ansätze ernsthafter Forschung

Neben diesem dunklen Kapitel in der Kirchengeschichte gab es natürlich auch im Mittelalter Philosophen, die sich um eine ernsthafte Traumtheorie bemühten. Thomas von Aquin (1225–1274), ein italienischer
Kirchenlehrer, dessen Werke auch heute noch in den philosophischen
und theologischen Fakultäten studiert werden, unterschied mehrere

Arten von Träumen: Träume, die sich mit den täglichen Ereignissen und Wünschen beschäftigen und ihren Ursprung in der Phantasie des Träumers haben; Träume, die körperliche Ursachen haben und Träume, die durch äußere Zustände (durch göttliche oder dämonische Einwirkungen oder Einflüsse der Himmelskörper o. Ä.) hervorgerufen werden. In einer seiner Schriften beschäftigt er sich mit der Zulässigkeit von Wahrsagerei und Traumdeutung. Während Thomas Wahrsagerei rundweg als Sünde ablehnt, macht er bei der Traumdeutung gewisse Zugeständnisse: »Gebraucht also jemand Träume, um Zukünftiges vorherzusagen, insoweit dieselben von göttlicher Offenbarung ausgehen oder von einer innerlichen oder äußerlichen natürlichen Ursache – im Bereich dieser natürlichen Ursache – so ist das kein unerlaubtes Vorhersagen. Wird aber das Vorhererkennen verursacht durch Enthüllungen von seiten der Dämonen…, so ist ein solches Wahrsagen abergläubisch und unerlaubt.«

Von guten und bösen Träumen

In der mittelalterlichen Theologie fand also eine Unterscheidung zwischen guten und bösen, geordneten oder wirren Träumen statt. Schändliche, triebhafte, Konfusion erzeugende Träume wurden auf Satans Einflüsterung zurückgeführt. Und verbunden war damit die Anweisung, dass Unerklärliches auch unerklärt bleiben sollte. Jeder Deutungsversuch galt als sündig. Dass bei einer solchen dünnen Trennlinie zwischen Erlaubtem und Unerlaubtem, Glauben und Aberglauben, das Träumen insgesamt in Verruf geriet, ist nicht weiter verwunderlich. Die einfachste Lösung war, das Träumen ganz einfach zu ignorieren.

Die ablehnende Haltung Träumen gegenüber setzte sich bis zur Zeit der Aufklärung fort. In einem Zeitalter, das die Selbstbestimmung und Selbstverantwortung des Menschen zur obersten Maxime erklärte, war für etwas Unkontrollierbares wie Träume kein Platz.

Die Aufklärung – Wissenschaft kontra Traum

In einer Zeit, wo mit der Geburt der Naturwissenschaft eine neue Ära eingeleitet wurde, wurde der Traum unter Gelehrten lediglich noch als seelische Minderleistung anerkannt. Das klare Unterscheidungsvermögen beim Wachen wurde höher bewertet und eine umfassende Bedeutung der Träume in Frage gestellt. Dass Träume auch übernatürliche Ursprünge haben könnten oder sogar prophetische Botschaften enthielten, daran glaubten die Philosophen und Wissenschaftler immer weniger.

Träume als Abbilder der Realität

Der bedeutende Naturphilosoph René Descartes (1596–1650) maß der Welt des Traumes einen eher geringen Erkenntniswert bei, obgleich oder gerade weil er ein Traumtagebuch führte und sich durch einen seiner Träume inspirieren ließ. Descartes kam zu folgendem Schluss: »So muss man in der Tat doch zugeben, das im Schlafe Gesehene seien gleichsam Bilder, die nur nach dem Muster wahrer Dinge sich abmalen können …«.

An einer anderen Stelle differenziert er allerdings: »… jetzt nämlich merke ich, dass zwischen beiden der sehr große Unterschied ist, dass meine Träume sich niemals mit allen übrigen Erlebnissen durch das Wachen so verbinden, wie das, was mir im Wachen begegnet ist.«

Thomas Hobbes (1588–1679), ein Zeitgenosse Descartes, glaubte, dass sämtliche Träume durch körperliche Reize hervorgerufen werden. Voltaire (1694–1778) und Kant (1724–1804) hatten ähnliche Ansichten über das Träumen: beide glaubten nicht an Visionen und »heilige« Eingebungen. Sie waren vielmehr der Ansicht, Träume entstünden häufig durch körperliche Reize und exzessive Leidenschaften der Seele. Dennoch stößt man in Voltaires Schriften auch auf diese Ansicht:

»Ich habe Advokaten gekannt, die in Träumen ihre Plädoyers hielten, Mathematiker, die Probleme zu lösen versuchten, und Dichter, die Verse machten. Auch ich selber habe Verse gemacht, die ganz leidlich sind. Deshalb findet im Schlaf genau wie im Wachen unbestreitbar ein folgerichtiger Gedankenablauf statt, und diese Ideen kommen uns sicherlich ohne unser Zutun. Wir denken im Schlaf, so wie wir uns im Bett bewegen, ohne dass unser Wille mit der Bewegung oder dem Denken irgend etwas zu tun hätte. Euer Vater Malebranche hat recht, wenn er behauptet, dass wir nicht in der Lage seien, uns unsere Einfälle selber zu geben. Denn weshalb sollten wir im Wachen mehr Herr darüber sein als während des Schlafes?« (zitiert in ERICH FROMM, »Märchen, Mythen, Träume«)

Jakob bettet sein Haupt auf einen Stein und träumt von der Himmelsleiter, auf der die Engel Gottes auf und ab steigen. (1. Mose 28, 11–12)

Der Traum in der Romantik

Als Caspar David Friedrich seine Kirchenruine im Wald und sein Meeresufer im Mondschein malte, war die Romantik in Deutschland auf ihrem Höhepunkt. Es waren die Jahre zwischen 1800 und 1830. Zu neuen Ehren gelangte der Traum in dieser Zeit, die in der Gestaltungskraft der Träume eine enge Verbindung zur Kunst sah. Gerade die Dichter versuchten, die Phantastik der Träume noch zu überbieten.

Im Traum spricht die Natur

Die Romantik ist eine auf die vernunftbetonte Zeit der Aufklärung folgende Gegenbewegung, die in Deutschland entstand und sich rasch auf das übrige Europa ausbreitete. Die Künstler, Dichter und Philosophen, die man heute dieser Bewegung zurechnet, hatten sich zu Beginn des 19. Jahrhunderts in kleinen Grüppchen zusammengetan, um dem Kult des Irrationalen und des Gefühls zu frönen. Die Romantiker interessierten sich für die Geheimnisse der Natur, die hinter dem Sichtbaren verborgen lagen. Sie interessierten sich für Dinge, die sich mit dem Verstand allein nicht erklären lassen und dennoch viel wichtiger als der Verstand waren. Zu diesen Dingen zählte auch der Traum. Er rückte ins Zentrum ihres Lebens.

Der Naturphilosoph Gotthilf Heinrich von Schubert (1780–1860) vertrat die Überzeugung, dass die menschliche Sprache die Natur nur als Objekt aus der Sicht des Subjekts beschreibt. Im Traum hingegen ergreife die Natur selbst das Wort, spricht von sich selbst und ihrem Schöpfer. Gotthilf Heinrich von Schubert hat ein ganzes Buch über den Traum geschrieben: »Die Symbolik des Traumes«. Ein Buch, in dem er vieles von dem vorwegnahm, was Freud fast ein Jahrhundert später in aller Breite ausdiskutierte. So z. B. die Komplexität der Traumbilder, was heißt, dass in einem einzigen Traumbild unzählige Bedeutungen zusammenfließen. Freud nannte das später Verdichtung. Von Schubert beobachtete auch, dass Träume häufig unmoralisch, fast dämonisch seien. Damit bestätigt er den antiken Philosophen Platon, dem besonders »die wilde primitive Tiernatur, die im Schlaf herausspähe« aufgefallen war. Und auch die christlichen Kirchenlehrer, denen Träume aus diesem Grunde nicht ins theologische Konzept passten.

Von Schubert liefert die Erklärung gleich mit: Träume sind häufig unmoralisch weil im Schlaf unterdrückte und verdrängte Seiten der Persönlichkeit zum Vorschein kommen.

Die Sehnsucht nach dem Unendlichen

Bedeutende Romantiker waren auch der Philosoph F. W. Schelling (1775–1854) und Carl Gustav Carus (1789–1869), ein Maler und Arzt, sowie der ewig kränkelnde Dichter Novalis (1772–1801). Im Denken dieser Menschen waren Mythen, Märchen und Träume lebendige Realitäten, die unverfälscht Auskunft gaben über die Natur und Seele des Menschen. Für sie war der ideale Mensch derjenige, der über eine gesteigerte Empfindungsfähigkeit verfügte und sich am besten in die Natur und auch in andere Menschen einfühlen konnte. Gefühle waren ihnen das Wichtigste. Daneben galten ihnen Inspiration, Intuition und Spontaneität als die effektivsten Mittel, um zur wahren menschlichen Natur vorzudringen.

Auch wenn dies Werte sind, die in der heutigen Zeit wiederentdeckt werden – allerdings nie und nimmer in dieser Ausschließlichkeit, wie sie den Romantikern eigen war – auf uns heutige Verstandesmenschen, die Geld und Wohlstand als Tugenden betrachten, wirkt die Weltanschauung der Romantiker doch ziemlich sentimental. Wir würden heute sagen: unrealistisch.

Doch auch schon die Romantiker wussten, dass Schwärmerei und eine allzu undistanzierte Einstellung dem eigenen Gefühlsleben gegenüber lebensuntüchtig machen können. Deshalb betonten einige Romantiker – besonders der Frühzeit – immer wieder, wie wichtig es sei, seinen eigenen Gefühlen mit einer gewissen Distanz zu begegnen und auch die Tugend der Ironie zu pflegen.

Das Phänomen des Wahnsinns

Andererseits interessierten sich die Romantiker auch besonders für die Natur der Krankheit, besonders für Geisteskrankheiten und das Phänomen des Wahnsinns. Das hing wohl nicht zuletzt damit zusammen, dass in dieser Zeit eine Vielzahl von Heilanstalten eröffnet wurden und ganz neue psychiatrische Konzepte und Theorien entstanden. Novalis schrieb: »Krankheiten sind gewiss ein höchst wichtiger Gegenstand der Menschheit, da ihrer so unzählige sind und jeder Mensch so viel mit ihnen zu kämpfen hat. Noch kennen wir nur sehr unvollkommen die Kunst sie zu benützen. Wahrscheinlich sind sie der interessanteste Reiz und Stoff unseres Nachdenkens und unserer Thätigkeit. (…) Es gibt eine kleine und eine erhabene Hypochondrie. Von hier aus muss man in die Seele einzudringen versuchen.«

Die Medizin der Romantik hat einen nicht unwesentlichen Einfluss auf die heutige dynamische Psychiatrie genommen. Das Misstrauen gegenüber psychiatrischen Klassifikationen und Diagnosen sowie der aufgezeigte Zusammenhang von Leidenschaft und Gemütskrankheit mutet auch heute noch modern an. So war H. W. Neumann (1814–1884) der Überzeugung, Diagnosen seien nicht mehr als ein Schlüssel zum Verständnis der Symptome. Und er meinte, im Seelenleben gäbe es keine zufälligen Ereignisse. Ernst von Feuchtersleben vertrat in seinem Hauptwerk »Zur Diätetik der Seele« (1838) die Auffassung, in der Brust eines jeden (!) Menschen schlafe der Keim des Wahnsinns. Und er gibt den Rat, jeder möge all seine Kräfte zusammenraffen, damit er nie daraus erwache.

Die Niederungen des Seelenlebens

In diese Richtung geht auch die folgende Warnung des Dichters Victor Hugo (1802–1885), einer Kultfigur der französischen Romantik. Hugo, der seine eigenen Träume in einem Tagebuch aufzeichnete und auch regelmäßig an spiritistischen Sitzungen teilnahm, warnte in seinem Essay »Das Vorgebirge des Schlafs«: »Der Träumer muss stärker sein als der Traum. Sonst droht Gefahr. Jeder Traum ist ein Kampf. (…) Vor allem der Abstieg ist eine bedenkliche Tat. (…) Wagt sich der Träumer zu weit vor, verliert er die Fassung. (…) Die Träumerei hat ihre Todesopfer: die Wahnsinnigen.«

Die Warnung Victor Hugos, nur ein Träumer mit einer starken Physis dürfe in die Niederungen der Traumwelt hinabsteigen, ist nicht ganz abwegig. Erfahrungen aus der modernen Psychoanalyse bestätigen, dass die Beschäftigung mit dem eigenen Unbewussten – und dazu zählen die Träume – bei labilen, Ich-schwachen oder allgemein psychisch angeschlagenen Menschen mitunter zu dramatischen Situationen führen kann. Deshalb ist eine intensive Traumanalyse – zumindest zu Beginn – nur mit Begleitung eines Therapeuten sinnvoll.

Zu den Tiefen der Seele finden

Auch andere Konzepte des romantischen Denkens finden sich in der späteren Psychiatrie und Psychoanalyse wieder. So die Einzigartigkeit des individuellen Seelenlebens und die Betonung seiner tiefenpsychologischen, unbekannten und schier unendlichen Quellen.

Die Gelehrten der spätromantischen Zeit benennen diese Quellen, aus denen sich das Seelenleben speist, zum ersten Mal als das »Unbewusste«. Und sie entwickeln schon sehr ausgeklügelte Theorien zum Unbewussten. Das Unbewusste soll in der späteren Psychoanalyse, spätestens seit Freud zum alles bestimmenden Schlüsselwort werden.

Unergründlich und geheimnisvoll

Der Traum wurde in der Romantik zum Symbol für eine Welt, die ernst zu nehmender ist als der Alltag. Es durfte und musste wieder geträumt werden, denn hier – nicht im Alltag – zeigte sich die Natur in ihrer ganzen Wahrheit. Manche Romantiker wie z. B. Friedrich Schlegel waren sogar der Meinung, dass man sich in der rauschhaften Ekstase des Traumes dem Unendlichen nähern könne.

Die Aufklärung hatte die wache Vernunft zum Maß aller Dinge gemacht. Der Traum galt als unbedeutende Scheinwelt. In der Romantik kommt man zum umgekehrten Schluss. Nur wer träumend und dichtend die Alltagswelt verlässt, wird das wahre Sein erleben, heißt es nun. Der vernunftbestimmte Alltag wird zur Scheinwelt. »Unser Leben ist kein Traum, aber es soll und wird vielleicht einer werden«, schreibt der Dichter Novalis.

Träumen als reine Poesie

Typisch für den Traum – so die Romantiker – sei dessen Unergründlichkeit. Doch war das nicht auch ein Symbol für die höhere Wirklichkeit, für das Unbewusste? Ganz begreifen konnte man den Traum nicht. Doch das war auch nicht ihr Ziel. Traum war reine Poesie, so wie umgekehrt alles Dichten nur ein Träumen war. »Die Deutung liegt also hier im Deuten selbst, das Räthsel ist das man rät«, schreibt Schlegel.

Allein die Bemühung, einen Traum zu deuten, reicht also aus. Eine ausgeklügelte Deutungsstrategie wird nicht vorgelegt, von den meisten auch gar nicht angestrebt. Ähnlich wie ein Gedicht – das man nie vollends auflösen kann, denn es würde sonst seinen Zauber verlieren – spricht der Traum für sich. Verstehen lassen sich Traum wie Gedicht vor allem mit Gefühl und Intuition. Allein mit dem Verstand ist das nicht möglich.

Romantik und Psychoanalyse

Auch diese Ansicht ist gar nicht mehr so weit entfernt von der modernen psychoanalytischen Traumdeutung. Der Trend geht immer mehr dahin, einen Traum für sich selbst sprechen zu lassen. Nur Anfänger stellen heute noch die Frage nach der einen »richtigen« Deutung. Falsch ist vielmehr, mit wissenschaftlicher Akribie nach der einen »richtigen« Deutung zu suchen. Denn die gibt es nicht. Es existiert vielmehr eine Vielzahl von Deutungen, die alle richtig sind. Träume sind komplex und voller Geheimnisse. Gefühl und Intuition gelten auch heute als die wichtigsten Ratgeber bei der Traumdeutung. Und bereits der erste Psychoanalytiker, Sigmund Freud, wird in seinem 1899 erschienenen Buch »Die Traumdeutung« auf die Unergründlichkeit der Träume hinweisen, die sich nie vollständig auflösen lassen.

Doch bis dahin ist es noch ein Stück Weg. Erst einmal breitete sich wieder ein allgemeiner Skeptizismus gegenüber den Träumen aus. Die industrielle Revolution, die von England ausgehend langsam auf ganz Europa übergriff, war wohl mitverantwortlich für den Niedergang der romantischen Bewegung, der um 1850 einsetzte. Die schwärmerische Naturphilosophie und damit auch das Loblied des Traumes wurde »unmodern«. Der Glaube an »Fakten«, an die gesicherten Erkenntnisse des wissenschaftlichen Fortschritts trat in den Vordergrund des gelehrten Interesses.

Im letzten Viertel des 19. Jahrhunderts entstand neben der Wissenschaftsgläubigkeit, die nach wie vor dominierte, wieder so etwas wie eine Rückbesinnung auf romantische Ideale, die so genannte Neo-Romantik. In dieser Zeit wurden auch eine ganze Reihe von Schriften über das Träumen verfasst, die auch von Freud gelesen werden. Wer sich dafür interessiert, dem sei das erste Kapitel in Freuds »Traumdeutung« als Lektüre empfohlen. Hier diskutierte Freud die Traumliteratur des 19. Jahrhunderts.

Von Freud bis Ammon – die großen Traumtheorien des 20. Jahrhunderts

Sigmund Freud (1856–1939) gilt als der Vater der modernen Traumdeutung. Er sah in den Traumbildern verschlüsselte Wünsche, Gedanken und Konflikte, die aus dem Unbewussten entspringen und durch Analyse und Assoziation entschlüsselt werden können. Carl Gustav Jung (1875–1961), erst glühender Bewunderer Freuds, später dessen entschiedenster Kritiker, entwickelte die Theorie weiter und schuf mit der Lehre von den Archetypen eine ganz neue Richtung. Günter Ammon (1918–1995) entdeckte schließlich die dynamische Kraft der Gruppe bei der therapeutischen Arbeit mit den Träumen.

Sigmund Freud – mit der »Traumdeutung« fing alles an

Sigmund Freud – der Begründer der Psychoanalyse

Sigmund Freud, der Erforscher der menschlichen Seele, der die Psychologie und das Denken des 20. Jahrhunderts wie kein anderer prägte, wäre unbedeutend geblieben, hätte er sich in der Mitte seines Lebens mit dem bis dahin Erreichten zufriedengegeben. Er war ein angesehener Wiener Nervenarzt, hatte sechs Kinder und eine Frau, mit der er Berichten zufolge in einer glücklichen Ehe lebte. Wohnung und eigene Praxis lagen im Herzen von Wien, »im schönsten Haus von Wien«, wie er einmal stolz bekannte. Doch der wissenschaftliche Erkenntnisdrang und seine Unzufriedenheit mit der Schulmedizin ließen ihm keine Ruhe.

Seine schöpferischste Phase begann erst jetzt. Im 38. Lebensjahr – es war das Jahr 1894 – unterzog er sich einer systematischen Selbstanalyse, die mehrere Jahre dauerte. In dieser Zeit schrieb er »Die Traumdeutung«, ein Buch, das er selbst immer als sein Hauptwerk betrachtet hat. Es enthielt nicht nur die Grundlagen einer neuen Psychologie, sondern auch eine Traumtheorie, wie sie es bisher in dieser Ausführlichkeit und Konsequenz noch nicht gegeben hatte.

Das Buch erschien 1899. Es wurde seitdem millionenfach verkauft und inspirierte die wissenschaftliche Traumforschung im 20. Jahrhundert wie kein anderes Werk. Die große Bedeutung, die Freuds Verfahren, Träume zu deuten und zu verstehen bis heute hat, erklärt sich auch dadurch, dass es in der durch Freud begründeten, neuen ärztlichen Behandlungsmethode, der Psychoanalyse, einen besonderen Stellenwert einnimmt. Aber dazu später.

Freuds neue (alte) Sichtweise

In der damaligen Zeit des industriellen Aufbruchs und der Fortschritts-gläubigkeit galten Träume als nutzlos. Neue technische Errungenschaf-ten wie die Eisenbahn, das Automobil, das Telefon, das elektrische Licht, die immer mehr Verbreitung fanden, veränderten das alltägliche Leben auf einschneidende Weise.

Der Darwinismus und andere naturwissenschaftliche Entdeckungen brachten das bisherige biblisch-religiöse Weltbild ins Wanken. Viele da-malige Wissenschaftler – unter ihnen die Psychologen – wähnten sich in ihrem grenzenlosen Optimismus kurz davor, mit exakten naturwis-senschaftlichen Methoden alle Rätsel des Lebens lösen zu können. Traumdeutung konnte für sie nur unwissenschaftliche Scharlatanerie sein. Nur sehr einfache ungebildete Menschen glaubten noch an eine tiefere Bedeutung ihrer Träume. Aber mit Wissenschaft hatte das doch nichts zu tun. Allein der Titel, den Freud für sein Buch gewählt hatte, musste deshalb die zeitgenössischen Wissenschaftler provozieren. Freud sah diese Reaktion voraus. »Können Sie sich denken, was die exakte Wissenschaft dazu sagen würde, wenn sie erführe, dass wir den Versuch machen wollen, den Sinn der Träume zu finden?« Diese Frage soll er einmal den Studenten in der Universität gestellt haben. Gleich-zeitig hat er seine Zuhörer und sich ermuntert: »Bekennen wir uns zum Vorurteil der Alten und des Volkes, und treten wir in die Fußstapfen der antiken Traumdeuter.«

Die anfänglichen Reaktionen gaben ihm recht – sie waren eher zurück-haltend. Die meisten Mediziner und Psychologen hielten von dem Buch wenig. Nur in Literatenkreisen stieß es auf Anerkennung und Interesse. Das änderte nichts daran, dass in den ersten sechs Jahren nach Erscheinen gerade einmal 351 Exemplare verkauft werden konn-ten. Auch für Freuds wissenschaftliche Karriere war es anfangs alles andere als förderlich.

Irmas Injektion – Freuds Schlüsseltraum

Die entscheidende Eingebung hatte Freud eigener Aussage zufolge am Morgen des 24. Juli 1895 auf der Terrasse von Schloss Bellevue bei Wien. In der Nacht vom 23. auf den 24. Juli träumte er von einer hysterischen Patientin namens Irma, die sich bei ihm in psychoanalytische Behandlung begeben hatte.

Die Vorgeschichte

Die Behandlung Irmas endete laut Freud mit einem »teilweisen Erfolg«. Die Patientin hatte ihre hysterische Angst verloren. Doch einige körperliche Symptome waren noch vorhanden. Da sich Arzt und Patientin uneinig waren über die weitere Behandlung und Irma Freuds Lösung nicht akzeptieren wollte, wurde die Analyse kurz vor Beginn der Sommerferien abgebrochen. Am Tag vor dem besagten nächtlichen Traum erhielt Freud Besuch von Otto, einem befreundeten Arzt. Dieser kannte Irma, er hatte sie ein paar Tage zuvor an ihrem Urlaubsort besucht. Auf die Frage Freuds, wie es ihr gehe, hatte Otto geantwortet: »Es geht ihr besser, aber nicht ganz gut.« Diese Antwort empfand Freud als einen Vorwurf. Am selben Abend noch schrieb er – quasi als Rechtfertigung – die Krankengeschichte Irmas nieder, um sie einem einflussreichen Kollegen zu schicken. – Soweit die Vorgeschichte.

Der Traum

In der darauffolgenden Nacht träumte Freud den Traum, der als »Irmas Injektion« in die Geschichte eingegangen ist und an dieser Stelle in einer gekürzten Fassung wiedergegeben werden soll:

Eine große Halle – viele Gäste, die wir empfangen. Unter ihnen Irma, die ich sofort beiseite nehme, um (...) ihr Vorwürfe zu machen, dass sie die ›Lösung‹ noch nicht akzeptiert. Ich sage ihr:

›Wenn du noch Schmerzen hast, so ist es wirklich nur deine Schuld.‹
– Sie antwortet: ›Wenn du wüsstest, was ich für Schmerzen jetzt
habe, im Hals, Magen und Leib, es schnürt mich zusammen.‹ – Ich
erschrecke und sehe sie an. Sie sieht bleich und gedunsen aus; ich
denke, am Ende übersehe ich doch etwas Organisches. Ich nehme
sie zum Fenster und schaue ihr in den Hals. (…) Der Mund geht
dann auch gut auf, und ich finde rechts einen großen weißen Fleck,
und anderwärts sehe ich an merkwürdigen krausen Gebilden, die
offenbar den Nasenmuscheln nachgebildet sind, ausgedehnte
weißgraue Schorfe (…).
Dr. M., ein befreundeter Arzt, wird hinzugezogen und stellt fest, dass
Irma an einer Infektion leidet. Die Infektion ausgelöst habe – so sagt
Dr. M. – eine falsche Injektion, die ihr Freund Otto gegeben habe.
›Man macht solche Injektionen nicht so leichtfertig… Wahrscheinlich
war auch die Spritze nicht rein‹, sind die letzten Worte des Traums.

Die Deutung

Am darauffolgenden Morgen erinnerte und analysierte Freud diesen
Traum. Es sollte seine erste umfassende und vollendete Traumdeutung
werden. Er hatte eine Lösung gefunden, die allen Traumforschern bis
dahin verborgen geblieben war: Träume sind Wunscherfüllungen! Im
Traum von »Irmas Injektion« kommt der Wunsch Freuds zum Ausdruck,
dass nicht er selbst schuld sei am Schicksal Irmas. Die Schuldgefühle,
die sein Freund Otto am Vortage bei Freud ausgelöst hatte, fallen im
Traum auf diesen selbst zurück. Irma hat im Traum eine falsche Spritze
von Otto bekommen. Diese Spritze führte zu ihren körperlichen Beschwerden. Otto ist also schuld am Schicksal Irmas. Der Traum ist nicht
nur Wunscherfüllung, sondern gleichzeitig eine heimliche Rache an
Otto. Das ist das Ergebnis von Freuds Deutung. Die eigentliche Analyse
dieses Traumes, die wir aus Platzgründen nicht im einzelnen schildern

können, ist sehr viel umfangreicher. Sie füllt fast zehn Seiten und ist damit um ein vielfaches länger als der Traum selbst.

Alle Details sind wichtig

Freud nimmt sich jeden einzelnen Satz des Traumes vor und benennt Ideen, Gedankengänge und erinnerte Ereignisse (kurz: Einfälle), die ihm dazu in den Sinn kommen. So erinnert Freud z. B. das Bild mit den verschorften Nasenmuscheln, die er im Hals Irmas beobachtet, an folgende Episode: »Die Schorfe an den Nasenmuscheln mahnen an eine Sorge um meine eigene Gesundheit. Ich gebrauchte damals häufig Kokain, um lästige Nasenschwellungen zu unterdrücken, und hatte vor wenigen Tagen gehört, dass eine Patientin, die es mir gleich tat, sich eine ausgedehnte Nekrose [Absterben von Gewebe – Anmerkung des Autors] der Nasenschleimhaut zugezogen hatte. Die Empfehlung des Kokains, die 1885 von mir ausging, hat mir auch schwerwiegende Vorwürfe eingetragen. Ein schon verstorbener Freund hatte durch den Missbrauch dieses Mittels seinen Untergang beschleunigt.«

Jedes einzelne Traumelement ist Freud wichtig. Ebenso alle an den Traum anschließenden Einfälle, seien sie noch so absurd, unverständlich und weit in die Vergangenheit zurückreichend. Freud nennt das Assoziation. Erst auf diesem Weg gelangt er letztlich zur endgültigen Deutung.

Die freie Assoziation in der Psychoanalyse

Die Methode der freien Assoziation, also die freie Verknüpfung verschiedener Elemente, Reaktionen und Aussagen, ist, wie manche Leser wahrscheinlich bereits wissen, auch eine grundlegende Technik bei der klassischen psychoanalytischen Behandlung. Aber nicht nur das Assoziieren an sich, sondern auch das Erzählen und Assoziieren speziell von Träumen ist noch heute für viele Psychotherapeuten ein wichtiger Bestandteil der Therapie. Freud selbst sah im Traum und der auf solche Weise erlangten Deutung gar »die sicherste Grundlage der Psychoanalyse«.

Die Macht des Erinnerns

In der Psychoanalyse geht es um die Aufdeckung des Unbewussten. Das nicht bewusste, in den Tiefen der Seele liegende Vergessene, dorthin Verdrängte erkannte Freud als die Ursache vieler psychischer Krankheiten wie z. B. der Hysterie, die damals noch auf körperliche Ursachen zurückgeführt wurde und für die es noch keine richtige Heilmethode gegeben hatte.

Wird dieses frühe, meist bis in früheste Kindheit zurückreichende, oftmals traumatische Erleben ins Gedächtnis zurückgerufen, dann verschwinden auch die Symptome der Krankheit. Im freien Assoziieren, bei welchem Moral und Verstand weitgehend ausgeschaltet und alle auftretenden Gedanken zugelassen werden sollen, sah Freud eine wirkungsvolle Methode, mit der man diesen Zustand erreichen konnte, sich diesen Tiefen der Seele, dem Unbewussten nähern konnte.

Traum und Assoziation

Erst in der psychoanalytischen Arbeit mit seinen Patienten lernte Freud, dass seine Methode der freien Assoziation nicht nur auf die Taggedanken, sondern genauso wirkungsvoll auch auf den Traum anzuwenden ist. Er hatte seine Patienten »verpflichtet«, ihm alle Gedanken und Ideen mitzuteilen, die sich ihnen zu einem Thema aufdrängten. Die Patienten, die dieser Anweisung folgten, erzählten ihm daraufhin auch ihre Träume. Und so sah er, dass selbst die Träume assoziierbar waren – und vor allem: dass Träume kein sinnloses Gefasel, sondern mit der individuellen Lebensgeschichte des Patienten direkt verknüpft waren. Was natürlich auch hieß, dass die Träume seiner Patienten auch mit deren Krankheitsgeschichte zu tun hatten.

Das Unbewusste – ein Exkurs

Auch wenn es in der Literatur häufig so dargestellt wird: Freud hat das Unbewusste nicht »entdeckt«. Die moderne Psychologie hat eine ganze Reihe von Vorläufern, die bis in früheste Zeiten zurückreichen. Medizinmänner und Schamanen so genannter primitiver und frühgeschichtlicher Völker hatten bereits Heilmethoden, die denen der heutigen Psychotherapie überraschend ähnlich sind und auf ein tiefes Verständnis der Seele schließen lassen. Krankheiten – auch körperliche – wurden durch psychische Einwirkung behandelt, sei es in Form von Beschwörung oder Suggestion. Die Persönlichkeit des Heilers war dabei ein wichtiger Garant für den Heilungserfolg. Manche Kulturen wie die des Alten Ägypten unterschieden sogar schon zwischen zwei Bewusstseinstufen, die sie »diese Welt« und »die andere Welt« nannten.

Theorien der Neuzeit

Die Idee des Unbewussten, wie es Freud verstand, tauchte dann in der Neuzeit auf. Gottfried Wilhelm von Leibniz (1646–1716) sprach von »unklaren Vorstellungen«, von Geschehnissen in unserer Seele, von denen wir nichts wüssten. Das Unbewusste in seinen vielfältigen Erscheinungsformen weckte das Interesse der romantischen Künstler und Philosophen, und es wurde nun auch als solches bezeichnet. Carl Gustav Carus (1789–1869) schreibt: »Der Schlüssel zur Erkenntnis vom Wesen des bewussten Seelenlebens liegt in der Region des Unbewusstseins.«

Auch Friedrich Nietzsche (1844–1900) entwickelte eine Theorie des Unbewussten. Für Nietzsche setzte sich das Unbewusste zusammen aus Trieben und leidenschaftlichen Gefühlen; gleichzeitig enthielt es frühe Vorstellungen und Entwicklungsphasen des Individuums. Träume und Leidenschaften waren für Nietzsche ein Quell der Erkenntnis: »In den Ausbrüchen der Leidenschaften und im Phantasieren des Traumes

und des Irrsinns entdeckt der Mensch seine und der Menschheit Vorgeschichte wieder.«

Der »tierische Magnetismus«

Auch der medizinischen Wissenschaft im 18. und 19. Jahrhundert war
bekannt, dass der unbekannte Teil der Psyche eine große Macht über
den Menschen hat und dass der wichtigste Teil der psychischen Prozesse unbewusst ist.

Franz Anton Mesmer (1734–1815) begründete eine Heilmethode, die
er »tierischen Magnetismus« nannte, und die eine Vorstufe der späteren
Hypnose war. Mesmer ging davon aus, dass es eine psychische Energie
gäbe, die das gesamte Universum durchströme. Krank werde der
Mensch nur, wenn die seinen Körper durchströmende magnetische
Energie in keinem harmonischen Gleichgewicht zur Energie der Umwelt stehe. Mesmer behandelte an nervösen Erkrankungen leidende
Patienten, indem er die magnetische Energie seines eigenen Körpers in
die des Patienten leitete und das verlorengegangene Gleichgewicht so
wiederherstellte. Das geschah entweder durch Handauflegen oder indirekt über »magnetisch« aufgeladene Gegenstände wie z. B. Wasser
oder Bäume.

Im Laufe der Zeit wurde der tierische Magnetismus, auch Mesmerismus
genannt, abgelöst von der Hypnose. Auch hier ist das Verhältnis zwischen Arzt und Patient (der »Rapport«) entscheidend. Doch nun steht
nicht mehr eine geheimnisvolle magnetische Energie im Mittelpunkt,
der hypnotische Zustand wird allein zurückgeführt auf die Beeinfluss-
barkeit des menschlichen Nervensystems. Die Hypnose wurde im ganzen 19. Jahrhundert für die Ärzte, die psychische Krankheiten behandelten, der Hauptzugangsweg zum Unbewussten. Freud selbst studierte
im Jahre 1885 bei Jean-Martin Charcot (1825–1893), damals einem der
berühmtesten Ärzte, und praktizierte die Hypnose bei seinen ersten Patienten – bis er sich dann der Psychoanalyse zuwandte.

Das Unbewusste – im Traum zum Greifen nah

Warum aber war für Freud gerade der Traum die »sicherste Grundlage der Psychoanalyse«? Hatte der Traum etwas mit Krankheit gemein? Stimmte also doch, was viele Zeitgenossen Freuds meinten, dass der Traum ein krankhaftes Gebilde sei?

Im nächtlichen Traum, wo man der bewussten Wirklichkeit des Tages entrückt und den nächtlichen Phantastereien scheinbar willenlos ausgesetzt war, war die unbewusste Welt zum Greifen nah. Der Traum bot deshalb eine besondere Chance, die Funktionsweise und den Aufbau der unbewussten seelischen Vorgänge zu erforschen. Und je besser man die Arbeitsweise des Unbewussten verstand, umso mehr verstand man auch von psychischen Krankheiten. Denn die hatten, davon war Freud überzeugt, nun einmal Beweggründe, die im Unbewussten beheimatet waren. Darüber hinaus fand Freud, dass die noch ungedeuteten Träume in ihrer Absurdität und merkwürdigen Logik den neurotischen und anderen psychischen Krankheitsbildern ähneln und deshalb auch eine ähnliche Entstehungsgeschichte haben müssten.

Ein Beitrag zur allgemeinen Seelenkunde

Sigmund Freud war zwar Arzt, doch »Die Traumdeutung« sah er nicht nur fixiert auf die Krankheit. Ganz im Gegenteil. Träume konnten sich bei jedem gesunden Menschen ereignen. Es war ein alltägliches, jedem bekanntes Phänomen. »Die Traumdeutung« ging über das ärztliche Interesse hinaus, für Freud war es ein Beitrag zu einer allgemeinen Seelenkunde. Träume konnten einem nicht nur Aufschluss über das Innerste – das Unbewusste – des Träumers geben, sondern auch über die Funktionsweise der Seele an sich. Damit führte Freud die gesamte Psychologie, die bis dahin vor allem eine Wissenschaft psychischer Krankheiten gewesen war, hinaus aus dem Abseits. Sie diente von nun an auch dem Verständnis normalpsychologischer Abläufe. Ihre Voraussetzungen und Ergebnisse ließen sich – so Freud – auch auf andere (nichtpathologische) Gebiete übertragen. »Die Traumdeutung« war quasi der Auslöser für diese neue Psychologie. Und doch sind in der »Traumdeutung« neben Träumen von Gesunden auch eine ganze Reihe von Patiententräumen vertreten. Das lag in der Natur der Sache. Denn um einen Traum in Freuds Sinne deuten zu können, musste man auch einiges über die Lebensgeschichte des Träumers erfahren. Am meisten wusste Freud nun einmal von seinen Patienten.

Die Auswahl der Träumer

Das war die Schwierigkeit und gleichzeitig charakteristisch für die Art und Weise, wie er mit Träumen umging. Freud wusste, dass jeder Traum individuell gedeutet werden musste. Und die Methode der Assoziation, die die Deutung erst ermöglichte, war nicht nur angenehm. Nicht selten brachte sie allerhand peinliche, sehr persönliche Dinge ans Tageslicht. Freud hatte zwar genug Bekannte und Freunde, die ihre Träume bereitwillig und gerne erzählten. Doch nur wenige waren auch wirklich bereit, ihr Leben im Detail vor ihm auszubreiten. Auch die zahlreich überlieferten Träume in Romanen und der wissenschaftlichen Literatur waren kaum nutzbar, denn es fehlte nicht nur die Vorgeschichte des Traumes; die Träumer standen nicht für eine Analyse zur Verfügung.

Weil die Träume seiner Patienten mehr oder weniger mit deren Krankheitsgeschichte zu tun hatten, griff Freud in der »Traumdeutung« vor allem auf eigene Träume zurück. Er schreibt: »Somit bin ich auf meine eigenen Träume angewiesen als auf ein reichliches und bequemes Material, das von einer ungefähr normalen Person herrührt.«

Warum Freud seine eigenen Träume nur unvollständig deutete

Freud war sich bewusst, dass die Methode der freien Assoziation, die der Auflösung der Träume dienen soll, nicht einfach zu handhaben ist: »Man hat eine begreifliche Scheu, so viel Intimes aus seinem Seelenleben preiszugeben, weiß sich dabei auch nicht gesichert vor der Missdeutung der Fremden. Aber darüber muss man sich hinwegsetzen können.« Bei seinen eigenen Träumen, von denen er in der »Traumdeutung« eine ganze Anzahl berichtet, hat er sich nicht immer daran gehalten. Das wurde ihm auch von vielen Kritikern vorgeworfen, unter anderem von seinem Schüler C. G. Jung, der sich später von ihm abwandte und eine eigene Traumtheorie entwickelte.

Man kann Freud nicht vorwerfen, er hätte diesen Missstand verschwiegen. Er sagt, wenn er wichtige Informationen über seine Person zurückhält und die Analyse in bestimmten Richtungen nicht weiterführt. Resümierend heißt es gleich zu Beginn des Buches: »Immerhin will ich es nicht unterlassen (…) anzugeben, dass ich fast niemals die mir zugängliche vollständige Deutung eines eigenen Traumes mitgeteilt habe. Ich hatte wahrscheinlich recht, der Diskretion der Leser nicht zu viel zuzutrauen.«

Diskret verhält sich Freud selbst bei den Traumdeutungen anderer namentlich nicht genannter Personen: »Ebensowenig würde ich diese Schwierigkeit vermeiden, wenn ich den Traum eines anderen zur Analyse brächte, es sei denn, dass die Verhältnisse gestatteten, ohne Schaden für den mir Vertrauenden alle Verschleierungen fallenzulassen.«

Der Traum hat eine eigene Sprache

Erst durch die Methode der Assoziation war es Freud also gelungen, zum Sinn des Traumes vorzustoßen. Die Vorgeschichte des Traumes und die Biographie des Träumers waren dabei sehr wichtig. Erst in diesem Gesamtzusammenhang konnte der Sinn des Traumes enträtselt werden. Durch Assoziation und Analyse lässt sich sehr wohl eine sinnvolle Verknüpfung mit dem übrigen Leben erkennen. Die Analyse muss allerdings berücksichtigen, dass der Traum eine eigene Sprache spricht, die erst in die Sprache des Wachlebens übersetzt werden muss.

Freud verglich die Arbeit des Traumdeutens auch gerne mit dem mühsamen Entziffern einer fremden Schrift. Die Entzifferung der babylonisch-assyrischen Keilschriften und der ägyptischen Hieroglyphen fällt ins 19. Jahrhundert und war damals eine Weltsensation. Freud erhoffte sich ähnliche Ergebnisse auch von der wissenschaftlichen Traumforschung.

Manifeste und latente Trauminhalte

Sigmund Freud unterschied zwischen manifestem und latentem Trauminhalt. Der manifeste Trauminhalt war der unlogische, absurde, sinnlose, an den sich der Träumer gleich am Morgen erinnerte. Die eigentliche Aussage des Traumes aber war eine verborgene, dahinterliegende, eben die latente: die vorhandene, aber noch nicht in Erscheinung getretene Bedeutung.

Diese Ansicht Freuds, der eigentliche Trauminhalt sei vollkommen verborgen und zeige sich erst und ausschließlich in der latenten Form, gilt heute als weitgehend überholt. Bereits Freuds Schüler C. G. Jung wird zu einer anderen Erkenntnis kommen, dass nämlich der Traumsinn bereits im Traumbild angelegt ist.

Dennoch bleibt die Argumentationskette, mit der Freud seine Auffassung begründet, hochinteressant.

Warum sagt der Traum nicht direkt, was er bedeutet?

Das hatte eng mit der Funktionsweise des Seelischen, speziell des Unbewussten zu tun. Die Psychoanalyse seiner Patienten hatte Freud gelehrt, dass das Unbewusste aus ehemals bewussten, aber verdrängten (oder unterdrückten) Empfindungen bestand. Und dass dieses Unbewusste zwar verdrängt, aber nicht vergessen war. Es lagerte irgendwo am Grunde der Seele. Selbst Erlebnisse aus der frühesten Kindheit wurden hier aufbewahrt. Entscheidend war, dass dieses »abgelagerte« Unbewusste Konsequenzen hatte für das tagtägliche Leben. Frühkindliche

Erlebnisse, die ins Unbewusste verdrängt worden waren, waren für die Krankheitssymptome seiner erwachsenen Patienten verantwortlich. Sogar das früheste Verdrängte war also direkt verknüpft mit dem Hier und Heute.

Dasselbe galt auch für den Traum. Der Traum wirkte genauso unverständlich wie das Krankheitssymptom, weil sich längst vergangene mit aktuellen Erlebnissen vermischten. Die Art, wie sie sich vermischten, hing mit der Problematik des Verdrängens zusammen.

Das Verdrängen von Wünschen – der Traum als Wunscherfüllung

Es galt als ein normaler Vorgang, dass jeder Mensch – schon als Kind – Gefühle und Wünsche verdrängte und unterdrückte. Nicht alle Wünsche ließen sich erfüllen. Oftmals blieben gerade die unerfüllt, nach deren Verwirklichung man sich am meisten sehnte.

Der Sinn des Traumes war es nun, die in der Realität nicht erfüllten Wünsche doch noch zur Erfüllung zu bringen. Der Traum ist eine Wunscherfüllung, das war Freuds neue Erkenntnis. Der Traum diente als Abfluss für gestaute Gefühle und Wünsche, er war notwendig, um das seelische Gleichgewicht wiederherzustellen und den entstandenen Druck zu nehmen. Denn Freud war sich gewiss: Der Mensch ist ein von Lust getriebenes, egoistisches Wesen, dessen Begehren und Wünschen weit über das Realisierbare hinausgeht. Die nach dem Lustprinzip arbeitende Triebkraft des Menschen ist auch – und zwar besonders intensiv – im Traum aktiv.

Warum war dann aber das wahre Wesen des Traumes, die Wunscherfüllung, nicht sofort zu erkennen? Warum bedurfte es einer umständlichen Deutung? Das hing damit zusammen, dass das ehemals Verdrängte nur in einer entstellten, der manifesten, Form zu Tage trat. Diese Entstellung hatte in den meisten Fällen die gleiche Ursache wie ehemals die Verdrängung. Die Seele hatte eine »eingebaute« Kontrollinstanz: das moralische Gewissen, das Freud auch Über-Ich oder Zensur nannte.

Das Erstaunliche war nun, dass diese Zensur auch im nächtlichen Schlaf, im Traum eingeschaltet blieb! Das nach oben drängende, dem Lustprinzip verpflichtete Unbewusste musste also – auch nachts – immer erst die Zensur passieren. Und dort kam es eben nur in entschärfter, entstellter Form vorbei. Die Zensur verhielt sich wie ein Widerstand, den das nach oben drängende Unbewusste überwinden musste.

Im Prinzip war der Mechanismus der Traumentstehung der gleiche wie bei der Entstehung einer Krankheit, bei der an Stelle des Traumes ein unverständliches Symptom auftrat. Auch der Krankheitskonflikt hatte nach Freud mit dem Dreiecksverhältnis Unbewusstes – Bewusstes – Zensur zu tun. Das war das Revolutionäre an Freuds Lehre: Alles hat einen Sinn, eine innere Logik – selbst der Traum, sogar die Krankheit.

Das war Freuds Arbeitszimmer 1938/39 in London.

Freuds Traumdeutung aus heutiger Sicht

Freud hatte wie kein anderer vor ihm darauf aufmerksam gemacht, wie sehr frühestkindliche, oftmals traumatische Erfahrungen sich im späteren Leben auswirken und für psychische Krankheiten verantwortlich zu machen waren, und dass sich auch im Traum solche längst vergangenen mit aktuellen Erlebnissen vermischten. An dieser Erkenntnis Freuds besteht in Fachkreisen nach wie vor kein Zweifel.

Am eigenen Erleben messen

Die Tragweite der Freudschen Erkenntnis wird einem erst bewusst, wenn man ganz persönlich damit konfrontiert wird, dass in der eigenen Seele kindliche Erfahrungen und Wünsche weiter fortleben und wirken. Viele Menschen empfinden eine solche Aussage als Zumutung und wissenschaftliches Jägerlatein. »Ich bin heute erwachsen. Wie kann das sein? Ich benehme mich doch nicht wie ein Kind.« Nicht selten fühlen sie sich wieder einmal bestätigt in ihrem Bild vom weltfremden Wissenschaftler, der sich im Gelehrtenstübchen irgendwelche Theorien ausdenkt.

Was haben Sie sich als Kind gewünscht? Können Sie sich noch erinnern? Als Kind hat man andere Wünsche und Fragen an das Leben als ein Erwachsener. Ein Analytiker formulierte das einmal so:

»Ich möchte Doktorspiele mit meiner Schwester/meinem Bruder spielen. Ich möchte mit meinen Eltern kuscheln und von ihnen geliebt werden. Ich möchte ihnen zeigen, wie schön ich nackt aussehe...«

Im Widerspruch zum Zeitgeist

Freud erklärte, es sei ganz normal, dass schon ein Kind sexuelle Wünsche habe, jedes Kind durchlaufe eine »orale«, »anale« und »ödipale« Phase.

Unbewusste Wünsche – vergangene und aktuelle – tauchen im Traum wieder auf. Das ist heute allgemein anerkannt. Doch weiß man mittlerweile auch, dass der Traum nicht nur Wunscherfüllung, geschweige denn einzig und allein sexuelle Wunscherfüllung ist. Dass das Sexuelle bei Freud überbetont erscheint, liegt vor allem daran, dass die Sexualität in der damaligen Zeit einer sehr viel stärkeren öffentlichen Zensur unterlag.

Das erklärt auch, warum Freud die innerseelische Zensur so in den Vordergrund gerückt und überbetont hat. Aus heutiger Sicht würde man sagen, das ist zu statisch, zu einfach gedacht und wird der Komplexität des Traumes und der Realität nicht gerecht. Jeder Traum hat sowohl manifeste als auch latente Züge.

Andererseits ist vieles, was Freud über Verdrängungs- und Abwehrmechanismen der Seele sagte, wegweisend geworden für die weitere Erforschung des Unbewussten. Was Freuds Traumtheorie betrifft, ist aus heutiger Sicht außerordentlich brauchbar, was er über die Charakteristika des Traumes herausgefunden hat.

Der Traum und seine Besonderheiten

Freud ist es gelungen, eine ganze Reihe von wichtigen Traummerkmalen zusammenzustellen. Erst in ihnen wird das Fremdartige des Traumes konkret fassbar.

Die Verdichtung

Da ist zum einen die Verdichtung: Mehrere Personen oder einzelne ihrer Charakterzüge können im Traum zu einer einzigen Person zusammengefasst werden. Freud nennt das Sammel- und Mischpersonen. Das Gleiche passiert im übrigen auch mit Worten und Gegenständen. Hier ein Beispiel aus der »Traumdeutung«: »Eine meiner Patientinnen teilt mir einen kurzen Traum mit, der in eine unsinnige Wortkombination ausläuft. Sie befindet sich mit ihrem Manne bei einer Bauernfestlichkeit und sagt dann: Das wird in einen allgemeinen *Maistollmütz* ausgehen. Dabei im Traum der dunkle Gedanke, das sei eine Mehlspeise aus Mais, eine Art Polenta. Die Analyse zerlegt das Wort in *Mais – toll – mannstoll – Olmütz,* welche Stücke sich sämtlich als Rest einer Konversation bei Tisch mit ihren Verwandten erkennen lassen …«.

Die Verschiebung

Ein weiteres wichtiges Merkmal des Traumes ist die Verschiebung. Die Traumelemente werden dabei nicht ihrer wahren Bedeutung gemäß angeordnet, sondern verschieben sich: Die Kernaussage wird nur am Rande oder gar nicht erwähnt, das Nebensächliche wird in den Vordergrund gedrängt. Orte, Personen, Namen werden durch andere ersetzt etc. Ein Beispiel aus der »Traumdeutung«:

»In einem meiner Romträume heißt der Ort, an dem ich mich befinde, *Rom*; ich erstaune aber über die Menge von deutschen Plakaten an einer Straßenecke. Letzteres ist eine Wunscherfüllung, zu der mir sofort *Prag* einfällt; der Wunsch selbst mag aus (…) der Jugendzeit stammen. Um die Zeit, da ich träumte, war in Prag ein Zusammentreffen mit meinen Freunden in Aussicht genommen; die Identifizierung von Rom und Prag erklärt sich also durch eine gewünschte Gemeinsamkeit; ich möchte meinen Freund lieber in Rom treffen als in Prag, für diese Zusammenkunft *Prag* und *Rom* vertauschen.«

Doppelt und mehrfach besetzte Bilder

Im Traum entsteht durch Verschiebung und Verdichtung eine Fülle von Bildern, die ihrer ursprünglichen Intensität entkleidet und in ihrer Aussage entschärft sind. (Deswegen die Assoziation, die das Ursprüngliche rekonstruiert.) Nichtsdestoweniger entstehen mit diesen neuen Bildern Doppel- und Mehrfachbedeutungen. Ehemals nebensächliche Personen, Orte, Gegenstände etc. werden mit einem neuen Wert besetzt.

Unterschiedliche Dinge werden kombiniert und erhalten so einen anderen Sinn. Typisch für den Traum ist, dass selbst in seinem kleinsten Ausschnitt eine Vielzahl von verschiedenen längst vergangenen und aktuellen Vorstellungen verknüpft werden können. Die Besetzung fast jeden Traumbildes ist also eine vielfache. Der Traum ist überdeterminiert, wie im übrigen die sich an den Traum anschließenden Assoziationen belegen. Freud belegt sogar, dass das Ich, also der Träumer selbst, mehrfach im Traum vorkommen kann – und zwar nicht nur direkt, sondern auch verkleidet, als fremde Person. Freud glaubt im übrigen, dass jeder Traum um die eigene Person kreist:

»Es ist eine Erfahrung, von der ich keine Ausnahme gefunden habe, dass jeder Traum die eigene Person behandelt. Träume sind absolut egoistisch. Wo im Trauminhalt nicht mein Ich, sondern nur eine fremde Person vorkommt, da darf ich ruhig annehmen, dass mein Ich durch Identifizierung hinter jener Person versteckt ist.«

Paradoxe Logik

Der Traum hat keine Möglichkeit, Gegensätze und Widersprüche darzustellen. Sie werden einfach nicht als solche behandelt, manchmal werden sie sogar zu einer Einheit zusammengezogen. Dasselbe gilt auch für alle anderen logischen Zusammenhänge. Es gibt im Traum kein Entweder-oder, kein Wenn und Aber, kein Weil und Obwohl. All das kann der Traum nicht ausdrücken. Logische Zusammenhänge werden als gleich wichtig und gleichzeitig nebeneinandergestellt.

Doch es gibt kleinere Andeutungen, die dem Traumdeuter die Arbeit erleichtern: Manchmal wird eine Kausalbeziehung durch ein Nacheinander dargestellt. Die Folgerung oder der Gegensatz werden durch die Unterteilung in einen Vor- und einen Haupttraum zum Ausdruck gebracht. Wer viel träumt, wird sich sicher auch an einige Träume erinnern, die sich in zwei oder sogar drei Träume aufsplitteten. Ein Grund könnte also der oben genannte sein.

Umkehrung ins Gegenteil

Daneben gibt es noch eine Variante, die grotesk wirkt, aber zu einer der am häufigsten verwendeten Traumtechniken gehört: die Umkehrung ins Gegenteil.

So kann das Hinaufsteigen einer Treppe in Wirklichkeit das Gegenteil bedeuten. Im Traum geäußerte positive Gefühle können sich bei näherer Analyse als negative erweisen.

Ebenso kann auch die zeitliche Aufeinanderfolge im Traum eine Täuschung und genau andersherum zu verstehen sein. Freud bringt hier ein sehr schönes Zitat von dem antiken Traumdeuter Artemidoros von Daldis, der dies schon erkannt hatte. Artemidoros sagte treffend: »Bei der Auslegung von Traumgeschichten muss man sie einmal vom Anfang gegen das Ende, das andere Mal vom Ende gegen den Anfang hin ins Auge fassen …«

Zur Bedeutung dieser etwas kuriosen Technik schreibt Freud: »Wäre es doch umgekehrt gewesen! Ist oftmals der beste Ausdruck für die Reaktion des Ichs gegen ein peinliches Stück Erinnerung. Ganz besonders wertvoll wird die Umkehrung aber im Dienste der Zensur, indem sie ein Maß von Entstellung des Darzustellenden zustande bringt, welches das Verständnis des Traumes zunächst geradezu lähmt. Man darf darum, wenn ein Traum seinen Sinn hartnäckig verweigert, jedesmal den Versuch der Umkehrung mit bestimmten Stücken seines manifesten Inhaltes wagen, worauf nicht selten alles sofort klar wird.«

Vereinfachung

Leichter nachvollziehbar ist es, wie der Traum mit Ähnlichkeiten und Gemeinsamkeiten verfährt. Einander ähnliche Personen oder Personen, die eine Gemeinsamkeit haben, werden im Traum zu einer einzigen Person zusammengefasst. Der Traum verzichtet so auf die Darstellung von womöglich komplizierten Verhältnissen, er vereinfacht und verdichtet.

Traumsymbole

Die Darstellungsmittel, die der Traum zur Verfügung hat (Verschiebung, Verdichtung, Vereinigung von Gegensätzen und Ähnlichkeiten, Umkehrung ins Gegenteil) entstellen und entschärfen den Traum, helfen also mit, die Zensur zu umgehen.

Doch sie dienen noch zu etwas anderem, sie nehmen Rücksicht auf die Darstellbarkeit. Träume sind, anders als das wache Denken und Vorstellen, nur in einer bildlichen Sprache möglich. Abstrakte und komplizierte Gedankengänge müssen also in klare einfache Bilder übersetzt bzw. umgeformt werden. Deshalb sind die Bilder häufig auch symbolisch zu verstehen. So könnte beispielsweise der Gedanke: »Ich denke daran, dass ich vorhabe, in einem Aufsatz eine holprige Stelle auszubessern« in dieses bildhafte Symbol umgewandelt werden: »Ich sehe mich ein Stück Holz glatthobeln.«

Sehr plakativ kann die Darstellung frühkindlicher Erlebnisse sein. Freud schreibt: »Eine Patientin erzählt einen Traum, in welchem alle handelnden Personen besonders groß waren. Das will heißen, setzt sie hinzu, dass es sich um eine Begebenheit aus meiner frühen Kindheit handeln muss, denn damals sind mir natürlich alle Erwachsenen so ungeheuer groß erschienen. Die Verlegung in die Kindheit wird in anderen Träumen auch anders ausgedrückt, indem Zeit in Raum übersetzt wird. Man sieht die betreffenden Personen und Szenen wie weit entfernt am Ende eines langen Weges oder so, als ob man sie mit einem verkehrt gerichteten Opernglas betrachten würde.«

Was hinter den Symbolen steckt

Über das freie Assoziieren kommt der Träumer auf die wirkliche Bedeutung, die sich hinter dem Traumbild verbirgt. Man wird zuweilen an entsprechende Bilder- oder Kreuzworträtsel erinnert, wie sie in Zeitschriften zu finden sind. Dazu wieder ein paar Beispiele:

»Es träumt jemand, dass sein Bruder in einem *Kasten* steckt; bei der Deutungsarbeit ersetzt sich der Kasten durch einen *Schrank*, und der Traumgedanke lautet nun, dass sein Bruder sich *einschränken* solle, an seiner Statt nämlich.

Ein anderer Träumer steigt auf einen Berg, von dem aus er eine ganz außerordentlich weite *Aussicht* hat. Er identifiziert sich dabei mit einem Bruder, der eine *Rundschau* herausgibt, welche sich mit den Beziehungen zum fernsten Osten beschäftigt.«

Freud bringt eine große Menge solcher Beispiele. Nicht alle sind so leicht nachvollziehbar wie die gerade genannten. Es macht auf den heutigen Leser einen parodistischen Eindruck, wenn Freud schreibt, »alle in die Länge reichenden Objekte, Stöcke, Baumstämme, Schirme (des der Erektion vergleichbaren Aufspannens wegen), alle länglichen und scharfen Waffen: Messer, Dolche, Piken, wollen das männliche Glied vertreten« und »Dosen, Schachteln, Kästen, Schränke, Öfen entsprechen dem Frauenleib, aber auch Höhlen, Schiffe und alle Arten von Gefäßen. – Zimmer im Traume sind zumeist Frauenzimmer ...«

Oft kommt der Träumer erst nach langwierigem Assoziieren hinter die Bedeutung mancher Traumbilder und -symbole.

Das persönliche Symbolverständnis ist wichtig

Freud ist sich bewusst, dass solche Symboldeutungen kaum zu beweisen sind. Eine »Rückkehr zur Willkür des Traumdeuters, wie sie im Altertum geübt wurde« schließt er aber aus, wenn das persönliche Symbolverständnis des Träumers berücksichtigt würde. Was nichts anderes bedeutet, als dass der Träumer selbst die Deutung nachvollziehen und als richtig anerkennen muss. Auch eine »kritische Vorsicht in der Auflösung der Symbole« sei angebracht. Denn jedes Symbol habe mitunter mehrere Bedeutungen, so dass die richtige erst im Zusammenhang des Traumes erkannt werden könne.

Die Bedeutung der Symbole nicht überschätzen

Freuds »Traumtheorie« wird von manchen voreiligen Kritikern häufig reduziert auf seine Symboldeutungen und die sexuelle Interpretation. Doch wer das Buch aufmerksam liest, wird feststellen, dass Freud gerade eine solche Reduktion vermeiden will.

Freud schrieb z. B. zur Symboldeutung: »Ich möchte nachdrücklich davor warnen, die Bedeutung der Symbole für die Traumdeutung zu überschätzen, etwa die Arbeit der Traumübersetzung auf Symbolübersetzung einzuschränken und die Technik der Verwertung von Einfällen des Träumers [damit ist die freie Assoziation gemeint – Anmerkung des Autors] aufzugeben. Die beiden Techniken der Traumdeutung müssen einander ergänzen; praktisch wie theoretisch verbleibt aber der Vorrang dem zuerst beschriebenen Verfahren, das den Äußerungen des Träumers die entscheidende Bedeutung beilegt, während die von uns vorgenommene Symbolübersetzung als Hilfsmittel hinzutritt.«

Freud war sich gewiss, dass die Träume mit Symbolen angereichert sind, doch eine Traumdeutung hielt er nur für möglich, wenn die Symboldeutung mit der Assoziationstechnik kombiniert wird. Und in jedem Fall war die Assoziation für ihn wichtiger.

Die Freudsche Theorie nicht auf das Sexuelle reduzieren

Ebenso wenig wie Träume eine rein symbolische Bedeutung haben, ebenso wenig sind sie ausschließlich sexuell zu deuten. Freud sagte an mehreren Stellen seines Buches explizit, dass keineswegs alle Träume sexuellen Inhalts seien. Allerdings sagte ihm seine jahrelange Erfahrung mit den Träumen seiner erwachsenen Patienten, dass »die Mehrzahl der Träume Erwachsener sexuelles Material behandelt und erotische Wünsche zum Ausdruck bringt.« Das ist seine Begründung für dieses Phänomen: »Kein anderer Trieb hat seit der Kindheit so viel Unterdrückung erfahren müssen wie der Sexualtrieb in seinen zahlreichen Komponenten, von keinem anderen erübrigen so viele und so starke unbewusste Wünsche, die nun im Schlafzustande traumerzeugend wirken.«

Zweifellos war für Freud der sexuelle Trieb einer der stärksten (An)triebe des menschlichen Lebens. Und der Trieb, der am meisten unterdrückt werden musste, und zwar aus vielerlei Gründen, u. a. weil die gesellschaftlichen Regeln es nicht zuließen, dass er gelebt werden konnte, aber auch weil er nie ganz befriedigt werden kann. Logisch, dass das am meisten Unterdrückte auch das insgeheim am meisten Gewünschte ist und den häufigsten Trauminhalt bildet. Die ins Unterbewusste abgedrängte Lust schafft sich im Traum ein Ventil.

Von der Mühsal des Traumdeutens

»Es wird niemand erwarten dürfen, dass ihm die Deutung der Träume mühelos in den Schoß falle.« Diese Äußerung Freuds ist nach dem bisher Gesagten leicht nachzuvollziehen. Die Entschlüsselung des Traumes, so wie er sich nach Freud darstellt, mit all seinen kuriosen Besonderheiten, verlangt einiges an Übung. Vor allem darf man die Deutung nicht erzwingen wollen.

Manchmal hilft die Zeit

Dass die Deutung eines aufbewahrten Traumes selbst noch Jahre später gelingen kann, weiß Freud aus eigener Erfahrung: »Ich hatte in meinen Notizen reichlich eigene Träume aufbewahrt, die ich damals aus irgendeinem Grunde nur sehr unvollständig oder auch überhaupt nicht der Deutung unterziehen konnte. Bei einigen derselben habe ich nun ein bis zwei Jahre später den Versuch, sie zu deuten, unternommen (…) Dieser Versuch gelang mir ausnahmslos …«

Die Gründe für ein solches Gelingen sieht er darin, »dass ich seither über manche Widerstände in meinem Inneren weggekommen bin, die mich damals störten. Das kann nur als Ermutigung dienen, dass selbst der erfahrene und mit einem Großmaß an Selbsterkenntnis gesegnete Freud lange Zeit innere Widerstände spürte, die ihm das Deuten der eigenen Träume unmöglich machte.«

Ein letztes Geheimnis bleibt immer

Auch wenn die Anstrengungen noch so groß sind – nicht jeder Traum kann zur Deutung gebracht werden. Auch eine vollständige Deutung ist nach Ansicht Freuds nie wirklich möglich. Er behauptet, »dass man eigentlich niemals sicher ist, einen Traum vollständig gedeutet zu haben; selbst wenn die Auflösung befriedigend und lückenlos erscheint, bleibt es doch immer möglich, dass sich ein anderer Sinn durch denselben Traum kundgibt.« Und er geht sogar noch weiter: Jeder Traum – selbst der bestgedeutete – hat mindestens eine Stelle, die ihr Geheimnis nicht preisgibt.

Der Traum ist also nie vollständig aufzulösen. An irgendeiner Stelle bleibt er immer unergründlich und rätselhaft. Es ist die Stelle, wo er mit dem Unerkannten zusammenhängt. Auch mit einer noch so guten Methode lässt sich dieses Geheimnis nicht erforschen. Es ist als solches hinzunehmen.

Der Abtrünnige – C. G. Jung begründet seine eigene Traumtheorie

C. G. Jung – der Entdecker des kollektiven Unbewussten

Als Carl Gustav Jung im Jahre 1907 das erste Mal mit Freud zusammentraf, war er 32 Jahre alt, 19 Jahre jünger als Freud. Der Pastorensohn, der als Arzt in einer psychiatrischen Klinik in Zürich arbeitete, sollte einmal Freuds Lieblingsschüler werden. Die charismatische Persönlichkeit Freuds ließ Jung nicht unbeeindruckt: »Freud war der erste wirklich bedeutende Mann, dem ich begegnete. Kein anderer Mensch in meiner damaligen Erfahrung konnte sich mit ihm messen. In seiner Einstellung gab es nichts Triviales. Ich fand ihn außerordentlich intelligent, scharfsinnig und in jeder Beziehung bemerkenswert.« Freilich fügte er sogleich hinzu: »Und doch blieben meine ersten Eindrücke von ihm unklar, zum Teil auch unverstanden.«

Zweifel an Freuds Sexualtheorie

Freuds Traumdeutung war für Carl Gustav Jung eine Quelle der Erkenntnis. Die hier geäußerten Ideen befruchteten sein eigenes Denken enorm. Er bewunderte Freud dafür, dass der seine Patienten wirklich ernst nahm und auf ihr individuelles Leben einging.

Dass Sigmund Freud das Unbewusste für entscheidend hielt und im Traum den Hauptzugangsweg zum Unbewussten erkannt hatte, machte ihn für Carl Gustav Jung zu einem Giganten der Wissenschaft. Besonders wichtig für ihn war das, was Freud über die Funktionsweise des Seelischen sagte, über das Zusammenwirken von Bewusstem, Unbewusstem und Zensur.

Eine Freundschaft zerbricht

Jung selbst hatte bei seinen Patienten schon öfter Assoziationsexperimente durchgeführt. Er sprach bestimmte Wörter vor, die er für Schlüsselwörter ihrer Halluzinationen und Wahnvorstellungen hielt; auf jedes dieser Wörter musste der Patient Wörter assoziieren. Dabei hatte er immer wieder feststellen müssen, dass die Patienten bestimmte Dinge unterdrückten, dass ihnen manche Worte leichter über die Lippen kamen als andere. Das Wirken der Zensur, die verhindert, dass bestimmte unbewusste Inhalte an die Oberfläche drängen, konnte er aufgrund seiner Erfahrung nur bestätigen. Doch dass die Gründe des Verdrängens zum großen Teil sexueller Art sein sollten, konnte C. G. Jung nicht ganz nachvollziehen. Allerdings lag die Sexualtheorie Freuds ganz besonders am Herzen, ebenso wie die Erkenntnis, dass alle Träume Wunscherfüllungen seien. Auch hier hatte Jung Zweifel, die sich im verlauf der Zusammenarbeit immer weiter vertieften. Es sollte lange Zeit dauern, bis sich C. G. Jung traute, in offenen Widerspruch zu Freud zu treten, der zu einem väterlichen Freund und Lehrer geworden war.

Autorität contra Wahrheit

Warum es letztendlich zum Bruch zwischen den beiden kam, hatte wohl mehrere Ursachen, die nicht nur rein fachlicher Art waren. So warf C. G. Jung Freud u. a. vor, sich zu dogmatisch an bestimmten Positionen festzuklammern und die eigene Autorität über die Wahrheit zu stellen. Anders als Freud sah Jung den Traum nicht ausschließlich als eine Wunscherfüllung, sondern auch als Ausdruck von Erinnerungen, Plänen, ja sogar von irrationalen, übersinnlichen Erlebnissen, von Visionen usw. Anders als Freud erkannte Jung im Traum nicht nur triebhafte und sexuelle Motive, sondern auch mythologische Beweggründe, die weit über das egoistische Individuum hinausgingen.

Der Traum vom geheimnisvollen Haus

Die unterschiedlichen Ansichten über die Bedeutung des Traumerlebens wurden besonders augenscheinlich beim Deuten der eigenen Träume. Im Verlauf ihrer Zusammenarbeit hatten Freud und Jung es sich angewöhnt, ihre Träume gegenseitig zu analysieren. Jung erzählte folgenden Traum:

Ich war in einem mir unbekannten Hause, das zwei Stockwerke
hatte. Es war ›mein Haus‹. Ich befand mich im oberen Stock.
Dort war eine Art Wohnzimmer, in welchem schöne alte Möbel im
Rokokostil standen. An den Wänden hingen kostbare alte Bilder. Ich
wunderte mich, dass dies mein Haus sein sollte, und dachte: nicht
übel! Aber da fiel mir ein, dass ich noch gar nicht wisse, wie es im
unteren Stock aussähe.
Ich ging die Treppe hinunter und gelangte in das Erdgeschoss. Dort
war alles viel älter... Die Einrichtung war mittelalterlich... Alles war
etwas dunkel.
Ich ging von einem Raum in den anderen und dachte: Jetzt muss das
Haus doch ganz explodieren! Ich kam an ein schwere Tür, die ich öff-
nete. Dahinter entdeckte ich eine steinerne Treppe, die in den Keller
führte. Ich stieg hinunter und befand mich in einem sehr schönen
gewölbten, sehr altertümlichen Raum (...)
Ich untersuchte (...) den Fußboden, der aus Steinplatten bestand. In
einer von ihnen entdeckte ich einen Ring. Als ich daran zog, hob sich
die Steinplatte, und wiederum fand sich dort eine Treppe (...)
Ich stieg hinunter und kam in eine niedrige Felshöhle. Dicker Staub
lag am Boden, und darin lagen Knochen und zerbrochene Gefäße
wie Überreste einer primitiven Kultur. Ich entdeckte zwei offenbar
sehr alte und halb zerfallene Menschenschädel. –
Dann erwachte ich.

Die Freudsche Deutung

Jung schreibt in seinen Erinnerungen, dass Freud sich bei diesem Traum vor allem für die Entdeckung der beiden Schädel interessiert hätte. Was er – Jung – denn über die Schädel dächte? Von wem sie stammten? In Freuds Traumverständnis war offenkundig, dass hier unterdrückte Todeswünsche verborgen sein mussten. So zumindest interpretiert es Jung in seinen Erinnerungen.

Jung hatte heftige Widerstände gegen eine solche Deutung. Doch er unterdrückte seinen Zweifel und nannte Freud zwei Personen, gegen die er einen geheimen Todeswunsch hegen könnte: »meine Frau und meine Schwägerin«. Im Nachhinein war er Freud also entgegengekommen, doch er selbst empfand seine Antwort als eine Lüge. Und er ahnte zu dieser Zeit wohl bereits, dass er dabei war, eine eigene Traumtheorie zu entwickeln, die mit der des Meisters nicht übereinstimmte. Wie anders diese Traumtheorie sein sollte, zeigt Jungs spätere Analyse jenes Traumes.

Die Traumdeutung von C. G. Jung

»Es war mir deutlich, dass das Haus eine Art Bild der Psyche darstellte, d.h. meiner damaligen Bewusstseinslage mit bis dahin unbewussten Ergänzungen. Das Bewusstsein war durch den Wohnraum charakterisiert. Er hatte eine bewohnte Atmosphäre, trotz des altertümlichen Stils. Im Erdgeschoss begann bereits das Unbewusste. Je tiefer ich kam, desto fremder und dunkler wurde es. In der Höhle entdeckte ich Überreste einer primitiven Kultur, d.h. die Welt des primitiven Menschen in mir, welche vom Bewusstsein kaum mehr erreicht oder erhellt werden kann. Die primitive Seele des Menschen grenzt an das Leben der Tierseele, wie auch die Höhlen der Urzeit meist von Tieren bewohnt wurden, bevor die Menschen sie für sich in Anspruch nahmen.«

Das kollektive Unbewusste

Im Traum kam also nicht nur die individuelle Lebensgeschichte zum Vorschein, sondern ebenso archaische primitive Überreste, die allen Menschen gemeinsam waren. Jung hatte durch seinen Traum entdeckt, dass es außer dem individuellen Unbewussten der Freudschen Prägung noch ein anderes gab. Er nannte es das kollektive Unbewusste.

Zwar hatte auch Freud gelegentlich »archaische Relikte« in den Träumen entdeckt, doch er hatte diesen nur eine geringe Bedeutung zugestanden. Freud glaubte, dass das Unbewusste, wie es im Traume an die Oberfläche dringt, maßgeblich mit der persönlichen Lebensgeschichte und der frühkindlichen Sexualität zu tun hat.

Für Jung dagegen waren wichtige psychische Merkmale schon von Geburt an aktiv. Ein Teil der Seele hatte demnach einen überindividuellen, fast mythologischen Ursprung.

Die Lehre von den Archetypen

Für Jung bestand das Unbewusste aus zwei Schichten: Einer oberflächlichen Schicht, die rein persönlich gefärbt war, und einer tieferen Schicht, die angeboren ist. In dieser tieferen Schicht war das kollektive Unbewusste beheimatet. Es enthielt eine reiche Fülle von Bildern und Symbolen, die allen Menschen gemein waren, ob gebildeten oder ungebildeten, alten oder jungen. Dieser Bilderfundus hatte archaische, prähistorische Wurzeln. Jung nannte die Bilder des kollektiven Unbewussten Urbilder oder Archetypen.

Primitive Traumbilder

In dem oben geschilderten Traum war das Haus ein Urbild der Psyche mit bewohnten (= Bewusstsein) und unbekannten Räumen (= Unbewusstes) und einem tiefen Keller mit Überresten einer primitiven Kultur (= das eigentlich Archetypische, das kollektive Unbewusste). Dieser Traum war für Jung eine Offenbarung, denn er zeigte nicht nur ein einziges archetypisches Bild, sondern den ganzen Aufbau der Seele. Er zeigte, wie das Archetypische eingebettet ist in die Seele. In seinen Erinnerungen erzählt Jung, dass es dieser Traum war, der ihm in der Folgezeit zum Leitbild wurde.

Auch in seiner ärztlichen Praxis konnte Jung immer wieder beobachten, wie in den Träumen seiner Patienten primitive – archetypische – Bilder und Themen auftauchten. Das konnte die Vaterfigur sein, die den Herrscher und Beschützer verkörpert, die beschützende und umsorgende Mutter, der Held, der große Stärke zeigt, siegreich gegen seine Feinde kämpft und am Schluss stirbt.

Alle diese Archetypen haben nicht nur positive, sondern auch negative Eigenschaften: Der Vater zum Beispiel kann dem Träumer, der im Leben eine ungute Beziehung zu ihm hatte, als eine herrische, bedrohliche Gestalt erscheinen. Die Mutter könnte in ihrer negativen Besetzung zur Hexe oder zu einem Drachen werden.

Wurzeln in Mythen und Märchen

Die Archetypen sind in jedem Menschen angelegt. Es sind Urerfahrungen, die bis in die Frühzeit des Menschen zurückreichen. Jung fand, dass archetypische Vorstellungen nicht nur in den Träumen, sondern auch in alten Sagen, Märchen und Mythen, in religiösen und staatlichen Ritualen vorkommen. Nach seinem Traum vom geheimnisvollen Haus vertiefte er sich in die Literatur über Mythen alter Völker. Auch in außereuropäischen und so genannten primitiven Kulturen fand Jung einen reichen Schatz von Archetypen.

C. G. Jung glaubte, damit etwas viel Wesentlicheres als die von Freud ausgemachten persönlichen Triebe der (sexuellen) Lust entdeckt zu haben: Eine allgemeinmenschliche Energie, den Urgrund und Hauptinhalt der Seele. Der Mensch in der zivilisierten Gesellschaft hatte die

Verbindung zu diesem Teil des Unbewussten verloren. Deshalb wurde er krank. Die Träume boten die einzige Chance, sich diesem Elementaren wieder zu nähern.

Die Archetypen sind keine Symbole im Sinne Freuds. Sie lassen sich nicht mit Freuds Assoziationstechnik auf einen rein persönlichen Ursprung zurückführen. Eine Methode, mit der man nur das persönliche Leben des Träumers berücksichtigte, reichte nicht aus, um die ganze Bedeutung des Traumes zu erfassen. Jung entwickelte eine eigene assoziative Technik.

Eine neue Technik – die Amplifikation

Während die freie Assoziation Freuds den Träumer immer weiter vom erzählten manifesten Trauminhalt zum – so Freud – latenten, eigentlichen Trauminhalt hinführt, bleibt Jung mit der neuentwickelten Technik, die er Amplifikation (lat. amplificare = erweitern, ausdehnen, in helleres Licht setzen) nennt, näher beim manifesten Trauminhalt. Er assoziiert ähnliche Bildmotive aus der Mythologie und nähert sich auf diese Weise dem Sinn.

Eine Schülerin Jungs, Jolande Jacobi, hat das so formuliert: »In der Amplifikationsmethode Jungs werden die einzelnen Traummotive so lange durch ein analoges, sinnverwandtes Material von Bildern, Symbolen, Sagen, Mythen usw. bereichert und dadurch in allen Nuancen ihrer Sinn-Möglichkeiten, ihrer verschiedenen Aspekte aufgezeigt, bis ihre Bedeutung in völliger Klarheit aufleuchtet.«

Der Sinn liegt im Bild verborgen

Jung sagte, man solle die Traumbilder »umschreiten«. Er hält Freud vor, dass sich der Träumer mit der freien Assoziation zu weit von der eigentlichen Traumaussage entferne. Außerdem sei der Traum gar nicht in dem Maße verschlüsselt, wie Freud das annehme. Der Sinn wäre vielmehr bereits das Bild, das der Traum erzählt. So wie in dem folgenden Traum, der sich laut Jung durch die eigene Biographie nur unbefriedigend erklären lässt:

Ein junger Mann träumte von einer großen Schlange, die in einem unterirdischen Gewölbe eine goldene Schale bewachte. Er hatte zwar einmal eine Riesenschlange in einem zoologischen Garten gesehen, aber sonst vermochte er gar nichts anzuführen, was ihm zu einem solchen Traum hätte Anlass geben können, außer die Erinnerung an märchenhafte Erzählungen. Nach diesem unbefriedigenden Kontext zu schließen, hätte der Traum, der sich aber gerade durch stärkste Affekte auszeichnete, eine durchaus gleichgültige Bedeutung. Damit wäre aber dessen ausgesprochene Emotionalität nicht erklärt. In einem solchen Fall müssen wir auf das Mythologem zurückgreifen, wo Schlange oder Drache, Hort und Höhle eine der Bewährungsproben des Heldenlebens darstellen. Dann wird es klar, dass es sich um eine kollektive Emotion handelt, d. h. um eine typische, affektvolle Situation, die nicht in erster Linie ein persönliches Erlebnis ist, sondern erst sekundär zu einem solchen wird.

In diesem Traum ist das Mythologem, auf das Jung »zurückgreift«, nur kurz angedeutet: eine Schlange, die eine goldene Schale in einer Höhle bewacht, als symbolhaftes Bild für eine Herausforderung, die großen Mut erfordert.

Schlussfolgerungen für die Praxis

In der Praxis geht es darum, dem Träumer einen solchen mythologischen Bildgehalt nahezubringen und ihn mit diesem vertraut zu machen. Denn auch bei Jung gilt: Der Träumer selbst muss den Traumsinn gedanklich und emotional nachvollziehen können. Erst dann ist die Deutung geglückt. Und da sind wir bereits bei der Schwierigkeit dieses Verfahrens. Denn erstens ist der Träumer meist gar nicht mit der Mythologie vertraut und zweitens braucht der Analytiker ein immens großes Wissen, um einen Traum auf diese Weise auflösen zu können. Das wird noch deutlicher bei anderen Traumbeispielen, etwa wenn eine Sonne über den antiken Mithraskult als Gottes- oder Vaterbild interpretiert wird, oder wenn ein Fischer, der mit einem dreizackigen Speer Fische fängt, mit der antiken Poseidonmythologie (Poseidon = griech. Gott des Meeres) in Zusammenhang gebracht wird.

Die Anima – die weibliche Seite des Mannes

»Einer meiner Patienten träumte einmal von einer betrunkenen, vulgären Frau mit aufgelösten Haaren. Im Traum schien es seine Frau zu sein, obgleich seine wirkliche Frau völlig anders war. Oberflächlich betrachtet war der Traum daher schockierend unwahr, und der Patient wies ihn sofort als unsinnig zurück.«

Jung findet auch in diesem Traum eine archetypische Vorstellung: »Da die Projektion dieses Bildes auf seine Ehefrau ungerechtfertigt und faktisch unrichtig war, musste ich anderswo suchen, bis ich herausfand, was dieses abstoßende Bild darstellte (…) Im Mittelalter, lange bevor die Physiologen bewiesen, dass sich auf Grund unserer Drüsenstruktur in jedem von uns männliche und weibliche Elemente befinden, sagte man: Jeder Mann hat eine Frau in sich …«

Dieses Weibliche im Mann, das Jung als »Anima« oder femininen Aspekt des Mannes bezeichnet, muss nicht immer einen positiven Charakter haben. Es kann genauso wie das archetypische Bild des Vaters oder der Mutter negativ besetzt sein. Und genau das traf auf diesen Patienten zu. Der Traum sagte ihm: »In gewisser Hinsicht benimmst du dich wie eine verkommene Frau«, und gab ihm dadurch einen ordentlichen Schock. Dem Anima-Archetypus im Mann entspricht der Animus-Aspekt der Frau. Auch im weiblichen Unbewussten gibt es laut

Jung einen andersgeschlechtlichen männlichen Anteil, der je nach persönlichem Reifegrad vorwiegend positiv oder negativ gefärbt ist. C. G. Jung schreibt dem Anima-/Animus-Archetyp eine wesentliche Rolle bei der Selbstverwirklichung zu. Erst ein ausgewogenes und stimmiges Verhältnis zu den eigenen weiblichen bzw. männlichen Anteilen führt zu wirklicher emotionaler und geistiger Tiefe.

Der persönliche Kontext – der Traum vom Landstreicher

Man würde Jung unrecht tun, wenn man seine Art, Träume zu deuten, nur auf die Lehre der Archetypen reduziert. Das überindividuell Unbewusste, das darin zum Ausdruck kommt, ist ihm zwar wichtiger als die Triebfixierung Freuds, doch auch der persönliche Kontext wird von Jung nicht vernachlässigt.

Der Traum enthält zusätzlich zum archetypischen Gehalt Elemente, die nur aus der persönlichen Erfahrung des Träumers abgeleitet werden können. Auch hier legt Jung Wert darauf, dass der Träumer sich durch das Assoziieren nicht allzuweit vom Trauminhalt wegbewegt. Der erzählte Traum mit all seinen Bildern steht im Mittelpunkt. Er ist nicht Mittel zum Zweck wie bei Freud, wo er nur Ersatz für eine unterdrückte Wunscherfüllung ist. Das nachfolgende Beispiel handelt von einem Traum, der von Jung in einen persönlichen Kontext gestellt und auf diese Weise aufgelöst wird:

»Einer meiner Patienten hatte eine sehr hohe Meinung von sich und merkte nicht, dass fast alle seine Bekannten durch diese Überheblichkeit verärgert waren. Er träumte einmal von einem betrunkenen Landstreicher, der in einen Graben rollte – ein Anblick, zu dem er nur den herablassenden Kommentar gab: »Scheußlich, wie tief ein Mensch fallen kann«. Dieser Traum unternahm mit dem unangenehmen Bild deutlich den Versuch, dem Träumer eine weniger aufgeblasene Meinung über die eigenen Verdienste nahezulegen. Gleichzeitig kam noch etwas anderes heraus: Der Mann hatte einen Bruder, der ein heruntergekommener Alkoholiker war. Wie der Traum enthüllte, kompensierte der Patient seinen Bruder innerlich und äußerlich durch seine überhebliche Haltung.«

Hier kommt ein Traummerkmal zur Sprache, das hinweist auf einen weiteren Aspekt der Jungschen Traumtheorie. Der Traum tritt in Gegensatz zur Wirklichkeit. Er macht auf einen Missstand aufmerksam.

Bedeutende Träume

Jung unterscheidet »kleine« und »große« Träume. Die »kleinen« Träume sind – wie Sie sich sicher schon denken können – die Träume, die ausschließlich mit dem persönlichen Leben zu tun haben. Nach C. G. Jung erschöpfen sich diese Träume in einer bloßen Alltäglichkeit. Sie haben einen eher fragmentarischen und flüchtigen Charakter. Deshalb werden sie auch so leicht vergessen.

Die wirklich bedeutenden Träume sind für Jung die archetypischen, die die individuelle Seele mit dem Allgemeinmenschlichen, mit der gesamten Kultur- und Geistesgeschichte verbinden. Solche symbolisch zu interpretierenden Träume sind laut Jung so eindringlich, dass sie meist ein ganzes Leben lang im Gedächtnis bewahrt werden.

Die »großen« Träume sind für den geübten Traumdeuter unschwer zu erkennen, denn »ihre Bedeutsamkeit verrät sich, abgesehen vom subjektiven Eindruck, schon durch ihre plastische Gestaltung, die nicht selten dichterische Kraft und Schönheit zeigt.«

Leider sind sie sehr selten: »Solche Träume ereignen sich meist in schicksalsentscheidenden Abschnitten des Lebens, so in der ersten Jugend, in der Pubertätszeit, um die Lebensmitte (im 36. bis 40. Lebensjahr) und in conspectu mortis [im Angesicht des Todes – Anmerkung des Autors].«

Träume als Kompensation des Alltags

Für Jung sind Träume nicht bloße, verdrängte Wunscherfüllungen, als die sie Freud sah. Jungs Definition ist umfassender: Träume enthüllen den aktuellen Zustand des Unbewussten und treten somit in eine ausgleichende Beziehung zur Tageswirklichkeit. Diese kompensatorische Wirkung kann wie im Traum vom betrunkenen Landstreicher einen klaren Gegensatz zum bewussten Tagesverhalten, quasi eine »Korrektur« ausdrücken. Genauso gut kann ein Traum aber auch die bewusste Tageswirklichkeit in einigen Punkten ergänzen.

Träume tragen zum seelischen Gleichgewicht bei, indem sie eine zu eingeschränkte oder einseitige – bewusste – Lebenseinstellung ergänzen und ausgleichen.

Träumen Sie auch manchmal davon, dem Alltagstrott zu entfliehen und wie ein Vogel davon zu fliegen?

Träume als Warnung

Träume geben Hinweise auf das Unbewusste, die laut C. G. Jung auch manchmal eine Warnung vor zukünftigen Gefahren oder Krisen sein können. Jung berichtet:

»Ein ehemaliger Patient von mir, der in eine Anzahl zweifelhafter Affären verwickelt war, hatte eine nahezu krankhafte Leidenschaft für gefährliches Bergsteigen, als eine Art Kompensation, entwickelt. Er versuchte, ›über sich hinauszuwachsen‹. In einem Traum sah er sich nachts vom Gipfel eines hohen Berges in den leeren Raum treten. Als er mir diesen Traum erzählte, erkannte ich sofort die Gefahr, in der er sich befand, und riet ihm dringend zur Vorsicht. Ich sagte ihm sogar, sein Traum lasse einen Bergunfall ahnen. Aber es war umsonst. Sechs Monate später trat er wirklich ins ›Leere‹. Ein Bergführer beobachtete ihn und seinen Freund, wie sich beide an einem Seil zu einer gefährlichen Stelle hinabließen. Der Freund hatte einen vorläufig festen Stand auf einem Felsvorsprung gefunden, und der Träumer folgte ihm. Plötzlich ließ er das Seil los, ›als ob er in die Luft spränge‹, wie der Bergführer sagte. Er fiel auf seinen Freund, und beide stürzten ab und fanden den Tod.«

Eine solche Vorhersage habe – so Jung – weniger mit Magie, sondern damit zu tun, dass jede Krise und fast jedes Unglück eine unbewusste Vorgeschichte habe – die von Bewusstsein und Verstand nicht wahrgenommen werden könne. Wir nähern uns solchen Gefahren Schritt für Schritt, ohne uns dessen bewusst zu werden. Nur das Unbewusste, das sich über den Traum mitteilt, kann uns Aufschluss geben.

Jung sieht im Traum eine einzigartige Chance, zukünftige Risiken zu erkennen und eine Bestandsaufnahme des Lebens vorzunehmen. Dabei ist es anders als bei Freud nicht nötig, bis in die früheste Kindheit zurückzugehen. Man muss nur beharrlich versuchen, in das Unbewusste des Träumers vorzudringen und die Traumbilder richtig zu deuten wissen.

C.G. Jungs Traumtheorie – eine Zusammenfassung

Nicht die Herleitung des Traumes aus frühesten Erfahrungen, sondern der Traum in seiner Beziehung zur aktuellen Lebenssituation steht bei Jung im Mittelpunkt. Eine weitschweifige Assoziation ist deshalb gar nicht nötig, denn das Traumbild als solches ist entscheidend.

Das Assoziieren, welches Jung empfiehlt, ist ein Umkreisen des Traumbildes. Er nennt das Amplifikation. Damit erreicht er nicht nur eine Erhellung des persönlichen Kontextes. Auch archetypische Vorstellungen können auf diese Weise erkannt werden. Denn das ist eine wesentlich neue Erkenntnis C.G. Jungs, und sie bildet den Kern seiner Traumtheorie: Manche Träume enthalten Archetypen. Das sind Urbilder, die im Unbewussten zusätzlich zu den subjektiven Erfahrungen angelegt sind. Diese Urbilder sind Teil eines kollektiven Unbewussten, das der Einzelne mit der gesamten Menschheit gemein hat. Der Reifegrad und die Lebenseinstellung eines Menschen lassen sich an seinem persönlichen Verhältnis zu den Archetypen ablesen.

Die wichtigste Konsequenz

Zum Schluss einer der wichtigsten Aspekte von Jungs Traumtheorie: Der Traum ist keine Wunscherfüllung wie bei Freud. Auch die große Bedeutung des Sexualtriebes, der sich im Traum vor allem bemerkbar machen soll, wird von Jung verneint. Der Traum ist ganz einfach eine Kompensation, ein Ausgleich. Das Unbewusste des Traumes steht dem bewussten Alltag gegenüber. Im Traum kommen Dinge zur Sprache, die im Alltag unterdrückt werden. Der Traum in Jungs Sinne kann dem Träumer eine Änderung seiner Lebenseinstellung nahelegen und ihm auf diese Weise helfen, geheilt zu werden.

Medard Boss –
der daseinsanalytische Ansatz

M. Boss – Gegner tiefenpsy-chologischer Traumtheorien

Kein Fahnden mehr nach weit zurückliegenden Kindheitserlebnissen, kein Suchen nach einer mythologischen Erklärung. Medard Boss (*1903), ein Schweizer Psychiater, der nach seinen Lehrjahren bei Sigmund Freud und C. G. Jung eine neue psychologische Richtung, die so genannte Daseinsanalyse, ins Leben rief, die auf der Philosophie Martin Heideggers basiert. Medard Boss verwirft alle bisherigen Traumtheorien.

Wie C. G. Jung lehnt er Freuds Unterscheidung von manifestem und latentem Traum ab. Wie Jung zieht er es vor, möglichst nah am Traum selbst zu bleiben und nur mit den Traumbildern zu arbeiten. Aber er geht noch weiter als Jung: Der Traum kompensiere nichts und verberge auch keinerlei kollektiven und mythologischen Gehalt. Selbst die Annahme eines Unbewussten führe zu nichts. Das hat weit reichende Konsequenzen.

Traum und Wirklichkeit eng verflochten

Medard Boss sieht den Traum so eng mit dem realen Dasein des Tages verflochten, dass sich eine tiefgehende Deutung, die kulturgeschichtliche Kenntnisse oder umständliche Assoziationen voraussetzt, ganz einfach erledigt.

Die »tiefenpsychologischen« Traumtheorien Freuds und Jungs würden »unser Träumen und das von uns Geträumte im Vorhinein schon durch Vorurteile und abstrakte Begrifflichkeiten vergewaltigen«, sagt er.

Da-sein heißt In-der-Welt-sein

Was der Traum aus »daseinsanalytischer« Sicht ist, ist leider nicht so einfach zu verstehen. Boss behauptet, das Träumen sei genau wie das Wachen eine Existenzweise unseres Da-seins, und jedes Da-sein sei gleichzeitig ein In-der-Welt-sein. Der Traum drücke dieses In-der-Welt-sein nur anders aus, nämlich in der Gestalt von wahrnehmbaren Bildern. D.h., der Traum ist prinzipiell genauso zu verstehen wie die Tageswirklichkeit.

In der Welt zu sein oder da zu sein bedeutet nach Boss immer, sinnliche Beziehungen zur Umwelt zu haben. Dazu zählen auch ursprüngliche Empfindungen, die wir mit bestimmten Gegenständen verbinden, weil ihnen Eigenschaften, die diese Empfindungen automatisch auslösen, eigen sind. Beispielsweise verbindet man mit einem Buch, auch wenn es zugeklappt auf dem Tisch liegt, bestimmte Empfindungen, die zwar banal klingen mögen, aber trotzdem wirklich sind. Ein Buch liest man. Man blättert es durch, etc. Diese Empfindungen verschwinden auch nachts nicht. Zu allem, wovon wir träumen, haben wir gleichzeitig eine sinnlich wahrnehmbare Beziehung. Und die ist immer auch persönlich gefärbt. Jemand, der viel liest, hat zu einem Buch eine ganz andere Einstellung als ein Nichtleser…

Träumen ist sinnlich – eine Neudeutung von Jungs Schlangentraum

Medard Boss demonstriert sein Traumverständnis an einem Traum, der schon von C. G. Jung geschildert wurde. Es ist der Traum von der Schlange (siehe Seite 87).

Ein junger Mann träumte von einer großen Schlange, die in einem unterirdischen Gewölbe eine goldene Schale bewachte.

Die Interpretation von C. G. Jung

Da der Träumer zu diesem Traum nur den Einfall hervorbringen kann, er habe einmal in einem zoologischen Garten eine Riesenschlange in einem Käfig gesehen, schließt C. G. Jung, dass das persönliche Leben des Träumers nichts wesentliches zu diesem Traum beiträgt: »In einem solchen Fall müssen wir auf das Mythologem zurückgreifen, wo Schlange oder Drache, Hort und Höhle eine der Bewährungsproben des Heldenlebens darstellen.« Weiter sagt Jung: »In einem solchen Falle wird der Träumer sich vergeblich bemühen, mit Hilfe eines sorgfältig aufgenommenen Kontextes den Traum zu verstehen; denn dieser drückt sich in fremdartigen mythologischen Formen aus, die dem Träumer nicht geläufig sind.«

Die Interpretation von M. Boss

Medard Boss geht das alles zu rasch: Jung hätte viel sorgfältiger den persönlichen Kontext hinterfragen müssen und sich nicht gleich von der konkreten Traumschlange abwenden dürfen. Vielmehr hätte er darauf bestehen müssen, dass der Träumer die im Traum und nach dem Erwachen unmittelbar empfundenen sinnlichen Eindrücke beschreibt, die mit der Schlange verbunden waren. Das Tierhafte der Riesenschlange, ihre Erdlochwohnung, ihr schlangenhaftes Leben und die Tatsache, dass einige Würge- und Giftschlangen dem Menschen gefährlich werden können usw. All das ist nach Boss' Überzeugung für die eigentliche Traumdeutung maßgeblich. Aber nicht nur die Schlange, jedes Traumobjekt ist wichtig, so auch die Eigenschaften der Schale: Das Goldige und Schalenhafte der Schale, die Leere, die der Schale ermöglicht, etwas in sich aufzunehmen, zu fassen und auch wieder auszugießen. Kurzum: Das Verhältnis, das der Träumer zu seinen Traumobjekten Schlange und Schale hat, wird reflektiert. Neben dem »Assoziieren« der sinnlichen Eindrücke resümiert M. Boss: »Der Träumer erfährt die Schale als eine bewachte. Als solche verweist sie darauf, dass sie den Träumer wohl in die Nähe lockt, dass ihm aber der freie Zugang zu ihr versperrt ist. Verwehrt wird er ihm durch die bewachende gefährliche Schlange, die gegen sein Zugehen auf die Schale zu feindlich eingestellt ist.«

Nach M. Boss sind diese Bedeutungen dem Träumer leicht zugänglich, denn »sie sprachen sich dem Träumer von den Gegebenheiten seiner Traumwelt her zu.« Das Traum-Verstehen bedarf also keiner mythologischen oder einer anderen tiefenpsychologischen Deutung, durch die der Traum nur mit traumfremden Quellen angereichert würde.

Wie Traumbild und Alltag zusammenhängen

Warum Jung die näherliegenden Erklärungen des Traumgeschehens nicht sieht, ist dem Daseinsanalytiker Boss sonnenklar: »Erstens war C. G. Jung fast blind für das Erblicken der ganzen Bedeutungsfülle, die den konkreten einzelnen Traumgegebenheiten seines Patienten zugehörte und ihr Wesen ausmachte. Zweitens ging er von vornherein mit einer vorgefassten Theorie an die Traumuntersuchung heran. (…) Jungs ›Müssen‹ erinnert deshalb in besonderem Maße an ein anderes ›Müssen‹ Freuds, das diesen einzig einer vorgefassten willkürlichen Theorie zuliebe die wahrnehmbaren, unmittelbar gegebenen Phänomene stets sogleich hinter bloß angenommene Strebungen zurücktreten ließ.«

Obgleich M. Boss sich mit seiner Auffassung des Träumens nie richtig durchsetzen konnte und seine Anhängerschaft klein blieb, hat er die Traumforschung mit seiner neuen Variante wesentlich belebt und ihr neue Impulse verliehen. Seine Ansicht, Träume seien genauso sinnlich und real wie die Wirklichkeit, wird heute von keinem ernsthaften Traumforscher mehr bestritten.

Günter Ammon – Traum und Gesellschaft

G. Ammon – Begründer einer Dynamischen Psychiatrie.

In den Traumtheorien von S. Freud, C. G. Jung und M. Boss stand der Einzelne mit seiner aktuellen Lebenssituation, seiner frühen Kindheit, seinen verdrängten Trieben und Wünschen und seiner Sinnlichkeit im Mittelpunkt.

Günter Ammon (1918–1995), ein deutscher Psychoanalytiker, der sehr erfolgreich in der Behandlung schwerer psychischer und auch psychosomatischer Krankheiten war, hat die Traumanalyse um einen wesentlichen Aspekt bereichert und weiterentwickelt.

Er war der Ansicht, dass Träume Auskunft geben über die persönliche Entwicklung und das Gruppenverhalten des Träumenden. Der Mensch sei ein Beziehungswesen. Und das zeige sich auch in seinen Träumen: Der Träumer träumt sich nicht als isoliertes Einzelwesen, sondern immer auch als Mensch in seinen Beziehungen zu anderen Menschen. Das Beziehungsgeflecht, in dem er steht, offenbart sich logischerweise auch und gerade in seinen Träumen.

Der Mensch träumt als soziales Wesen

In Freuds Praxis in der Wiener Berggasse 19 legte sich der Patient auf die Couch und versenkte sich in sein Inneres. So sinnvoll das auch war – ähnliches wurde bereits in den antiken Heiltempeln gepflegt, um Träume hervorzurufen – es hatte den Nachteil, dass das Phantasieleben des Träumers in der Intimität einer therapeutischen Zweiersituation zwar geborgen aber auch verborgen blieb.

Spätere psychoanalytische Schulen nahmen der Couch ihren Mythos und begannen wieder sitzend mit den Patienten Auge in Auge zu kommunizieren. Doch das Zwei-Personen-Bündnis zwischen Analytiker und Träumer blieb erhalten. Der Träumer erzählte dem Analytiker seinen Traum und der Analytiker half ihm bei der Deutung. Der Traum blieb »Geheimprojekt«.

Günter Ammon entdeckte den Traum in seinem Wert als Kommunikationsmittel wieder. Mit seinem Verständnis des Menschen als einem Gruppenwesen veränderte sich auch die Arbeit mit Träumen in Gruppen. Das hatte es schon einmal gegeben. In manchen der so genannten primitiven Kulturen war der Traum ein öffentliches Ereignis. Viele nordamerikanische Indianerstämme veranstalteten regelmäßige Traumfeste. Die Irokesen machten »große« Träume zum Eigentum des ganzen Stammes. Menschen, die solche bedeutenden Träume gehabt hatten, begegnete man mit Ehrfurcht und Hochachtung.

Traumarbeit in Gruppen

Die Gruppe, die ein Netz interpersoneller Beziehungen darstellt, erscheint bei Ammon nicht nur als wesentliches Traumthema, sondern tritt auch in der therapeutischen Arbeit in den Vordergrund. Die Arbeit mit dem Traum findet nicht mehr unter vier Augen statt. Träume werden in Gruppen erzählt. Träume zeigen wie feine Messgeräte an, was in der Gruppe abläuft. Sie geben Auskunft über vergangene und aktuelle zwischenmenschliche Erfahrungen. Da Träume direkt aus dem Unbewussten kommen, schaffen sie emotionale Nähe. So ist häufig zu beobachten, dass erst auf dem Umweg über einen in der Gruppe erzählten und durchgearbeiteten Traum Menschen ein inniges Verhältnis zueinander finden. Durch den Traum lassen sich Dinge mitteilen, die sonst unaussprechbar geblieben wären.

Ein Beispiel – der Traum von Herrn K.

Der Hintergrund

Die gruppendynamische Situation in der Gruppe ist die: Eine Frau und ein Mann wurden neu in die Gruppe aufgenommen. Alle Beziehungen verändern sich. Angst, Aggressionen und Rivalität sind vorherrschend, was sich vor allem in Träumen äußert.

Der Traum

Herr K. soll hingerichtet werden, er weiß nicht warum. Die Zuschauer sind schon versammelt. Da beschließt er: »Ich habe keine Lust, mich hinrichten zu lassen«, und er verlässt die Richtstätte. Niemand verfolgt ihn. Dann bemerkt er, dass er doch verfolgt wird; er versteckt sich in einer alten Badewanne. Ein Mann – der Hausmeister? – sucht ihn, sieht ihn aber nicht.
Dann befindet er sich auf einem Dachboden.
Plötzlich steht der Mann vor ihm, zielt auf ihn mit einer alten Pistole. Eine nackte blonde Frau ist bei ihm. Herr K. wehrt sich, ergreift einen Holzstecken und ersticht den Mann. Er will die nackte blonde Frau festhalten, erwischt sie nur noch an der Ferse, da erwacht er.

Die Reaktionen

Auf den eben geschilderten Traum antwortet Frau R. in der Gruppe mit ihrem Traum. Sie gibt sich damit »traumhaft« als die blonde Frau zu erkennen. Sie hat von Herrn K. geträumt, lag mit ihm im Bett, ganz eng aneinandergeschmiegt. Ihr Freund liegt auch mit im Bett, stellt sie mit Entsetzen fest. Sie erschrickt. Das geht doch nicht, denkt sie.

Sie ist unzufrieden mit ihrem Freund, bestraft ihn deshalb im Traum, indem sie ihn mit Herrn K. betrügt.

Sofort meldet sich »der Rivale«, Herr T., in der Gruppe mit seinem Traum über ein Eifersuchtsdrama.

Die Diskussion

Es entsteht ein spannendes »Rundgespräch« in der Gruppe, ausgehend von den Träumen. Die Personen in der Gruppe übernehmen unbewusst die Rollen der Traumpersonen. Der im Traum inszenierte Identitätskonflikt ist als Konflikt in der Gruppe zu verstehen. Das Thema ist: Wie verändern sich die Beziehungen in der Gruppe, wenn »Neue« da sind. Muss man sich seiner »alten« Beziehungen versichern und wie kann das geschehen? Frau R. tut es über die Erotik und Sexualität. Herr K. ebenfalls mit großen Gebärden und »Mord und Totschlag«. Er konnte sich früher nie wehren. Als Jugendlicher träumte er oft , dass er kämpfen muss, um eine Frau zu beschützen und um sie zu erobern.

Die Dynamiken der Primärgruppe (also der Familiengruppe), der aktuellen Lebensgruppe und der therapeutischen Gruppe überlagern und durchdringen einander. Alle beteiligen sich mit Lust und Einfallsreichtum an der Deutung der Träume. Dadurch entsteht Lebendigkeit und Kontakt auch zu den »Neuen«, die so in die Gruppe integriert werden.

Träume schaffen Kontakte

Das Beispiel zeigt ganz deutlich: In der Gruppe durchgearbeitete Träume fördern Gemeinsames und erleichtern Lern- und Erkenntnisprozesse. Wer in einer Gruppe von interessierten Menschen mit Träumen arbeitet, die sich ihrem und dem Unbewussten der anderen öffnen, wird erst richtig begreifen, welche Dynamik und Energie Träume haben und wie jeder Einzelne davon profitieren kann. Da Träume aus dem Unbewussten kommen, sprechen sie die bislang zurückgehaltenen Gefühle viel direkter an als es in einem gewöhnlichen Gespräch möglich wäre. So erfahren die anderen viel unmittelbarer, was den Träumer bewegt, welche Wünsche er hat und welche Ängste ihn unsicher machen. Sie können so eine Beziehung zu ihm aufbauen, die ihn auch wirklich erreicht.

Ammon, Freud und Jung – Gemeinsames und Trennendes

Das Konzept Freuds, wonach der Traum der Erfüllung unterdrückter sexueller Wünsche dient, erweiterte Ammon also um die Dimension der Gruppe und die in ihr ablaufenden gruppendynamischen Prozesse. Der Traum gestattet – so Ammon – nicht nur einen Einblick in die unbewussten sexuellen Wünsche, sondern auch in die allgemeine persönliche Situation des Träumers, seine Beziehungen zu anderen Menschen sowie in sein kreatives Potential. C. G. Jung, der ebenfalls mehr den kreativen Aspekt des Träumens in den Mittelpunkt rückte, entdeckte in den Träumen das so genannte kollektive Unbewusste. Ammon fand in den Träumen das Unbewusste der Gruppe.

Die Dynamik des Unbewussten

Beide – Jung und Ammon – weisen also darauf hin, dass es neben dem individuellen Unbewussten auch ein Unbewusstes gibt, das darüber hinausgeht und eine eigene Dynamik entwickelt. Während C. G. Jung mit diesem Ansatz die Symbolik der Archetypen, der unbewussten Urbilder beschrieb, entdeckte Ammon eine der Gruppe entsprechende nonverbale Kommunikationsebene, die sich zwischen den Gruppenmitgliedern entfaltet. Die teils unbewussten Phantasien der Träume werden in der Gruppenarbeit in Worte umgesetzt, damit in realen Kontakt gebracht und an der Realität überprüft.

Ammon versteht den Traum also als eine »Ich- und Gruppenfunktion«. Der Traum ist demnach vor allem Ausdruck der persönlichen Identität des Träumers, wie sie sich in der Gruppe, im Umgang mit anderen Menschen und der Umwelt herausbildet. Nach Ammon sind persönliche Identität und Gruppe aufs engste miteinander verknüpft. Jeder Mensch ist Teil mehrerer Gruppen (Familien-, Arbeits-, Freundes-, politischer und Interessengruppen), die ihn zeitlebens verändern und die er mitverändern kann.

Wie sehr der Einzelne auf die Gruppe angewiesen ist und wie sehr sie ihn prägt, zeigt sich besonders eindringlich in der frühen Kindheit. Untersuchungen belegen, dass fehlende oder mangelnde mütterliche Zuwendung in den ersten Lebensjahren zu schweren Persönlichkeitsstörungen führt. Unabhängig davon, wie harmonisch oder krankmachend diese Primärgruppe, die erste Gruppe im Leben eines jeden Menschen ist, die hier gemachten Erfahrungen sind grundlegend für alles Zukünftige.

Ein Weg zur Selbstfindung

Der Traum bietet hier eine einzigartige Chance der Selbsterkenntnis, denn im Traum zeigt sich der wirkliche Zustand der persönlichen Identität unverhüllter als in der Tageswirklichkeit, wo Höflichkeitsformen und erlerntes, angepasstes Verhalten den Blick verstellen. Weil im Traum das Unbewusste zum Vorschein kommt, eignet er sich auch als Mittel der Selbsterkenntnis und Selbstfindung.

Wie stellt sich das Verhältnis zu meiner Umwelt im Traum dar? Bin ich kommunikativ und vital oder eher schüchtern und zurückhaltend? Trete ich als autonomes und selbstständiges Ich in Erscheinung oder wirke ich eher hilflos?

Wie auch Freud misst Ammon der Vergangenheit eine wichtige Bedeutung bei. Die unbewusst gewordenen Erfahrungen der frühen Kindheit offenbaren sich im Traum ebenso wie aktuelle – bewusste und unbewusste – Erlebnisse. Schädliche frühkindliche Erfahrungen – die jeder in irgendeiner Form gemacht hat – können die persönliche Entwicklung behindern und das aktuelle Gruppenverhalten beeinflussen. Im Traum werden solche Hemmnisse bildhaft widergespiegelt.

Dynamische Psychiatrie und Gruppentherapie

Der dynamischen Psychiatrie, wie sie Günter Ammon auf dieser Grundlage geschaffen und wesentlich gestaltet hat, liegt ein Gesundheits- und Krankheitsverständnis zugrunde, das auf ein spezifisches Bild vom Menschen hinweist. Die wesentlichen Grundlagen sind folgende:

O Der Mensch ist ein Gruppenwesen, er entwickelt sich in Gruppen und kann auch in Gruppen krank werden.

O Der Mensch verfügt über ein Potential an konstruktiver Aggression.

O Die Entwicklung seiner Identität wurzelt im Unbewussten und steht mit der Gruppe in Zusammenhang.

O Sozialenergie ist die Kraft, die Entwicklung und Austauschprozesse in der Gruppe (Gruppendynamik) bewirkt.

Freud wusste, dass die kranken Anteile des Patienten-Unbewussten eine eigene Dynamik in der Beziehung zwischen Therapeut und Patient entfalten (Übertragung) und der Therapeut seinerseits unbewusst darauf reagiert (Gegenübertragung). Diese grundlegenden Entdeckungen Freuds gelten bis heute für alle tiefenpsychologischen Schulen. Sie gelten auch für die analytische Arbeit in der Gruppe. Darüber hinaus gelten sie für alle Beziehungen zwischen Menschen in der Gesellschaft.

Die Prinzipien der Gruppentherapie

Günter Ammon hat mit vielen anderen Therapeuten die Zwei-Personen-Konstellation der Freudschen Psychoanalyse zu einem gruppendynamischen Prozess weiterentwickelt. Die Zweiersituation behält allerdings weiterhin ihre Berechtigung, je nach den individuellen Gegebenheiten. In der Gruppe, die aus 8 bis 20 Patienten und einem bis zwei

Therapeuten besteht, gelten ähnliche Prinzipien wie in der Einzeltherapie. Auch hier geht es darum, die unbewussten Prozesse zu verstehen
und Zusammenhänge zwischen kindlichen und erwachsenen Verhaltensweisen aufzudecken. In welchen frühkindlichen Verstrickungen
bin ich nach wie vor gefangen? Was hindert mich am Leben und an der
Entwicklung einer selbstständigen und freien Persönlichkeit?

Die Vielpersonensituation bietet hier natürlich viel mehr Möglichkeiten
des Erlebens als die Einzeltherapie. Die bloße Fixierung auf den Therapeuten wird durch mehr Öffentlichkeit ersetzt, die im Übrigen auch
mehr Realitäten in den therapeutischen Prozess einbezieht. Selbst der
einsamste Mensch lebt in einem Geflecht von Beziehungen, jede mehr
oder weniger ausgeprägt. Dazu zählt die Kassiererin, die er täglich im
Supermarkt sieht, der Kollege am Arbeitsplatz genauso wie die engste
Jugendfreundschaft.

Wege ins Unbekannte

Hier sind wir aber auch schon bei einem Charakteristikum des
menschlichen Verhaltens, mit dem in der Gruppentherapie verstärkt gearbeitet werden kann. Jeder Mensch deutet und vergleicht seine Umgebung ständig mit dem, was ihm bekannt ist und was er gelernt hat.
Würde er sich nicht so verhalten, müsste er die Orientierung verlieren.
Darum ist ihm auch alles Unbekannte erst einmal unheimlich, weil er
es nur mühsam deuten und nicht gleich in Beziehung setzen kann zu
dem, was er kennt.

Doch diese überlebenswichtige Verhaltensweise kann auch schädlich
sein. Jemand, der als Kind nur gequält wurde, läuft Gefahr, das Gefühl
des Ausgeliefertseins in seinen späteren Beziehungen zu wiederholen
und es dort immer wieder von neuem zu erleben. Es kann so zu einem
Hemmnis werden, das die persönliche Entfaltung verhindert und lebendige Beziehungen unmöglich macht.

Der Ödipuskomplex – ein Exkurs

Freud nutzte dieses Verhalten in der Therapie. Er bezeichnete es als Übertragung, wenn der Patient in die Beziehung zum Therapeuten Vorstellungen hineinprojiziert und interpretiert, die aus seiner Kindheit stammen. In der Übertragungsbeziehung werden alte unbewusste Beziehungsmuster wieder erlebbar. Der Therapeut als teilnehmender Beobachter hilft dem Patienten, sein unbewusstes Verhalten zu verstehen. Für Freud hatte eine seelische Störung vor allem mit fehlgeleiteter bzw. unterdrückter sexueller Energie zu tun. Seine Entdeckung des Ödipuskomplexes wurde für ihn zum Schlüssel des Verständnisses allen neurotischen Verhaltens.

In der ödipalen Phase wird sich das Kind des eigenen Geschlechtes bewusst, und es entwickelt eine libidinös getönte Beziehung zu seinen Eltern. Dieses Begehren – meist gegenüber der Mutter – ist begleitet von Angstgefühlen gegenüber dem übermächtigen Vater oder auch umgekehrt. Dieses ambivalente Verhältnis zu den Eltern – Verliebtheit in den einen und Hass gegen den anderen Elternteil – und die damit verbundenen Schuldgefühle können in späteren Jahren zu Entwicklungsstörungen führen.

Unbewusste ödipale Wünsche und Gefühle werden in der Therapie auf den Therapeuten übertragen, neu erlebt und gedeutet. Der Therapeut wird damit vorübergehend zu einer Vater- oder Mutterfigur.

Wer war Ödipus?

Den Namen Ödipus entnahm Freud einer griechischen Sage. In der von Sophokles aufgezeichneten Tragödie, in der dem Ödipus von der bedrohlichen Sphinx die Rätselfrage gestellt wird »Was ist der Mensch?«, erschlägt Ödipus – ohne zu wissen, dass es sein Vater ist – den König Laios. Er zieht ein in die Stadt Theben, die er durch die richtige Beantwortung des Rätsels von der Pest befreit hat, wird selbst König und heiratet die Königin. Erst im Laufe seiner Regierungszeit entdeckt er, dass er selbst den eigenen Vater erschlagen und die Mutter geheiratet hat. Seine Mutter tötet sich selbst, Ödipus blendet sich. Auch seine vier Kinder unterliegen dem »Labdakidenfluch«.

Ammons Ergänzung

Während Freud diese Geschichte um die sehr bedeutende Vorgeschichte verkürzt hat und so seinen Ödipuskomplex konstruiert, greift Ammon die Vorgeschichte auf, indem er den anderen Teil der Ödipussage in den Blick rückt: die Geschichte des König Laios.

Das Orakel, das die Ödipusgeschichte im Labdakidenfluch vorhersagt, wird nämlich dem Laios verkündet, der daraufhin seinen Sohn nach der Geburt mit durchbohrten Füßen in der Wildnis aussetzt. Daraus leitet sich sein Name Ödipus (»Schwellfuß«) ab und deutet auf ein Bild des Menschen als eines werdenden. In Ammons Ergänzung ist also auch der mörderische Hass und die Eifersucht von Eltern auf ihre Kinder miteinbezogen. Dieser Bereich der Eltern-Kind-Beziehung war in Freuds Konzept unbeachtet geblieben, ebenso wie die präödipale Mutter-Kind-Beziehung.

Beziehungen in der Familie

Im Laios-Komplex und im Symbiose-Komplex (die unbewusst gewordene präödipale Konfliktsituation zwischen Mutter und Kind) sind die frühkindliche Abhängigkeit der Kinder von den Eltern und der Eltern von den Kindern maßgeblich.

Dabei tritt die sexuelle Komponente hinter Abhängigkeitswünschen, -befürchtungen und Autonomiebedürfnissen zurück. In diesen Eltern-Kind-Beziehungen spiegelt sich auch die Bedeutung der Gruppe wieder, die von dem englischen Psychoanalytiker Sigismund H. Foulkes als Matrix, d. h. Mutterboden, einer jeglichen Entwicklung beschrieben wird.

113

Gruppentherapie als Identitätstherapie

In der Gruppentherapie werden auch ödipale Übertragungen wahrgenommen und erlebt, doch im Mittelpunkt der Therapie steht zunächst eine nachholende Ich-Entwicklung. Die Gründe der seelischen Entwicklung werden weniger in triebhaften sexuellen Motiven erblickt, sondern vor allem in einem dauernden Bemühen um Identität. Das hat Auswirkungen auf die Deutung des Traumes genauso wie auf das Verständnis des Gruppengeschehens. Die persönliche Identität, wie sie sich in der Gruppe, also im Umgang mit anderen Menschen ausdrückt, ist das eigentliche Thema.

Das Gruppenverhalten und die Persönlichkeit des Einzelnen, wie es sich im Umgang mit den anderen zeigt, wird reflektiert. Übertragungen frühkindlicher Verhaltensweisen auf die aktuelle Gegenwart werden besonders unter diesem Gesichtspunkt betrachtet.

Dynamik und Vielfalt in der Gruppe

In der Gruppe entfaltet sich außerdem eine viel höhere Dynamik als in der Zweierbeziehung Patient-Therapeut, denn es entsteht eine größere Vielfalt von zwischenmenschlichen Beziehungen. Dieses Beziehungsgeflecht ähnelt mehr dem, das der Einzelne in der Realität wirklich erlebt. Außerdem hat der Einzelne die Möglichkeit, eigene Konflikte und Probleme in anderen wiederzuerkennen und zu erleben. Er ist nicht nur auf sich gestellt.

Die Freudsche Therapie dagegen entwickelte sich immer mehr zu einem Geheimbündnis, das die soziale Umwelt ausspart. Günter Ammon schreibt in einer grundlegenden Schrift zur dynamischen Psychiatrie: »Der Mensch wird in der Gruppe krank und er sollte in der Gruppe wieder gesunden.«

114

Der Traum im Mittelpunkt der Gruppentherapie

Was das nun alles mit dem Traum zu tun hat, lässt sich an der folgenden Gruppensituation demonstrieren.

Frau E. ist relativ neu in der Gruppe. Sie berichtet einen Traum:

Zwei Männer verfolgen sie. Sie versucht zu fliehen, es gelingt ihr nicht. Eine Frau, die sie um Hilfe bittet, wird selber gefangen und bedroht. Sie spürt, wie sie zu Boden gedrückt wird. Eine Pistole wird von hinten an ihre Schläfe gesetzt und abgedrückt. Sie wird erschossen und erwacht.

Frau E. erzählt den Traum relativ emotionslos. Es fällt ihr nichts ein zu diesem Traum.

Die Einfälle der Gruppe, der Traum könne ihre Ängste vor den neuen Erfahrungen in der Gruppe ausdrücken, ihre Selbstzweifel, ob sie sich wird wehren können, kann sie annehmen.

Sie wird bald wieder ruhig.

Gefühle werden übernommen

Eine andere junge Frau zittert und beginnt heftig zu schluchzen. Sie hat die Gefühle für Frau E. übernommen. In dem Traum von Frau E. hat sie ihre eigene Todesangst wiedererlebt, die sie als Kind spürte, wenn ihre Familie von ihrem Vater bei heftigen Streitereien mit der Pistole bedroht wurde.

Sie ist kaum zu beruhigen. Der Traum hat sie überfallen als sei er Realität. In der nächsten Sitzung berichtet sie dann der Gruppe ihren Fortsetzungstraum.

Erinnerungen werden wach

Drei Männer, ihr Vater, ihr Freund und ihr Onkel sitzen in ihrem Zimmer mit nacktem Oberkörper. Ihr Onkel ist ganz jung in dem Traum. Ihr Freund will sie umarmen, sie fürchtet sich. Da springt ihr kleiner Hund aus ihrer Kindheit auf ihren Schoß. Nun fühlt sie sich beschützt. Sie erinnert Situationen aus ihrer Kindheit: Ihr Onkel hat sie mit seinen Berührungen verfolgt. Niemand hörte auf sie, wenn sie sich den Eltern mitteilen wollte.

Sie hatte diese Erlebnisse völlig verdrängt. Durch den Traum von Frau E. waren die Erinnerungen schlagartig wieder aufgetaucht. Dieses Ereignis schafft eine starke Bindung zwischen den beiden Frauen.

Die Träume werden auf die Dynamik und auf die Menschen in der Gruppe bezogen und in weiteren Gruppensitzungen durchgearbeitet.

Der Traum als Gradmesser der Gruppenentwicklung

Im nächtlichen Traum werden in kürzester Zeit – häufig während nur einer einzigen Minute – weite, normalerweise schwer zu überblickende Bereiche der menschlichen Existenz erfasst und verarbeitet. Insbesondere die gerade erwähnten gruppendynamischen Prozesse werden direkt im Traum ablesbar, oft sogar besser und weitaus deutlicher als in der Realität.

Deshalb ist es so sinnvoll, in der Gruppe Träume zu erzählen und mit ihnen zu arbeiten. Der Traum wird in der Gruppentherapie zum Indikator, der die Entwicklung in der Gruppe anzeigt. Ein in der Gruppe erzählter Traum wird auch zum Gruppentraum, zum gemeinsamen Besitz aller. Das ist durchaus vergleichbar mit den Bräuchen der nordamerikanischen Indianer, die – wie wir bereits erwähnt haben – Traumfeste veranstalteten und Träume, die sie für besonders bedeutsam hielten, mit dem ganzen Stamm teilten.

Wird ein Traum erzählt, rankt sich das Denken der anderen Gruppenmitglieder um diesen Traum. Auch das Unbewusste wird aktiviert. Es kommt vor, dass die anderen Gruppenmitglieder eine Fortsetzung des erzählten Traumes träumen, den Faden aufnehmen und ihn »weiterspinnen«. Und urplötzlich entsteht ein Themenkreis, der sowohl den Traum des Vorgängers verstehen lässt als auch umgekehrt die Beiträge der anderen. Es entsteht eine ganz ungewöhnliche, sehr intensive Art der Kommunikation, die die Gruppe fester zusammenwachsen lässt.

Die erste Beziehung im Leben eines Menschen

»Jeder Kranke verlangt nach seiner Mutter. Wenn sie nicht da ist, muss er sich mit anderen Frauen begnügen.« So beginnt Philipp Roth sein Buch »Die Anatomiestunde«. Die Beziehung zur Mutter, die Roth einen Einstieg in sein Buch verschafft, ist in der Tat eine entscheidende Beziehung, nicht nur für den Kranken, sondern im Leben eines jeden Menschen. Sie ist nicht nur die erste Beziehung, die ein Mensch eingeht, hier werden die Weichen für das spätere Leben gestellt.

Das Kind kommt zwar mit einem gesunden Potenzial des neugierigen Herangehens an Dinge auf die Welt, doch es ist angewiesen auf die entsprechenden Reaktionen von Mutter und Gruppe. Erst dann kann es sich gesund entwickeln.

Eine wichtige Entwicklungsvoraussetzung

Günter Ammon beschreibt die Bedeutung dieser frühen Mutter-Kind-Beziehung für die spätere Identitäts- und Persönlichkeitsentwicklung ausführlich in seinen Büchern. Er sagt u. a.: »Indem die Mutter sich im Rahmen dieser Symbiose dem Kind liebevoll zuwendet, seine Bedürfnisse und seine Körperfunktionen versteht und adäquat beantwortet, ermöglicht sie es dem Kind, allmählich seine Bedürfnisse und Körperfunktionen als zu sich gehörig selbst wahrzunehmen und seine Ich-

Funktionen [Neugier, Aggression, Spiel, der Umgang mit Dingen und Menschen – Anmerkung des Autors] zu erproben (…) Auf diese Weise entsteht ein Übungsfeld, auf dem das Kind in der kontinuierlichen Interaktion mit der Mutter seine Ich-Funktionen entwickelt und erlebt.«

Wenn die zärtliche Fürsorge fehlt

Das Kind lernt also erst in einer Atmosphäre der emotionalen und körperlichen Zuneigung eigene Bedürfnisse wahrzunehmen und durchzusetzen. Die Mutter übernimmt sozusagen stellvertretend für das noch »unfertige« Kind die schützende Abgrenzung zur Außenwelt. Wie wichtig eine solche mütterliche Fürsorge im Leben eines Menschen ist, zeigt die Geschichte des Kaspar Hauser, ein 1828 in Nürnberg aufgefundenes Findelkind, das in völliger Isolierung aufgewachsen und deswegen kaum lebensfähig war. Hingewiesen sei auch auf die Untersuchungen des Kinderpsychologen René Spitz, der die Entwicklung von im Waisenhaus aufgewachsenen Kindern beobachtete, die außer körperlicher Pflege kaum mütterliche Zuneigung und Wärme bekamen. Viele dieser unter rein medizinischen Gesichtspunkten korrekt behandelten Kinder waren in ihrer weiteren Entwicklung enorm behindert. Einigen blieben dauerhafte Verhaltensstörungen.

Identitätsstörungen im 20. Jahrhundert

Die angesprochenen Beispiele sind Extremfälle, die die Bedeutung der Mutter-Kind-Beziehung veranschaulichen. Doch nicht nur das gänzliche Fehlen einer solchen Beziehung ist schädlich. Viele Psychologen sehen in einer gestörten Mutter-Kind-Beziehung den ersten und entscheidenden Schritt in der Identitätsentwicklung eines Menschen und die Hauptursache psychischer Erkrankungen.

Gerade die Schule von Günter Ammon führt die meisten psychischen und psychosomatischen Krankheiten auf in der frühkindlichen Phase erworbene Identitätsschwächen bzw. -störungen zurück. Dass Identitätsstörungen und die dadurch ausgelösten Erkrankungen in diesem Jahrhundert immer mehr zunahmen, ist eine Tatsache, die schon die Schüler Freuds erkannten und in Zusammenhang brachten mit einer fatalen historischen Entwicklung. So sprach Paul Federn bereits 1920 von der »vaterlosen Gesellschaft«. Nachdem sich die Großfamilie aufgelöst hatte, begann auch der Zerfall der bürgerlichen Kleinfamilie, der bis heute anhält. Die Mutter-Kind-Beziehung ist ein Teil dieses Prozesses. Einen maßgeblichen Einfluss auf die Zunahme der Identitätsstörungen hat sicher auch die industrielle Gesellschaft, in der der Einzelne vor allem daran gemessen wird, ob er funktioniert.

In der »unübersichtlichen Wohlstandsatmosphäre« (G. Ammon) des 20. Jahrhunderts fühlen sich viele Menschen verunsichert und frustriert.

Fehlende Schutzräume

In einer solchen Situation fällt es immer schwerer, die für die menschliche Entwicklung so nötige intakte Atmosphäre herzustellen. Die Familie hat nicht mehr die Kraft, dem »unfertigen« Kind, das noch keine Identität ausbilden konnte, einen Schutzraum zur Verfügung zu stellen, in dem das Kind lernen kann, seine Identität zu entwickeln. Entweder wird das hilflose Kind zu sehr sich selbst überlassen oder aber – und das ist genauso schädlich – es wird generell überbehütet, ohne im Einzelnen auf seine emotionalen Bedürfnisse wirklich zu achten und zu reagieren. Es klingt im ersten Moment ein wenig paradox, dass ein Kind, das so aufwächst, sich unter Umständen nie wirklich aus der frühen Mutter-Kind- oder Familien-Symbiose lösen kann. Es bleibt in Verschmelzungswünschen und Sehnsüchten gefangen, weil eigene Abgrenzungsschritte nicht unterstützt werden. Die bitteren Konsequenzen einer solchen Situation können im ganzen späteren Leben als Identitätsschwäche spürbar sein und die Selbstverwirklichung hemmen.

Traumbiografien

*Im Folgenden wollen wir anhand von prak-
tischen Fallbeispielen den Umgang mit
Träumen demonstrieren. Unser Ausgangspunkt ist die Traumforschung Günter Ammons und das Konzept der Dynamischen
Psychiatrie. Eine Herangehensweise, die
vieles der Traumtheorien Freuds, Jungs
und Boss' aufnimmt, sie aber unter gruppendynamischen Gesichtspunkten weiterentwickelt. Niemand, der seine unbewussten Anteile ungenutzt lässt, kann wirklich
kreativ sein. Das ist die Überzeugung der
Dynamischen Psychiatrie, der es verstärkt
darum geht, verschüttete kreative Poten-
ziale zu heben und zu fördern. Kreativ
sein heißt dabei auch, ein lebendiges ak-
tives Leben zu führen, die eigenen Talente
zu leben, sich selbst zu verwirklichen.*

Der Traum als Mittel zur Selbsterkenntnis

Günter Ammon geht davon aus, dass eine verkümmerte oder ungenutzte Kreativität meist gruppendynamische Ursachen hat. Bei den nun folgenden Traumbeispielen wird deshalb Wert darauf gelegt, den Traum in Bezug zu den Gruppenerfahrungen zu setzen, die der Träumende in seinem Leben gemacht hat. Dazu zählen sowohl aktuelle als auch längst vergangene Erfahrungen, denn unser unbewusstes Gedächtnis ist ausgezeichnet. Wer sich mit seinen Träumen beschäftigt, wird das mit Erstaunen feststellen. Gerade in Träumen lassen sich älteste »Ablagerungen« – um ein Bild aus der Archäologie zu benutzen – aus frühester Kindheit aufspüren. Natürlich gibt es das auch im wachen Leben: Fehler, die man immer wieder macht, Beziehungen, die immer nach dem gleichen Schema ablaufen etc.

Wiederholungen gehören zum Leben dazu – Vergangenheit auch. Die Erfahrung zeigt, dass sich solche Wiederholungen von Verhaltensmustern in Gruppenträumen besonders häufig offenbaren. Oft ist es so, dass diese Träume den Träumer auf ungelöste Konflikte aufmerksam machen wollen.

Bevor wir uns nun den praktischen Beispielen zuwenden, wollen wir noch einige Fachbegriffe erklären, die in der Traumdeutung nach Ammon eine wichtige Rolle spielen.

Wichtige Fachbegriffe kurz erklärt

In der Psychologie Freuds hatten Begriffe wie z. B. Aggression und Narzissmus eine überwiegend negative Bedeutung. In Ammons dynamischer Psychiatrie werden derartige Verhaltensweisen in einem ursprünglich positiven, ja sogar lebenswichtigen Sinne betrachtet. Eine negative Färbung erhalten sie erst durch den Einfluss einer krankmachenden Gruppe.

Sozialenergie

Kraft, die durch zwischenmenschlichen Kontakt entsteht. Sozialenergie ist lebenswichtig. Kinder, die ohne ausreichende Zuwendung aufwachsen, sind kaum überlebensfähig. Erst durch ein gesundes Maß an Geborgenheit, Liebe und Auseinandersetzung kann der Mensch seine Persönlichkeit weiterentwickeln. Das gilt auch für den Erwachsenen.

Gruppe

Der Einzelne in seiner Beziehung zu anderen Menschen. Individuum und Gruppe gehören zusammen wie zwei Puzzleteilchen. Ohne die Beziehung zu anderen Menschen ist seelisches Wachstum nicht möglich. Eine Gruppe kann allerdings auch krank machen. Dann können sich Eigenschaften wie Aggression, Narzissmus, Identität und Sexualität nur unzureichend entwickeln. Das trifft auch für die Sozialenergie zu.

Kreativität

Eine zentrale Ich-Funktion, deren Entwicklung nicht auf Triebverzicht und Triebunterdrückung beruht (Sublimation nach Freud), sondern sich entfaltet in einer »freundlich gewährenden Gruppe« im Zusammenhang mit konstruktiver Aggression und Sexualität.

Aggression

Im positiven Sinn ein neugierig-aktives Herangehen an Dinge und Menschen; Energie eines Menschen. Wichtig für Selbstverwirklichung. Aggression im negativen Sinne ist zerstörerisch und wenig kreativ. Ein Mangel an Aggression führt zu Einsamkeit und Passivität, jegliche Auseinandersetzung wird vermieden.

Narzissmus

Nach Ammon ist Narzissmus vor allem ein elementares Grundbedürfnis, das jeder selbstbewusste Mensch leben sollte. Dazu gehören eine freundliche Einstellung zu sich selbst, das Annehmen von eigenen Stärken und Schwächen ebenso wie ein positives Gefühl für die eigene Wichtigkeit. Dieser Narzissmus ist lebendig und konstruktiv. Zerstörerisch wird er erst dann, wenn eine unrealistische Selbsteinschätzung überwiegt und man nicht mehr in der Lage ist, Kritik oder sogar Zuwendung (Sozialenergie) anderer Menschen anzunehmen.

Identität

Das Bleibende einer Persönlichkeit und gleichzeitig nichts Bleibendes. Identität ist immer auch ein andauernder Entwicklungsprozess. Menschen können eine negative Identität entwickeln wenn ihnen eine gesunde Entwicklung in der Gruppe verwehrt wurde. Negative Identität zeigt sich u. a. in Überangepasstheit und im fehlenden Zugang zu eigenen Gefühlen und Bedürfnissen.

Sexualität

Beziehungs- und Liebesfähigkeit, nicht nur in körperlicher, sondern auch in seelischer Hinsicht. Starke Berührungsangst und Beziehungslosigkeit sind nur zwei Anzeichen einer negativen Sexualität.

Androgynität

Zweigeschlechtlichkeit. Jeder Mensch hat verschiedene männliche und weibliche Seiten, was Beruf, Sexualität, Interessen, Erleben, Fühlen und Denken betrifft.

Angst

Lebenswichtige Reaktion, dient als Signal bei Gefahr, als Schutz und zur Orientierung. Angst befähigt, Hilfe anzunehmen, auf andere zuzugehen. Angst bei beruflichen oder sonstigen Veränderungen ist gesund. Angst im negativen Sinne zeigt sich in Panik und Wahrnehmungsunfähigkeit. Kontakte zu anderen und sinnvolles Handeln werden unmöglich.

Traumbiografie 1

Das verlorene Kind

Die 28 Jahre alte Ling aus Tangshan lebt seit einigen Jahren in Deutschland. Weil ihr Mann einer politisch verfolgten Bevölkerungsgruppe angehört, musste sie mit ihm aus China fliehen. In Deutschland hatten sie Asyl gefunden. Doch ihr Glück war unvollständig. Sie hatte auf der Flucht ihre Tochter bei ihren eigenen Eltern zurücklassen müssen. Darauf reagierte sie mit einer schweren Depression. Die Psychotherapie findet bei einer Analytikerin in englischer Sprache statt.
Kurz nach ihrer Flucht hat sie zwei Träume:

Ich trage ein Kind zum Meer. Das Kind hat blaue Augen.

Ich stehe auf einem Balkon im fünften Stockwerk eines Hochhauses. Ich habe mein Kind auf dem Arm, und es nähern sich zwei Frauen, die mich hinunterstürzen.

Frau Ling hat massive Schuldgefühle ihrem Kind gegenüber.

Wunsch und Realität
Ich träumte von einem Palast, in dem ich und mein Mann als König und Königin residieren. Doch wir sind allein. Außer uns befindet sich keine Menschenseele in dem riesenhaften Gebäude.

Die Beziehung zum Vater
Mein Vater liegt betrunken am Boden. Zwei deutsche Männer sitzen am Tisch, trinken und lästern sehr über meinen Vater. Ich wehre mich dagegen und sage ihnen, sie hätten kein Recht dazu. Nur ich als seine Tochter dürfe ihn kritisieren.

125

Androgynie

Ich bin in einer psychosomatischen Klinik. Ich frage eine Mitpatientin, warum sie hier ist. »Du machst doch einen recht gesunden Eindruck«, sage ich zu ihr. Die Patientin sagt zu mir: »Komm, ich zeige dir, was mit mir los ist.« Die Patientin zieht mich ins Badezimmer und entkleidet sich. Sie ist sowohl männlich als auch weiblich: Sie hat Brüste und einen Penis.

Die Träumerin versucht eine eigene Deutung. Der Traum bezieht sich auf ihren Klinikaufenthalt. Hauptauslöser der Depression war die Flucht, bei der sie ihr Kind zurücklassen musste. Nun aber erkenne sie, dass sie ein tieferliegendes Problem habe, nur wisse sie nicht welches. Als Analytiker hat man gerade bei Träumen immer wieder mit dieser Problematik der Androgynie zu tun. Viele Menschen fühlen sich durch solche Träume verunsichert. Doch es handelt sich dabei um ein Phänomen, das schon in der Antike bekannt war. Auch Freud schreibt darüber – er nennt es Bisexualität – und versteht darunter einen Zustand, den jeder Mensch in den ersten Lebensjahren durchläuft. Androgynität ist jenseits der Sexualität eine Frage der Identität, die sich besonders in Situationen der Entwurzelung stellt. Die Therapeutin erklärt Frau Ling, dass die Frau in ihrem Traum die weiblichen und männlichen Anteile in ihr selbst verkörpert. Damit kann sie etwas anfangen.

Die Tochter verwandelt sich in einen Hund

Ich liege mit meiner Tochter im Bett. Als ich aufwache, hat sich meine Tochter in einen schwarzen Hund verwandelt. Ich erschrecke, renne zu meinen Eltern und frage sie, was mit meiner Tochter los ist.

Wieder versucht Ling ihren Traum selbst zu verstehen. Der schwarze Hund habe in ihrem Land eine zwiespältige Bedeutung: zum einen gelte er als treuer Freund, andererseits als unberechenbar und beißwütig.

126

Der Therapeutin, der die Lebensgeschichte Lings vor Augen steht, wird klar, dass auch dieser Traum die Furcht Lings zum Ausdruck bringt, die Mutter könne ihr die Tochter entfremden. Diese Sorge ist das alles beherrschende Motiv in ihrem Leben.

Frau Ling fliegt

Meine Freundin liegt in der Mitte eines Raumes. Sie wird umringt von einer Gruppe von Studenten. Sie weint. Ich fliege kreisend über ihr.

Dazu Frau Lings Eigeninterpretation: »Der Traum bedeutet, dass ich mich von Vergangenem löse. Gestern kam mir der Gedanke, die Stadt zu wechseln, meinen Mann zu verlassen und anderswo neu anzufangen. Das hängt wohl damit zusammen, dass mein Mann von einer längeren Reise zurückkommt. Ich war allein und ich habe das sehr genossen. Mein Mann wird mich wieder einschränken. Das weiß ich.«

Freude auf die Tochter

Ein Rechtsanwalt bemüht sich darum, Lings Tochter zu ihrer Mutter nach Deutschland zu holen. Die Zuversicht, die Tochter schon bald in die Arme schließen zu können, zeigt sich auch in den Träumen, die aber nicht nur Freude reflektieren, sondern auch die ständige Furcht, ihre Tochter sei ihr durch die feindliche Mutter entfremdet worden. Und natürlich tauchen auch wieder Schuldgefühle auf. Sie hat ihre mütterlichen Pflichten vernachlässigt, weil sie ihre Tochter allein zurückließ, aber auch, weil sie ihre Mutter nicht mitgenommen hatte.

Herr Kunz [ihr Rechtsanwalt – Anmerkung des Autors] *hat lange Haare und einen Cowboyhut. Beim Weggehen gibt er mir ein Buch in die Hand mit den Worten, er habe es bei mir vergessen. Anschließend gibt er mir meine Tochter mit den gleichen Worten zurück.*

Ich stehe zusammen mit meiner Tochter in einem Treppenhaus, vor einem Lift. Meine Tochter trinkt aus einem Topf jede Menge schwarzen Tee und hört nicht auf, obwohl ich sie ermahne. Ich nehme den ersten Lift, der im Gegensatz zum anderen schmutzig ist, und lasse meine Tochter, weil sie nicht hören will, stehen.

Fliegen wie ein Engel

Ich fliege ziemlich schnell und tief über den Boden. Meine Flügel bestehen aus einer runden und ovalen Schüssel, die ich in den Händen halte. Ich fliege auf eine blaue Bergwand zu, wo meine ovale Schale zerbricht. Deshalb kann ich nicht mehr weiterfliegen.

Frau Ling hat es im Zuge einer zunehmenden inneren Befreiung geschafft, beim Einwohnermeldeamt eine Einladung für ihre Tochter zu erwirken. Außerdem hat sie jetzt einen geregelten Tagesablauf: Vormittags geht sie drei Stunden zur Schule, nachmittags arbeitet sie zwei Stunden als Putzfrau.

Der verpasste Unterricht

Eine junge, freundliche Frau beseitigt in einer Schule schwere Müllsäcke. Ein Lehrer bittet mich zum Unterricht. Er zeigt mir meinen Platz. Aber ich lehne ab, weil ich nicht zahlen kann. Ich will ihm den Grund nicht nennen und ärgere mich, weil er darauf besteht.

Am Seeufer

Ich sitze an einem klaren See. Auf der anderen Seite sitzt ein junger Mann. Ich berühre das Wasser mit meinen Händen.

Kurze Zeit später trennt sich die Patientin aus ihrer Therapie. Wir erfahren von ihr, dass ihre Tochter inzwischen zu ihr gekommen ist und sie mit ihrem Mann relativ zufrieden zusammenlebt.

Traumbiografie 2

Das Durchgangszimmer

Wenn jemand immer denselben Traum hat, in wiederkehrender Folge ein bestimmtes Bild oder Motiv träumt, hat das eine besondere Bedeutung. Die psychoanalytische Erfahrung zeigt, dass ein solcher Wiederholungstraum uns auf eine bestimmte psychische Situation in der Wirklichkeit aufmerksam machen will. Man möchte sogar annehmen, dass ein derartiger Traum genau dann auftaucht, wenn wir uns wieder in dieser Situation befinden. Das aber bedeutet, dass wir das damit zusammenhängende psychische Problem noch immer nicht gelöst haben. Natürlich sind derartige Wiederholungsträume nicht haargenau gleich. Subtile Abwandlungen können hinweisen auf einen inneren Fortschritt oder Rückschritt des Träumers, was das spezifische Problem betrifft.

Der Traum

Die 18-jährige Susanne träumt schon seit Jahren immer den gleichen Traum: den Traum vom Durchgangszimmer.

Ich bin mit meinem Freund Karl-Heinz in der Wohnung meiner Mutter. Karl-Heinz und ich sind im Zimmer meiner Mutter, einem Durchgangszimmer. Wir liegen auf dem Bett meiner Mutter, wir sind beide nackt und schmusen. Mutter ist in dem angrenzenden Raum, meinem früheren Kinderzimmer und schläft in meinem Bett. Ich bin schon etwas nervös und denke: Was ist, wenn sie rauskommt?
Plötzlich zieht Karl-Heinz sich zurück. Ich schaue über meine Schulter zur Tür und sehe, dass sie offen ist. Im anderen Zimmer ist es dunkel, und ich höre die Stimme von Mutter nach mir rufen. Den Rest weiß ich nicht mehr so genau.

Was der Traum ausdrückt

Der Traum vermischt eine frühe Kindheitssituation mit einer aktuellen Beziehung. Die beschriebene Wohnung entspricht der wirklichen Wohnung im Haus ihrer Mutter. Die Wohnung war so aufgeteilt, dass Susanne immer erst durch das Zimmer ihrer Mutter gehen musste, wenn sie sich in ihrem eigenen Zimmer zurückziehen wollte. Seit ihrem achten Lebensjahr ging das so. Ihre Eltern hatten sich schon früh voneinander getrennt. Deshalb wohnte sie ganz allein mit ihrer Mutter. Mit 17 Jahren zog sie in eine eigene Wohnung, zusammen mit ihrem Freund Karl-Heinz.

Der Traum schildert eine Störung. Susannes Mutter stört das Paar – allein schon durch ihre physische Anwesenheit, die dazu führt, dass Susanne das Zusammensein mit ihrem Freund nicht wirklich genießen kann.

Das Durchgangszimmer drückt sehr plastisch die Beziehung zur Mutter und zum eigenen Leben aus. Susanne fällt es schwer, sich von ihrer Mutter abzugrenzen. Und in der Tat war das in ihrer Kindheit auch nicht möglich.

Susannes Deutung

»Ich beginne zu ahnen, was es für mich bedeutet hat, seit meinem achten Lebensjahr immer durch ihr Wohn- und Schlafzimmer gehen zu müssen und irgendwelche fremden Männer in ihrem Bett liegen zu sehen. (…) Sie hat selten eine feste Bindung gehabt. Meistens waren es nur one-night-stands. Männer, die sie betrunken aus einer Kneipe abgeschleppt hat. Ich habe sie oft stöhnen gehört. Meist traute ich mich dann nicht mal, aufs Klo zu gehen. (…) Ihre Sexualität habe ich immer als ekelerregend und beängstigend erlebt. Über Gefühle konnte sie nie richtig mit mir sprechen. Im Nachhinein empfinde ich diese Art von

Sexualität als seelenlos.« Der Traum vom Durchgangszimmer bedeutet für Susanne auch, dass sie sich nicht fallenlassen kann. Sie hat wenig Zugang zu ihren eigenen Bedürfnissen und Wünschen, die sie auch in Beziehungen mit Männern selten äußert. Die unbefriedigende Sexualität zeigt sich auch in ihrem Traum.

Der Traum kehrt wieder

Ein Jahr später träumt sie eine Variante des ersten Traumes. Auch hier wird wieder ihr Unvermögen deutlich, sich abzugrenzen und gegenüber ihrem neuen Freund einen eigenen Standpunkt zu beziehen:

Helmer wollte mit mir schlafen – wir waren in der Wohnung meiner Mutter, in ihrem Zimmer und sie lag auf dem Bett und hat geschlafen. Wir lagen auf dem Fußboden. Ich habe ihre Anwesenheit verdrängt und mir gedacht: Wenn ich ihr keine Aufmerksamkeit schenke, dann ist sie gar nicht real hier. An Helmer hatte ich keine sexuellen Wünsche, dachte mir aber, dass ich ihn sehr gerne mag – und wenn er unbedingt mit mir schlafen will – na gut, warum nicht?
Er hat dann gesagt: »In diesem Raum sind mir zu viele Frauen.«
Er wollte woanders hin. Daraufhin ist meine Mutter auch aufgewacht und hat uns gesagt, wir sollen doch in das andere Zimmer (mein altes?) gehen. Das haben wir auch getan. Dort stand ein freies Bett. Da haben wir uns reingelegt. Irgendwie wusste ich, dass ich bald aufstehen und zur Arbeit gehen müsste, und der Gedanke hat mich erleichtert: So musste ich dem Helmer nicht sagen, dass ich eigentlich gar nicht mit ihm schlafen wollte. Wir lagen noch eine Weile nahe beieinander, und er fing an zu weinen und mir von seiner Kindheit zu erzählen: von seiner Mutter und dass sie ganz furchtbar gewesen sei. Ich habe dann Angst bekommen, er hört nie mehr auf zu weinen. Dann bin ich aufgewacht.

Traum und Realität

Die Durchgangszimmersituation erlebt Susanne Jahre später erneut –
im Traum und in der Realität. Nina, die Tochter ihres neuen Freundes
Malte ist zu Besuch und schläft in seinem Bett. Deshalb übernachten
Susanne und Malte im Bett seines Mitbewohners Mario. Mario ist zwar
selten zu Hause, doch Malte hat ihn nicht informiert, dass sie sein Bett
benutzen. In dieser Nacht hat Susanne den folgenden Traum:

*Malte und ich liegen auf besagter Matratze. Ich merke, wie jemand
die Tür aufsperrt, zu uns hochkommt und sich über das Bett beugt. Im
Halbschlaf denke ich, das ist bestimmt der Mario und streichle ihm
über den Kopf. Ich mache die Augen auf und sehe, das ist ja gar nicht
Mario, sondern ein fremder nackter Mann. Ich bekomme einen
Schreck. Der Mann geht ein paar Meter weiter und lässt sich mit einer
Decke auf dem Boden nieder. Etwas weiter liegt noch ein anderer
Mann auf dem Boden. Ich denke: Wenn ich jetzt aufs Klo will, muss
ich an den beiden fremden Männern vorbei. Ich habe Angst vor
ihnen. Mario kommt und legt sich neben uns. Es tauchen immer mehr
Leute auf und lassen sich um uns herum nieder.*
*Die zwei Männer, die zuerst da waren, gehen runter und drehen die
Stereoanlage total laut auf. Ich sage: »Das geht doch nicht, da wacht
doch die Nina auf«. Malte meint, es wäre nicht so schlimm – wenn
sie mal schläft, dann schläft sie. Ich glaube das nicht und finde, die
Musik ist trotzdem zu laut, vor allem weil es drei Uhr nachts ist.
Irgendwelche Nachbarn klopfen auch schon gegen die Tür. Ich sage
den beiden Männern, dass sie sofort die Musik ausmachen sollen,
was sie auch tun. Dann frage ich, warum Mario die Leute mitgebracht
hat. Malte erklärt: »Mario ist Vorsitzender der griechischen Gemeinde,
die hat 80 000 Mitglieder in München und heute war die Vollver-
sammlung. Der Mario muss eben etwas für seine Mitglieder tun.«*

*Für mich ist das ganze völlig absurd. Ich kann so nicht schlafen und
sage zum Mario, dass ich jetzt nach Hause fahre und dass mich das
ärgert. Malte reagiert kaum und kuschelt sich bei Mario ein.*

*Ich gehe die Treppen runter und sehe einen nackten alten Mann aus
dem Bad kommen, hinter ihm eine alte Frau mit einem Wäschekorb.
Im Zimmer daneben schläft Nina, die Tür ist einen Spalt offen. Ich
denke noch einmal: Hoffentlich wacht sie nicht auf, und gehe ins Bad.
Dort sieht es furchtbar aus. Da, wo sonst die Dusche war, ist nur ein
unverputztes Loch und alles ist total verdreckt. Ich kann nicht glauben, dass die Wohnung sich in so kurzer Zeit so verändert hat.*

*Ich gehe in die Küche, die auch anders aussieht. Von dort geht eine
Tür in eine Toilette (die in Wirklichkeit gar nicht existiert). Ich schaue
in die Toilette, und auch da ist alles unverputzt und alt.*

*Ich frage Mario, was eigentlich los ist und wo wir sind. Er ist sehr un-
freundlich zu mir, sagt, dass ich Malte nicht so nerven soll und dass
Malte sicher nichts für mich tun wird. Ich bin den Tränen nahe und
sage halbherzig: »Wenn er überhaupt für jemanden etwas macht,
dann für mich.« Mario lacht mich aus. Geschockt wache ich auf.*

Traum und Realität sind in dieser Situation fast deckungsgleich geworden. Susanne erlebt im Traum noch einmal mit großem Schrecken die
Unabgegrenztheit ihrer Situation wieder, wie sie sie als Kind erfuhr.
Immer wieder berichtet sie Träume von Reisen, verpassten Zügen, vergessenen Koffern, bedrohlichen Situationen, Geheimbünden und Ver-
folgungsjagden. Das Wiedererleben alter Gefühle und Ängste in den
Träumen, in der Therapiegruppe, in der Tanztherapie und vor allem
auch in der Milieutherapie machen es allmählich möglich, freundliche
Kontakte zu erleben und neue Erfahrungen an die Stelle der früheren
zu setzen.

Ihre Träume und deren Durcharbeitung haben viel dazu beigetragen,
den Weg freizumachen für konstruktive Sozialenergie.

Traumbiografie 3
Aufbruch und Veränderung

Im Folgenden wird die persönliche Entwicklung einer 30-jährigen Frau im Rahmen einer Gruppentherapie geschildert. Dabei soll anhand ihrer Träume gezeigt werden, wie das Unbewusste des Einzelnen mit dem Unbewussten der Gruppe verbunden ist, kurz: Wie sich Gruppenerfahrungen in ihren Träumen widerspiegeln. Ein Charakteristikum der geschilderten Therapie ist die Einbeziehung von Tänzen. Tanz und Traum ergänzen sich hier wechselseitig. Beide stellen einen Weg zum Unbewussten des Menschen dar.

Ein Schlüsseltraum

Es beginnt mit einem Traum der jungen Frau, die wir im weiteren Frau W. nennen wollen. Der Traum kennzeichnet nicht nur die Entwicklung der Träumerin, sondern auch die Situation in ihrer Therapiegruppe.

Ich befinde mich auf einer Burg, auf einem großen Platz vor dem Burgtor. Abreisende kennzeichnen die Situation von Aufbruch und Trennung. Eine Frau kommt auf mich zu und zeigt mir einen Kalender, der meine Lebensgeschichte in Bildern enthält – bis zum Dezember des letzten Jahres, meine Vergangenheit, meine Gegenwart, aber die Zukunft fehlt.
Ich gehe in ein Turmzimmer, zusammen mit einem Mann, mit dem ich eine Expedition unternehmen soll. Im Zimmer befindet sich so ein »Macker« mit seinen Assistentinnen – zwei schöne, langhaarige, nichtssagende Frauen. Das Burgzimmer hat nur ein Fenster, davor eine Art Terrasse. Der Macker sägt und werkt und arbeitet. Er bereitet etwas vor. Ich denke, es ist für die Expedition. Der Macker ist mittel-

groß, kräftig, so ein smarter Chirurgentyp. Plötzlich haben alle grüne Chirurgenkittel an. Die Kittel haben runde weite Ausschnitte. Ich höre Lärm auf der Terrasse und merke plötzlich, dass die zwei Frauen auf der Terrasse den Mann erschlagen wollen, mit dem ich eine Expedition machen soll. Zuerst denke ich, die machen das aus eigenem Antrieb, dann sehe ich, wie sie dem Macker signalisieren, dass sie es nicht ganz schaffen. Er tritt ans Fenster und reicht ihnen ein Messer heraus. Mir wird klar, dass die Frauen auf seinen Befehl handeln.

Bis dahin habe ich das noch nicht so recht geglaubt, ich habe die Situation falsch eingeschätzt.

Ich will dem da draußen helfen. Da sehe ich mich – bisher stand ich als Frau noch mehr außerhalb des Ganzen – auf einmal als jungen Mann. Ich sitze auf einem Stuhl in einer grünen Zwangsjacke mit langen, verschlungenen Ärmeln. Der Macker sitzt auf mir drauf, mit dem Rücken zu mir. Ich kann nicht aufstehen, um dem da draußen zu helfen. Ich bin gefangen. Die Ärmel der Zwangsjacke sind ineinander verschlungen, auf den Enden sitzt der Macker.

Die Interpretation der Analytikerin

Dieser Traum kennzeichnet die jetzige Lebenssituation von Frau W. Die Burg bedeutet zum einen Schutz und Sicherheit, andererseits aber auch das Gefühl von Gefangensein.

Der Traum enthält die Forderung nach Aufbruch und Veränderung. Sie steht an einer Wende ihres Lebens. Alles ist in Frage gestellt. Eine Expedition soll unternommen werden. Ihre Zukunft liegt im Dunkeln, ihr Kalenderblatt für die Zukunft fehlt. Im Traum scheint sie die Herausforderung eines Neuaufbruchs zunächst anzunehmen.

Dann wechselt die Traumszene: Ihr Partner, mit dem sie eine Expedition machen will, soll getötet werden. Sie fühlt sich gefesselt und kann ihm nicht helfen. Selbst, als sie sich in einen Mann verwandelt, gelingt es ihr nicht. Die beiden Frauen in ihrem Traum lehnt sie als nichtssagend ab.

Sie bleibt gefesselt in einer Zwangsjacke, auf den verknoteten Enden sitzt der Macker. Diese Szene zeigt ihre starke Ambivalenz gegenüber ihrer Situation als Frau, ihre sexuelle androgyne Problematik. Sie sollte ein Mann werden und kämpft immer wieder darum, auch als Frau ihre starken, männlichen Seiten entwickeln und zeigen zu können.

Eine Reaktion auf die reale Situation

Der in diesem Traum inszenierte Identitätskonflikt (Wer bin ich? Wohin geht es?) zeigt zunächst die Situation der Familie von Frau W. Die gesamte Szenerie dieses Traumes erinnert an das Milieu, aus dem die junge Frau stammt. Es ist die historische Umgebung ihrer Heimatstadt mit der mittelalterlichen Umgebung und der Burg. Außerdem enthält die Szene das Milieu einer Klinik, aus dem ihre Familie und sie selbst kommt. Sie ist Ärztin geworden wie ihr Vater und Generationen ihrer Familie zuvor. Diese Berufswahl wurde von ihr nie hinterfragt, weil sie sich völlig mit dem Vater identifizierte. Die Traumbilder zeigen plastisch das verinnerlichte Lebensverbot, das durch die Rivalität der Eltern um sie auf ihr lastet.

Der Traum spiegelt aber auch die aktuelle Situation der Therapiegruppe. Auch hier ist eine Atmosphäre von Aufbruch und Veränderung entstanden. Zwei neue Gruppenmitglieder, ein Mann und eine Frau, sind angekündigt.

Die Gruppe wird neu geboren

Während im Gespräch der Gruppenrunde (also auf bewusster Ebene) Neugierde und Erwartung geäußert werden, sprechen die Träume, die zum Empfang der neuen Gruppenmitglieder berichtet werden, eine ganz andere Sprache. Das ist häufig so, dass Träume in ihrer symbolhaften und konzentrierten Form etwas ausdrücken, was in der Realität der Gruppe in den Hintergrund tritt und verschwiegen wird. Die nun berichteten Träume zeigen deutlich die Ambivalenz und Angst der Gruppe vor einer einschneidenden Veränderung: der Öffnung der Gruppengrenzen.

Frau W., die in ihrem ersten Traum noch gefesselt ist und ihre Aggressionen über die Veränderung an zwei andere Frauen delegiert, berichtet nun einen Traum, in dem sie sich verpflichtet fühlt, die beiden Neuen zu führen, doch sie gehen ihr verloren und bleiben unauffindbar.

Starke Symbole von Flucht, Angst und Zerstörung tauchen in den Träumen der anderen Gruppenmitglieder auf: Hochhäuser stürzen ein, Bombengeschwader bedrohen die Menschen, eine Frau flüchtet sich auf ein Kostümfest, ein junger Mann träumt sich eine ihm bekannte Frau als neues Gruppenmitglied, aber als Mann.

Angst vor bevorstehenden Veränderungen äussert sich in Träumen oft in starken, bedrohlichen Symbolen.

137

Ein weiter großer Raum entsteht durch die Träume in der Gruppe und nimmt die zwei neuen Gruppenmitglieder auf mit allen Gefühlen der Ambivalenz, aber auch mit allen kreativen Fähigkeiten, so, als wolle die Gruppe ihre Stärke durch ihre Träume zeigen. Jeder kann sich in die Gruppe hineinentwerfen mit allen seinen Ängsten und Befürchtungen. Auch Frau W. kann nun ihren Burgtraum besser verstehen. Die zwei Assistentinnen des Mackers, »zwei schöne, langhaarige, nichtssagende Frauen«, die im Traum vorkommen, sind zwei Frauen aus der Gruppe, die starke Eifersucht auslösen, weil sie Kinder haben und feste Partner. Ihre Rivalität und die Wut auf die Therapeutin über die Veränderung in der Gruppe wird ihr nun auch klar.

Die Durcharbeitung der Träume und die starke Öffnung zum Unbewussten haben die Angst und die Traumzensur bei Frau W. verringert.

Frau W. tanzt sich frei

Das nächste Treffen der Gruppe ist eine Tanzsitzung. Hier wird spürbar, wie sich Frau W's innere Öffnung zum Unbewussten auch auf körperlicher Ebene mitteilt. Ihre körperlichen Ausdrucksmöglichkeiten sind größer geworden. In der Tanzsitzung kann sie das zeigen.

Die starke Übertragung ihrer alten Familienkonflikte auf die Gruppe (wie sie sich im Burgtraum offenbarten) ist aufgehoben. Sie tanzt nach der Musik von Mozart einen Tanz, der sie befreit. Kräftig, traurig und sich öffnend kann sie ihr Misstrauen zeigen, aber auch ihre Aggressionen, die sie im Traum gar nicht mit ihrem Fühlen verbinden konnte. Dieser Tanz öffnet ihr einen neuen Raum zu ihrem Unbewussten.

Es ist ein langer Weg für Frau W., ein Prozess von Entwicklung und Veränderung, der auch immer wieder mit Rückschritten und Resignation verbunden ist. Die wichtigste therapeutische Arbeit besteht darin, Frau W. zu ermutigen, die ihr eigene Sprache zu finden und ihr immer wieder das Vertrauen zu geben, sich in der Gruppe zu äußern.

Sie tanzt von nun an fast in jeder Tanzsitzung und erhält dadurch so viel Vertrauen, dass sie sich nach etwa einem halben Jahr Therapie traut, ihre Musik, die sie sehr liebt, zu tanzen: Es ist Richard Strauss, »Tod und Verklärung«, ihre Traummusik.

Während sie ihre Tänze immer sehr ernst und wichtig nimmt, fällt auf, dass sie weniger Interesse an ihren Träumen hat. Sie berichtet sie zwar häufiger, ist aber anscheinend weniger an der Entdeckung ihres Unbewussten auf diesem Wege interessiert. Die Assoziationen zu den Träumen und die im Traum verborgenen Gefühle kann sie häufig erst in den darauffolgenden Tänzen ausdrücken. Das zeigt sehr eindringlich, wie sich Traum und Tanz, diese beiden Wege zum Unbewussten, gegenseitig verstärken und ergänzen können.

Die Art und Weise, wie Frau W. tanzt, hat nichts zu tun mit klassischem Tanz. Ziel ist nicht, besonders künstlerisch, schön und perfekt zu tanzen, sondern spontan auszudrücken, was man fühlt. Entscheidend ist, den Körper quasi von allein sprechen zu lassen.

Der Körper hilft der Seele

Ammon beschreibt diesen Vorgang sehr anschaulich: »Oft stehen unsere Tänzer in der Mitte der Tanzgruppe und wissen am Anfang gar nicht, was sie tanzen wollen, und plötzlich tanzt es sozusagen aus ihnen heraus, ganz spontan, ohne Denken, ohne Vorübung, ohne choreografisches Bewusstsein. Sie sind dann selbst ganz erstaunt und ergriffen von dem, was da passiert, manchmal so stark, dass sie weinen oder den Tanz abbrechen. Und die Zuschauer sind oft überrascht über Menschen, von denen sie nie erwartet hätten, dass sie so beeindruckend, rührend und erhebend tanzen würden.«

In einem solchen Tanz, in dem jegliche Kontrolle und Manipulation aufgegeben wird, bei dem all das, was uns antrainiert wurde an rationalem Denken, für den Moment vergessen werden muss, spricht das

Unbewusste, die Seele, durch den Körper. Ammon nennt das einen »absolut kreativen Zustand«, der aus psychologischer Sicht dem Zustand ähnelt, wie wir ihn oft beim Einschlafen oder Aufwachen erleben. »Absolut kreativ« ist er deshalb, weil man nicht weiß, was im nächsten Augenblick geschieht. Es kann etwas entstehen, was man selbst und auch die Gruppe nicht für möglich gehalten hätte.

Eine neue Qualität

Es entsteht etwas Neues. Dabei erzählt der Tanz ähnlich wie der Traum eine Geschichte. Eine Geschichte von Vergangenheit, Gegenwart und Zukunft. Doch während der Traum durch die Erinnerung und die Sprache verfälscht werden kann, ist der körperliche Ausdruck direkter. Es kommt auch leichter zum Energiefluss zwischen Gruppe und Akteur. Sozialenergie spielt beim Tanzen eine sehr große Rolle.

Ammon war einer der ersten Analytiker, der den Tanz in therapeutischen und Selbsterfahrungsgruppen einsetzte. Er verweist darauf, dass Tanz in dieser Form bereits in der Antike als Heiltanz wirksam war und bei den Naturvölkern bis in die heutige Zeit einen religiösen und heilenden Sinn behielt. In Europa war über Jahrhunderte der Kunsttanz vorherrschend. Im klassischen Ballett wurde der Tänzer zu einer Marionette, die sich nach einer festgelegten Choreografie zu bewegen hatte. Erst zu Beginn des 19. Jahrhunderts befreite sich der Tanz aus diesem einengenden Korsett. Der Ausdruckstanz von Isadora Duncan, Rudolf Laban und Mary Wigman entstand. Diese Bewegung, die den spontanen Tanz – frei von Tanzstileinengung, Training und falschen Körperidealen – zum Nonplusultra machte, hatte auch auf Ammon großen Einfluss. Ammon hat übrigens – was sehr ungewöhnlich ist für den Gründer einer psychoanalytischen Schule – in seiner Jugend selbst als Tänzer gearbeitet. Auch viele heutige Therapeuten der Dynamischen Psychiatrie haben eigene Erfahrung im Ausdruckstanz.

Tod und Verklärung – Frau W. tanzt ihre »Traummusik«

Eine dunkle Gestalt kauert am Boden. Es ist kaum zu erkennen, dass es ein Mensch ist. Nur das Atmen, das den Rumpf hebt und senkt, zeigt Leben.

Die Musik ist zerrissen, dramatisch, verzweifelt.

Das Wesen am Boden, glitzernde schwarze Kleidung, das Gesicht verhangen von dunklen langen Haaren, bewegt sich in langsamen, schleppenden Bewegungen, eingezwängt in einen Panzer. Phantasien von Urtieren, Bären und Schlangen drängen sich auf. Nur die Hände zeigen sich langsam und öffnen sich vorsichtig wie zu einer Frage.

Dann erhebt sich die Gestalt mühsam vom Boden, dreht sich in langsamen, gemessenen, sparsamen Drehungen wie in Zeitlupe. Immer wieder zieht es sie zurück auf den Boden, aus dem sie Kraft zu schöpfen scheint. Doch es gibt keine Befreiung, der Panzer bleibt, die Spannung hält alle in Bann.

Wie durch einen morastigen Sumpf bewegt sich die Frau. Immer wieder zieht es sie hinab; sie betastet den Boden, ob er sie trägt, tastet mit ihrem Körper und mit ihren Augen vorsichtig in die Runde, ob die Gruppe sie trägt.

Sie tanzt ihr Leben mit all seiner Qual und Enge, die Zeit ist nicht meßbar, alle sind erschöpft. Noch nie hat sie so lange getanzt.

Die Reaktionen der Gruppe auf den Tanz

Ein Gruppenmitglied wollte sich wehren gegen die Last und das Leid, das sich da zeigte. Einige wollten Frau W. herausholen aus dem Sumpf und ihr helfen; blieben dann aber auf ihren Plätzen, weil sie spürten, dass sie diesen Kampf allein kämpfen wollte. Sie spürten, dass sie nicht untergeht; gaben ihr Vertrauen in ihre eigene Kraft und blieben mit ihren Gefühlen ganz nahe bei ihr.

Die Reaktion von Frau W.

Frau W. ist dankbar für das Vertrauen der Gruppe. Sie ist froh, dass die Gruppe ihr die Zeit gab und mit angehaltenem Atem und entspannter Wachsamkeit ihren Körper trug mit seiner Schwere und ihren Geist voller Trauer. Ihr innerster Kern scheint erreicht und berührbar geworden zu sein in diesem Raum von Sozialenergie und Abgrenzung, eine Erweiterung ihrer Ausdrucksmöglichkeiten ist durch diesen Tanz möglich geworden.

Frau W.: »Seit der Tanztherapie habe ich in zunehmendem Maße Zugang zu etwas in mir gefunden, was ich nie empfinden, nie zeigen durfte, ohne verletzt zu werden. Die Atmosphäre in der Gruppe gibt mir das Gefühl, dass alles erlaubt, alles erwünscht ist. Ob Echtheit oder auch die Darstellung einer Maske, alles ist gut, alles ist wichtig. Diese Atmosphäre ist es, die etwas in mir wachsen lässt. Dieses Gefühl, bedingungslos angenommen zu werden, ist für mich momentan das Wichtigste, Wohltuendste, Heilendste, das ich je erlebt habe. Es gibt mir eine Ahnung davon, was mit dem Wort Urvertrauen gemeint sein könnte.«

Frau W. spricht sich frei

Dann kann sie auch ihr Leid in Worte fassen. Noch nie vorher hat sie in der Gruppe so viel gesprochen. Sie spricht lange und berichtet von der quälenden Enge und Begrenztheit ihres Lebens. Von ihrer Freude darüber, dass sie dies endlich im Tanz ausdrücken konnte. Vieles aus ihrer Lebensgeschichte kann sie mitteilen, auch das, was sie selbst längst vergessen, besser: verdrängt hatte. Dass sie diesen verleugneten Teil jetzt zulassen kann, ist ihr dringendster Wunsch seit langer Zeit.

Der Lebensraum hat sich erweitert, dessen Enge und Begrenztheit sich symbolhaft im Burgtraum zu Beginn dieses Kapitels und in dem hier beschriebenen Tanz zeigen konnten. Die Parallele der Bilder im Traum mit dem Ausdruck im Tanz ist sehr eindringlich. Frei von eingefahrenen Erwartungen und Vorstellungen, dass sie so oder anders sein müsse.

Die intensive Sozialenergie der Gruppe von Menschen, die sich mit großer Selbstverständlichkeit ihren Ängsten, Hoffnungen und Sehnsüchten in Traum und Tanz öffneten, gaben ihr so viel Kraft, dass sie zum ersten Mal ihren Tanz ohne Angst voll genießen konnte. Es war sehr berührend zu sehen, wie lebendig und hingebungsvoll sie sich im Tanz in die Gruppe hineingibt. Die Gruppe dankte ihr mit langem Applaus und liebevollen Kommentaren.

Zwei Träume – einige Wochen später

Auch Frau W. ist durch ihre Träume optimistischer geworden. Sie fühlt sich getragen in der wohlwollenden Gruppenatmosphäre, erzählt begeistert von dem guten Gefühl, das sie nach ihren Tänzen hatte. Dann hatte sie zwei Träume:

Sie ist schwer krank. Sie hat Krebs. Sie trifft sich mit einem Mann in einem Café neben einem Säuglingsheim. Der Mann ist auch krank. Sie sinken sich in die Arme mit dem Gefühl: Nun ist alles gut.

Sie ist in einem Krankenhaus – sie weiß nicht genau, ob als Ärztin oder als Patientin. Im Krankenhaus wird sie ständig von hinten angegriffen. Bei ihrer Abwehr wird sie unterstützt von zwei Männern, zwei Asiaten, die mit Karateschlägen und anderen asiatischen Kampfformen die Angreifer abwehren.

Die Interpretation

Frau W. scheint zunächst nicht sonderlich daran interessiert zu sein, ihre Träume zu verstehen. Sie ist überzeugt, dass die Träume nur dazu dienen, ihre gerade entstandenen angenehmen Empfindungen zu zerstören. Dass in den Träumen auch ihre positiven Seiten zur Sprache kommen, will sie nicht wahrhaben. Nach mehreren Anregungsversuchen von Seiten der Therapeutin, wagt sie es dann doch.

Zum ersten Traum fällt ihr ein, dass ein junger Grieche sie besuchen will, den sie als kleines Mädchen sehr geliebt hatte. Er lebt in Amerika, sie hat ihn seit 15 Jahren nicht gesehen. Das Café neben dem Säuglingsheim ist eine Erfindung ihres Traumes; es existiert nicht, aber das Säuglingsheim existiert. Ihre Assoziation dazu: Eine Frau in ihrer Therapiegruppe ist schwanger, in der Gruppe sprachen alle über ihre Eifersucht und ihre Kinderwünsche.

Das Traumbild wird noch in anderer Hinsicht überlagert von der Situation ihrer Kindheit. Sie ist krank, auch der Mann, mit dem sie sich im Traum trifft, ist krank. Das erinnert sie an ihr Zuhause, an ihre Familie, in der die Kommunikation zwischen Tochter und Eltern nur über Krankheit möglich war. So konnte sie sich ihrem Vater nur nähern, wenn sie krank war. Diese unglückliche Kindheitserfahrung trübt etwas die erotischen Wünsche und die neue Lebendigkeit, die sie in der Realität und im Traum zum Ausdruck brachte.

Der zweite Traum fragt, ob sie kämpfen soll, unterstützt von Männern, die ihre Beschäftigung mit chinesischer Medizin symbolisieren und ihre Androgynität, die sie sehr beschäftigt.

Insgesamt bringen diese beiden Träume also ihre Hoffnung und Zuversicht zum Ausdruck, das Leben mit neuem Mut in Angriff zu nehmen. Die Entwicklung von Frau W. demonstriert sehr anschaulich, wie befreiend und kreativ die Auseinandersetzung mit dem eigenen Unbewussten sein kann. Traum und Tanz sind zwei Wege zum kreativen Potenzial des Unbewussten, die sich hervorragend ergänzen. Verschüttete Energie wird zutage gefördert und zwischenmenschlich erlebbar. Der »Traumtänzer« wird durch die konstruktiven Reaktionen in der Gruppe bestärkt und ermutigt, seine hemmenden Lebensängste abzulegen und sein Leben zu leben.

Traumbiografie 4

Die Ängste und Erwartungen des Herrn A.

Herr A. hat gerade eine Therapie begonnen. Der folgende Traum des Herrn A. ist ein Initialtraum. Der Traum wird von seiner Therapeutin, die auch darin vorkommt, erzählt.

Der Initialtraum

Er geht einen ihm vertrauten Weg im Schwarzwald, sein Zuhause. Plötzlich hört er eine Stimme wie aus einem Lautsprecher: »Hierher, hier entlang«, ruft die Stimme. Er folgt der Stimme, geht nacheinander durch drei Türen. Wie im Märchen muss er drei Proben bestehen. Dann kommt er zu einem kleinen Haus, wo alles schräg ist. Ich empfange ihn dort. Dann stürmt auch schon seine Familie herein, sein Vater und die anderen. »Dann ist da noch ein Mann, der wohl zu Ihnen gehört«, sagte er leise.

Die Assoziationen der Therapeutin

Welche Proben muss er bestehen, was kommt auf ihn zu in der Therapie, was wird seine Familie dazu sagen, dass er eine Therapie beginnt? Was bedeutet das schräge Haus, bin ich eine Hexe oder eine Zauberin? Er wünscht sich sehr, dass ich zaubern kann, dass die Therapie schnell helfen kann durch einen Zauber. Fragen über Fragen. Wir arbeiten lange an diesem wichtigen Initialtraum.

Herr A. träumt weiter

Die ängstliche Erwartung und Unsicherheit bezüglich der Gruppe und dem, was ihn alles erwartet – das Thema des Initialtraumes – offenbart sich in allen weiteren Träumen, so auch in dem nächsten:

Er ist mit der Therapiegruppe zusammen. Es wird gegessen. Die
Atmosphäre ist wie in einem vegetarisch-esoterischen Restaurant.
Die Therapeutin sitzt in der Mitte und isst gierig ein Hühnchen. Keiner
kümmert sich um ihn oder gibt ihm etwas ab. Wohin ist er geraten?
Fressen oder gefressen werden ist das Motto!

Seine Assoziationen: Er hat Angst vor dem Neuen, er kennt die Gruppe
noch nicht, er kennt nur die Therapeutin und auch die nicht sehr lange.
Sein Vater hat Aversionen gegen Gruppen.

Was sind Initialträume?

Am Anfang einer Therapie, eines größeren Projektes (z. B. dem Schreiben eines Buches), einer beruflichen oder privaten Veränderung oder
einer neuen Lebensphase kommt es häufig zu einem oder mehreren
besonders intensiven Träumen – in der Fachsprache auch Initialträume
genannt. Initialträume sind meist sehr gehaltvoll und repräsentativ, enthalten die Probleme des Träumers in einer sehr konzentrierten Form
und haben manchmal etwas Prophetisches an sich. In der Regel werden solche Träume erst nach Monaten oder sogar Jahren vom Träumer
wirklich verstanden.
Der Initialtraum in einer Gruppe, also der erste Traum, der in einer (therapeutischen oder anderen) Gruppe vorgetragen wird, ist – besonders
wenn die Gruppe darin vorkommt – von elementarer Bedeutung und
verweist schon früh auf zentrale Probleme. Dabei sind die sich anschließenden Assoziationen der Gruppenmitglieder genauso wichtig
wie der Traum selbst.

Die Erwartungen werden deutlicher

Zwei Wochen später traut sich Herr A., erste Erwartungen und Hoffnungen an die Gruppe zu haben.

Er träumt, er wandert mit der Gruppe in ein tiefes Tal, alles ist fried-
lich. Auf einem Podest, wie erleuchtet, umarmt er einen Mann und
eine Frau, wird eins mit ihnen und ist glücklich. Er erlebt starke reli-
giöse Gefühle. Danach rast er wie wild auf dem Fahrrad durch die
Rheinauen, gehetzt, außer Atem, die Bäume fetzen an ihm vorbei.
Er erlebt starke Angst.
In einem Fortsetzungstraum befindet er sich in einer gotischen
Backsteinkirche, er spricht mit einer Schauspielerin und geht in
die Kirche. Dort, wie auf einem Sarkophag, liegt, sehr verführerisch,
Maria. Sie erhebt sich, es ist wie eine Auferstehung.

Der erste Teil des Traumes drückt seine Sehnsucht nach Verschmelzung
aus, seine Ambivalenz bezüglich seiner Sexualität und seiner Erotik.
Beides muss er durch Zwangshandlungen abwehren, was ihn in die
Therapie geführt hat. Im Fortsetzungstraum wieder die Frage, die schon
im Initialtraum auftaucht: Was ist die Frau – Hure oder Heilige?

Ein weiterer Traum – zwei Monate später

A. kommt in einen Keller, dort befindet sich ein steinerner Mensch.
Um ihn herum sind Menschen, die er nicht kennt. Die Menschen be-
festigen Stofffetzen an dem steinernen Menschen. Dadurch machen
sie ihn langsam lebendig. A. stellt erschrocken fest, dass die linke
Hand noch aus Stein ist. Er nimmt seinen linken Handschuh, bringt
ihn an, und der Mensch beginnt langsam, noch wankend, zu gehen.

Die Assoziationen der Therapeutin: Der steinerne Mensch ist er selber,
der sich wünscht, lebendig zu werden – durch die Therapeutin, durch
die Gruppe, durch »heilige Handlungen«. Wie in seinem »Initialtraum«
angekündigt, hat er eine starke Beziehung zu geistigen, religiösen Dingen, wünscht sich, durch kultischen Tanz in Brasilien und Zauber gesund zu werden. Es erinnert an das magische Denken bei Kindern.

Traumbiografie 5

Sexualität und Gruppenarbeit

Wie nannten die Menschen dieses Spiel mit den Körpern, das immer auch an Kampf erinnert, bevor sich die Wissenschaft seiner bemächtigte? In der Literatur wird oft von Erotik gesprochen. Erotik wird manchmal als Synonym für Sexualität verwendet, meint jedoch meistens das geistige, weniger das körperliche Geschehen in der Liebe. Das Wort Erotik kommt aus dem Griechischen und bedeutet raffinierte Liebeslust, Sinnlichkeit.

Körperliches und Geistiges gehören zusammen

Im Folgenden wird Erotik und Sexualität nicht getrennt, sondern als eines verstanden. Körperliches und geistiges Erleben gehören bei der Sexualität zusammen. Sexualität ist ein Spiel mit dem Körper, das den ganzen Menschen umfasst. Es bedeutet vieles: Bewegung, Verwandlung, Spiel und Ernst. Es macht Freude und Angst. Es erfordert Mut und Aggression. Und es erinnert an Märchen und Träume.

G. Ammon ist der Ansicht, dass die Sexualität des Menschen kein Bereich ist, der isoliert vom sonstigen Leben des Menschen betrachtet werden kann. Sexualität ist eng verbunden mit anderen menschlichen Eigenschaften, wie z. B. Narzissmus, Aggression und Kreativität. Alles hängt miteinander zusammen.

Sexualität ist nach Ammon Teil der Identität. Es gibt so viele Varianten der Sexualität wie es verschiedene Menschen gibt. Denn Sexualität ist individuell. Zur Sexualität gehört auch das Körpergefühl, der Umgang mit dem eigenen Körper sowie Nähe und Zärtlichkeit gegenüber anderen. Alles in allem also ein komplexes Gefüge von Empfindungen und körperlichen Reaktionen, das von vielen Faktoren beeinflusst wird.

148

Sexualität in der heutigen Zeit

Viele Menschen sind unzufrieden mit ihrem Sexualleben. Es gibt in Deutschland immer mehr Singles, Menschen, die sich entschließen, allein zu leben. Menschen, die keine wirklich erfüllte Sexualität haben. Paare, die sich entschließen, zugunsten der Karriere oder aus anderen Gründen auf Kinder zu verzichten.

Die konservativen Familienstrukturen zerfallen oder verwandeln sich in andere. Ob die besser sind als die ehemaligen, lässt sich noch nicht sagen. Doch fest steht, dass Identitätsstörungen immer mehr zunehmen. Die Menschen am Ende des 20. Jahrhunderts sind verunsichert bezüglich ihrer eigenen geschlechtlichen Identität genauso wie in ihren Beziehungen.

Die Wurzeln liegen in der Familie

Wie Sexualität gelebt wird, ob sie glücklich macht, ob sie als destruktiv oder lebendig empfunden wird, hängt auch von den Erfahrungen ab, die man im Leben gemacht hat. Besondere Bedeutung kommt hier der Familie zu, in der man aufgewachsen ist. Denn Sexualität entwickelt sich nun einmal in den für den jeweiligen Menschen wichtigsten Gruppen, vor allem in der Familie.

Entscheidend für die Entwicklung von Sexualität ist der Umgang der Mutter und der Familie mit dem Kind, vor allem auch mit dem Körper des Kindes. Wichtig sind auch die bewussten und unbewussten Erwartungen der gesamten Familiengruppe an das Kind und vor allem die Art und Weise des Austauschs von Sozialenergie. Sozialenergie ist die Energie, die im zwischenmenschlichen Kontakt, durch Zuneigung, Liebe, Verständnis etc. entsteht. Wo sie fehlt oder gefehlt hat, fällt es auch schwer, tiefe Gefühle und beglückende sexuelle Beziehungen zu anderen Menschen aufzubauen.

Die Bearbeitung des Problems in der Gruppe

Im Folgenden geht es um eine therapeutische Gruppe von acht Menschen, alle zwischen 24 und 40 Jahre alt. Sie trafen sich über einen Zeitraum von zwei Jahren zweimal wöchentlich im Beisein einer Therapeutin. Der Anlass, eine Therapie zu beginnen, waren Kontaktschwierigkeiten und Ängste vor anderen Menschen, Depressionen, Arbeitsstörungen und psychosomatische Beschwerden.

Widersprüche zwischen Wunsch und Wirklichkeit

Als die Therapeutin nach der Sexualität fragte, stellte sich heraus, das auch gerade in diesem Bereich enorme Defizite lagen. Bei allen Gruppenmitgliedern standen die sexuellen Wünsche und Phantasien in einem Widerspruch zur Realität. Vielmehr spannende, interessante Erlebnisse wurden gewünscht, aber aus Angst vor zu viel Nähe oder vor den überflutenden Gefühlen hatte man darauf verzichtet. Viele leben stattdessen eine destruktive, unglückliche Sexualität, die von ständigem Partnerwechsel, Sexualkontakt aus Gefälligkeit oder einem völligen Aufgeben der eigenen Sexualität bestimmt wird.

Alle Gruppenmitglieder hatten den Wunsch nach mehr Körperkontakt, den sie für wichtiger ansehen als Geschlechtsverkehr, und sie litten darunter, Sexualität und Erotik, Körperliches und Geistiges nicht wirklich miteinander verbinden zu können.

Davids Traum

Im Zentrum des nun Folgenden steht ein einziger Traum, der von David, einem Gruppenmitglied, erzählt wird. Dabei soll exemplarisch aufgezeigt werden, wie ein Traum das unbewusste Gruppengeschehen reflektiert und beleuchtet. Die Reaktionen der Gruppenmitglieder sind ein beredtes Zeugnis dafür, wie direkt ein Traum die unbewusste Dynamik in einer Gruppe anspricht. Es wird in der nachstehenden Schilderung auch deutlich werden, wie effektiv die Traumarbeit ist und wie direkt ein Traum zum Kern des Problems führen kann. Beobachten Sie einmal genau die Entwicklung der Assoziationen, die der Träumer zum Traum vorbringt, und wie der Traum eines Einzelnen tiefere seelische Gehalte auch der anderen zum Vorschein bringt.

Auch werden Zusammenhänge deutlich zwischen Kindheitserfahrungen und der aktuellen Situation. Verstrickungen und eingefahrene Verhaltensweisen können verstanden und aufgelöst werden. Vor allem aber soll klar werden, was die Sexualität eines Erwachsenen mit weit zurückliegenden Kindheitserfahrungen zu tun hat und wie sich diese in der aktuellen Lebenssituation widerspiegeln.

Das Schweigen

In der Gruppensitzung, mit der wir beginnen, herrscht von Beginn an eine gespannte Atmosphäre. Alle schweigen und beäugen sich wie Fremde. Die Gesichter sind verschlossen.

Am Abend vorher war noch alles anders: Ines, eine Frau aus der Gruppe, hatte einen öffentlichen Vortrag gehalten. Auch die Gruppe war mit Ausnahme von zwei Frauen dabei gewesen. Der Abend war ein großer Erfolg und wurde mit einem rauschenden Fest abgeschlossen. Warum schweigen jetzt alle?

Ines erträgt das Schweigen nicht länger. Sie macht unausgesprochene Rivalitätsgefühle für die schlechte Stimmung verantwortlich. Die Einzelnen dürften nichts Besonderes sein, auch ihre Beziehungen zur Therapeutin dürften nicht unterschiedlich sein. Sie äußert den Eindruck, dass die Unterschiede zwischen den Einzelnen verwischt würden aus Angst vor Neid und Eifersucht.

Die Frauen setzen sich mit der Therapeutin auseinander, die Männer schweigen lange. Bis auf einen. David, ein sehr ernster, hagerer, etwas streng wirkender Mann war auch bei dem Vortrag am Abend dabeigewesen, aber er hatte sich, wie meistens, fern von den anderen im Hintergrund aufgehalten. David starrt wütend auf die Frauen, bis er es nicht mehr aushält und protestiert, weil sie ihn nicht mit einbeziehen. Dann berichtet er einen Traum, der ihn sehr quält.

Davids Traum

Ein junger Mann, sein Cousin, köpft Enten mit einer Sichel. Im Traum verwandeln sich die schnatternden Enten dann plötzlich in Jugendliche, denen der Kopf abgeschlagen wird.

David weint über diesen Traum, der ihn verfolgt und sehr beunruhigt. Auch die Gruppe ist betroffen.

Die Auflösung

Es handelt sich bei diesem Traum um einen wichtigen Gruppentraum, wie sich im Weiteren herausstellen wird. Im Traum nämlich wird ein Stück von Davids Kindheit für ihn und für die ganze Gruppe erlebbar. Ausgelöst wird diese Erinnerung an die Kindheit durch die aktuelle Gruppensituation. Die ist nämlich ähnlich. David hat immerzu das Gefühl, im Abseits zu stehen, am Abend des Vortrags genauso wie bei der Diskussion. In dieser Gruppe fühlt er sich genauso ausgeschlossen wie in seinem ehemaligen Zuhause, in seiner Familie.

Gefühle aus der Vergangenheit

Er beginnt zu erzählen, wie es früher war: Schon als kleiner Junge musste er ins Internat, weil er Priester werden sollte. Seine vier Schwestern durften zu Hause bleiben. Die Mutter kümmerte sich nur um die Schwestern. Er erinnert sich an eine Szene aus der Kindheit. Die

Schwestern tuschelten und kicherten untereinander und mit der Mutter. Er saß allein an einem Tisch, weit weg von den anderen und musste seine Schiefertafel vollschreiben. Er wurde nicht fertig und versank in Tagträume. Er wusste nicht und verstand nie, warum die Schwestern so anders sind als er. Niemand sprach mit ihm jemals darüber. Die Eltern sagten, sie hätten sich statt seiner ein Mädchen gewünscht, was er aber nicht glauben konnte. Er fühlte sich von den Frauen immer verspottet. Er spürte heftigen Hass, wollte den Schwestern wehtun, wie im Traum die schnatternden Enten töten.

Verborgene Phantasien

Er phantasierte in seinen Tagträumen, dass das Getuschel der Frauen sich um sexuelle Dinge drehen müsse, die für ihn verboten waren. Er war ja dazu bestimmt, Priester zu werden. Deshalb wurde jeglicher Kontakt mit Mädchen verhindert.

Mit zehn Jahren wurde er in ein klösterliches Internat geschickt. Einerseits fühlte er sich aus der Familie ausgestoßen, andererseits fühlte er sich allen überlegen, zu etwas Höherem auserwählt. Im Internat fand dann durch den Internatsdirektor in den Kolloquien eine geheimnisvolle sexuelle Aufklärung statt, die für ihn nichts klärte, sondern seinen Phantasien weitere Nahrung gab.

Mit 15 Jahren hatte er dann eine längere sexuelle Beziehung zu einem älteren Theologiestudenten, die mit großer Angst und Schuldgefühlen im Verborgenen stattfand, aber auch mit großer Lust verbunden war. Diese Erfahrungen und die Lust daran hinderten ihn letztlich, Priester zu werden.

David spricht dann von der Angst, die er vor Frauen hat, und vor allem von seinem Hass auf Frauen. Der ist besonders stark, wenn er sich unter Druck gesetzt fühlt, nach sexuellem Kontakt eigentlich allein sein möchte, sich aber moralisch verpflichtet fühlt, sich noch um die Freundin zu kümmern. Er äußert auch Hassgefühle gegenüber der Therapeutin, die sich mehr für die Frauen interessiere. Dann gelingt es ihm, einen lebenslangen Wunsch zum Ausdruck zu bringen. Es geht wieder um den Traum von den schnatternden Enten, zu denen er eigentlich gerne gehören möchte. Er wünscht sich, in die Gruppe der schönen Schwestern integriert zu sein. Während er darüber spricht, ist sein Gesicht weicher geworden. Die Angst, für die mörderischen Gefühle und Phantasien mit Ablehnung und Ausgestoßenwerden bestraft zu werden wie in seiner Kindheit, fällt langsam von ihm ab.

Die Gruppe reagiert

Ein Teil der Gruppenmitglieder kann seine Ängste und seinen Hass nacherleben und die große Angst mittragen, die ihm der Bericht dieses Traumes bereitet. Sie sind betroffen von dem Bericht Davids, der noch nie so offen über Sexualität gesprochen hatte.

Diese Gruppenmitglieder übernehmen nun quasi stellvertretend den Part seiner Schwestern, aber im positive Sinn: mitfühlend und verständnisvoll. So kann er – und die Mitbetroffenen die zerstörerische Kindheitserfahrung noch einmal erleben, aber diesmal als positives, befreiendes Erlebnis.

Die starren Grenzen zwischen David und seinem Unbewussten sowie zu seinen Phantasien haben sich geöffnet, ein Stück Wiedergutmachung ist möglich geworden in dieser Gruppensitzung, in dem Kampf von David um seine eigene Identität. Als Mann in der Gruppe der vielen Schwestern.

Wenige Tage später. Wieder beginnt die Sitzung mit einem langen Schweigen. Dann folgt ein sehr oberflächliches Geplänkel, das die Therapeutin unterbricht. Sie fragt, wie die einzelnen Gruppenmitglieder das letzte Gruppentreffen erlebt haben.

Drei Gruppenmitglieder, und zwar genau die, die während der ganzen letzten Sitzung geschwiegen hatten, können sich nicht mehr an das Thema der letzten Sitzung erinnern. David, bei dem es um existenzielle Fragen ging, ist verletzt.

Die drei Gruppenmitglieder, die geschwiegen hatten und sich nicht erinnern, sind sehr überrascht, als ihnen der Inhalt der letzten Sitzung berichtet wird. Ihnen fällt wieder ein, wie sie sich fühlten, als der Traum damals erzählt wurde. Wie in Trance hätten sie sich gefühlt, und sie beschreiben den Zustand als ein sehr angenehmes Erlebnis. Dass diese Reaktion kein Zufall war, zeigen ihre nun folgenden Assoziationen.

Ella, eine der drei, erinnert sich auf einmal, dass sie Ähnliches wie David erlebte, als sie mit der Mutter im gleichen Zimmer schlief, wo die Mutter wohl auch ihre Freunde empfing. Sie weiß es aber nicht mehr so genau, alles ist verschwommen. Es wurde allerdings nie über Körperliches gesprochen.

Auch Claus hatte kaum eine Erinnerung an die letzte Sitzung. Er hatte noch die Eifersucht auf David gespürt, der mit seinem Traum so viel Raum in der Gruppe beanspruchte, dann war auch er wie in einen Halbschlaf versunken. Er fühlte sich wie früher zu Hause im Schatten des Bruders, bzw. des Vaters, obwohl er der Liebling der Mutter war, die ihn streichelte und verwöhnte. Dem Vater gegenüber war sie gönnerhaft und bezüglich der Sexualität eher herablassend.

Ganz ähnliche Gefühle erlebte auch Anja. Sie fühlte sich abgestellt, wie früher als Kind, wenn sie in einen Raum gesetzt wurde, Hausaufgaben machen sollte, dabei aber in Tagträume versank und an ihren Genitalien spielte.

Ein Tabu gerät ins Wanken

Anja, Claus und Ella erinnern also – ausgehend von dem Traum Davids und dem Gefühl, das dabei entstand – eigene Kindheitserlebnisse, die allesamt frühe psychische Verletzungen ausdrücken. Verletzungen, die in ihrem Unbewussten weiterlebten und plötzlich – ausgelöst durch den Traum eines anderen – wieder an die Oberfläche treten. Ihre Erinnerungen drücken ein verinnerlichtes »Wahrnehmungsverbot« bezüglich der Sexualität aus.

Ella und ihre Mutter sprachen nie über Körperliches, obwohl sie im gleichen Zimmer schliefen. Das war ein Tabu, warum auch immer.

Claus erlebte die Eifersucht auf Bruder und Vater wieder und seinen eigenen Zwiespalt als Mutters Liebling, die ihn hätschelte und Vaters Sexualität von oben herab behandelte. Auch hier eine verwirrende Situation bezüglich der eigenen Sexualität und Männlichkeit, die in der Familie nie offen angesprochen werden durfte.

Anja fühlte sich in ihrer Familie ähnlich ins Abseits gestellt wie David. Sie flüchtete sich in Tagträume und in die Selbstbefriedigung. In der Familiengruppe hat sie ihr Gefühl nie geäußert.

Dieses Wahrnehmungsverbot bzw. Tabu spiegelte sich auch in der aktuellen Therapiegruppe wider im Schweigen und im trancehaften Erleben des Traumes von David.

Durch einen in der Gruppe erzählten Traum lassen sich Dinge mitteilen, die sonst unaussprechbar geblieben wären.

Ein Traum bricht die Blockade

Das Bewusstmachen und Durcharbeiten dieser Situation im weiteren Verlauf der Therapie war sehr wichtig. Es führte dazu, dass das Unbewusste, welches einen negativen Einfluss auf das bisherige Leben gehabt hatte, zutage gefördert wurde.

Anja, Claus, Ella und auch David lebten eine unzufriedene destruktive Sexualität: Prügeleien mit dem Partner, wütendes Über-sich-Ergehen-Lassen des Geschlechtsverkehrs, ständiger Partnerwechsel und ungelebte Sexualität waren Merkmale, die ihre Sexualität bestimmt hatten. Die verinnerlichten sexuellen Tabus und Wahrnehmungsverbote ihrer frühen Kindheit, die sich in ihrem Unbewussten ablagern konnten, hatten entscheidenden Anteil an dieser Situation. Durch den Traum Davids konnten diese Dinge endlich offengelegt und wieder erlebt werden. Die Betroffenen lebten nach wie vor die unbewusste Symbiose ihrer Kindheit, verschwommene unklare Beziehungen, die nicht beherrscht waren von konstruktiver, lebendiger Auseinandersetzung und Durchsetzung ihrer eigenen Interessen, sondern nach wie vor von den Tabus, die ihre Kindheit überschatteten. Tabus, die ihr Leben hemmten.

Die weiteren Sitzungen

Die weiteren Sitzungen waren nervenaufreibend, denn es kam immer mehr zum Vorschein, was jahrelang im Unbewussten schlummerte. Und Anja, Claus und Ella durchleben wie David destruktive Gefühle der Wut und des Hasses. Gefühle, die sie in ihrer Kindheit und in ihrem erwachsenen Leben bisher unterdrückt hatten.

Sie erleben die Verlassenheit ihrer Kindheit, die Rivalität und Eifersucht, die ehemals auf Geschwister und Eltern gerichtet war, nun in der Gruppe wieder. Enttäuschung, ohnmächtige Wut, Ruhelosigkeit und Einsamkeit brechen sich Bahn und werden wahrnehmbar.

157

Es ist die verinnerlichte negative Sozialenergie, die an die Oberfläche dringt und die Gruppe zu zerreißen droht. In der Gruppe bricht heftiger Streit aus. Ein junges Mädchen boxt eine andere Frau heftig, um sie aus ihrem Halbschlaf zu wecken; eine andere will aus der Gruppe hinauslaufen, weil ihr das alles zu nahe geht. Das Gefühl des körperlichen Abgelehntseins wird von ihr in dieser Auseinandersetzung so stark wiedererlebt, dass sie es kaum erträgt, in der Gruppe zu bleiben. Es entsteht Leben in der Gruppe. Alle sind erschrocken über ihre intensiven Gefühle der Wut und der Rivalität. Doch niemand läuft weg. Und niemand zieht sich innerlich zurück. Weil die Betroffenen dableiben und über ihre Gefühle und Ängste sprechen können, machen sie eine neue Erfahrung. Sie erleben, dass die Gruppe nicht wie ihre Familie reagiert. Es ist ein erster Schritt zur Auflösung der verinnerlichten Wahrnehmungstabus, die sie in ihrer Kindheit erfahren mussten und die sie ihr Leben lang begleiteten.

Das Ziel heißt Veränderung

Aber es ist noch ein langer Weg. Etwas, das man sein ganzes bisheriges Leben mit sich herumgeschleppt hat, lässt sich nicht einfach von Heute auf Morgen abschütteln. Es braucht noch viele Monate, um die bisher gelebte destruktive Sexualität aufzugeben zugunsten einer konstruktiveren, individuelleren und lebendigeren Variante. Es ist eine nicht leicht zu verstehende Tatsache, dass ein ganzes Leben überschattet und verdunkelt sein kann durch eine Erfahrung, die man Jahrzehnte früher als Kind gemacht hat. Dass destruktive Verhaltensweisen nur das Symptom für eine ehemals erlebte und dann verdrängte Erfahrung sind. Können diese frühen Erfahrungen wieder erlebt werden – und der Traum bietet sich hier als Ausgangspunkt geradezu an – ist ein wichtiger Schritt getan. Die symbiotischen Verstrickungen können erkannt und endlich gelöst werden.

Ein Jahr später

In der Gruppentherapie berichtet David einen Traum, der ihn ängstigt und heftige Gefühle des Hasses gegen die Therapeutin mobilisiert:

Er träumt die Therapeutin als doppelgeschlechtliches Wesen. Sie ist sein früherer Theologieprofessor in weiblicher Gestalt.

In den Assoziationen zum Traum beschäftigt er sich mit seiner Freundin – mit der Frage, warum er ihren Körper so ablehnen muss. Dann kehrt er in seinen Gedanken wieder zur Therapeutin zurück. Er projiziert den Hass von der Freundin auf den Körper der Therapeutin. Er möchte sie körperlos, wie er sich selber oft fühlte. Er zittert vor Angst und Hass, als er darüber spricht. David hat große Schwierigkeiten, zwischen Traum und Realität zu unterscheiden. Die Gruppe hilft ihm. Ein Gruppenmitglied legt seinen Arm um ihn.

Die Last der Vergangenheit kehrt zurück

Der Traum hat seine frühen Kindheitserfahrungen wiederbelebt. Kindheit und aktuelle Situation überlagern sich. David durchlebt erneut die frühere Familiendynamik, erkennt erneut die existenzielle Frage: Darf er ein Mann sein, darf er sexuelle Wünsche äußern, darf er einen Körper haben? Dazu kommen Fragen zur aktuellen Situation: Darf er sich abgrenzen von der Therapeutin, die für ihn so etwas wie eine Mutter symbolisiert, von seiner Freundin, die ihn ständig zu kritisieren scheint, scheinbar nie zufrieden ist mit dem, was er tut und leistet.
Die Therapeutin spürt seine Angst und die Frage, ob er ihr all diese negativen Gefühle mitteilen kann, seinen tiefen Zweifel, ob sie seinen Hass und die Verachtung, die er ihrer Körperlichkeit und Weiblichkeit entgegenbringt, auch aushalten kann.

Nach dieser Gruppensitzung sind alle erschöpft und zugleich erleichtert, wie befreit von tödlicher Angst. Alle haben erfahren, dass Liebe und Hass, Sexualität und Destruktivität, symbiotische Wünsche und Mordphantasien nahe beieinanderliegen, dass sie aber auch mitgeteilt und verstanden werden können. Doch erst durch das Öffnen der Grenzen zu tiefen, nicht bewussten Bereichen, durch das Wiedererleben früh durchlebter Entbehrungen und Ablehnungen konnte die verinnerlichte negative Sozialenergie im Hier und Jetzt erneut erfahren und bearbeitet werden. Eine Wiedergutmachung wurde ermöglicht durch das Verständnis, die Wärme und das einfühlsame Reagieren der Gruppe, durch konstruktive Sozialenergie also.

Die Veränderung

Wie hat sich David weiterentwickelt und verändert durch die Therapie? Erst einmal hat sich seine äußere Erscheinung sehr gewandelt. Sein Gesicht hat die Härte und Strenge verloren. Er ist in seiner gesamten Ausstrahlung zugänglicher geworden. Zu Beginn wirkte er wie ein in sich gekehrter, strenger Klosterschüler. Seine Bewegungen sind harmonischer geworden. Er kann mehr Angst spüren und auch mehr Angst zeigen, dadurch ist er berührbarer und berührender geworden.

Er erlebt sich stärker in seinem Körper, muss sich weniger verstellen und quälen, er kann sein Gesicht entspannen und befreit lächeln. Gesicht und Körper sind beseelter geworden. Er kann Traum und Phantasie besser in sein Leben integrieren. Dadurch ist er beziehungs- und liebesfähiger geworden. Zu Beginn war seine Sexualität noch abgespalten von der Welt der Erotik, der Phantasie und der Gefühle, was sich in kurzzeitigen, destruktiv erlebten, sexuellen Kontakten äußerte. Nun ist er in der Lage, seine Sexualität ganzheitlich zu leben. Er kann Aggressionen, die er empfindet, auch zeigen und konstruktiv damit umgehen. Er kann Sozialenergie annehmen und weitergeben.

Traumbiografie 6
Eine unglückliche Kindheit

Der früheste Traum, an den ich mich erinnern konnte, war ein Alptraum, den ich hatte, als ich etwa vier oder fünf Jahre alt war. Dieser Traum hat mich bisher nie ganz losgelassen.

Mein Tod

Ich bin gestorben. Mein toter Körper liegt im Grab. Das Ich, meine Seele, sitzt davor und löst sich auf wie eine weichgekaute Kaugummimasse – Auseinander und zusammen, auseinander und zusammen. Ich habe entsetzliche Angst vor dem Tod, weiß aber, dass ich nicht mehr zu den Lebenden zurück kann. Ich spüre eine starke Sehnsucht nach meinen Eltern und meiner Lieblingspuppe (ich nenne sie Mama-Puppe, weil sie »Mama« sagen kann).
Obwohl es für die Toten verboten ist, von ihren Gräbern wegzugehen, bewege ich mich fort, nach Hause. Ich finde die Wohnungstür verschlossen, niemand ist daheim. Ich setze mich auf den Fußabstreifer und warte. Wieder zerdehnt sich mein Körper, und dieses unkontrollierbare Zerfließen und Zusammenschrumpfen, das schon die endgültige Auflösung ankündigt, macht mir rasende Todesangst. Nach einer Weile des Wartens suche ich meine Eltern im Garten. Ich sehe sie dort arbeiten und mit meinem kleinen Bruder spielen. Sie sind vollkommen glücklich. Ich fehle ihnen nicht. Ich sehne mich danach, in den Arm genommen und getröstet zu werden. Ich will zumindest meine Mama-Puppe mitnehmen.
Aber all das ist unmöglich. Die Eltern können mir nicht helfen. Sie sehen und hören mich nicht. Sie wissen gar nicht, dass ich da bin. Als Tote bin ich für sie unsichtbar, unhörbar. Je mehr ich versuche, mich bemerkbar zu machen, desto stärker zerdehnt sich meine kau-

gummiartige Materie. Ich spüre, dass ich zerfließe. Mir wird endgültig
bewusst, dass ich nicht mehr lebendig werden kann. In furchtbarer
Todesangst wache ich auf.

Das Jahr 1996 wird zum Wendepunkt meiner Therapie. Das böse Mutter-
bild in mir stirbt ab, wird vorübergehend auf meine Therapeutin übertragen und dann endgültig verabschiedet. Diese Phase beginnt mit folgendem Traum:

Mamas Tod

Mama ist gestorben. Ich stehe mit Mirko in der Erdinger Kirche, vor
dem Absperrgitter zwischen Eingang und dem eigentlichen Kirchen-
schiff. Die Erdinger Kirche hat in Wirklichkeit kein solches Gitter. Die
Kirche im Traum ist auch viel größer, sie wirkt wie ein Dom. Ich halte
Mirko an der Hand, bin sehr ergriffen und traurig. Empfinde ein
Gefühl großer Nähe und Liebe zu Mirko und gleichzeitig auch zu
Mama. Ihr Tod hat etwas sehr Versöhnliches. Ich denke nur an die
guten Seiten von Mama, sehe diese jetzt, da sie gestorben ist, wie
zum ersten Mal. Ich erkenne, dass Mama mich wirklich geliebt hat
und fühle eine unendlich große Liebe für sie. Es ist, als wäre das ne-
gative Bild gestorben, das ich mir von meiner Mutter gemacht habe.

Im Frühjahr 1997 besuche ich meine Mutter und spreche mich mit ihr
erstmals richtig über meine Kindheit und unser heutiges Verhältnis aus.
Es gelingt mir jetzt auch in der Realität, mich mit Mama zu versöhnen,
nicht nur im Traum.
In meiner Therapie stehen jetzt andere Themen im Vordergrund: Androgynität, Sexualität, meine berufliche Misere, meine Kinderlosigkeit, die
Auseinandersetzung mit meinem Freund, mit dem ich mich zu Weih-
nachten verlobt habe. All dies verdichtet sich zu einem großen, existen-
ziellen Traum.

Männlich – weiblich oder:
Die Metamorphose des Traummannes

Ich reise mit einer Freundin oder Tante in einer Postkutsche durch das alte Russland der Zarenzeit. Es ist Winter. Bei einem Aufenthalt in einer prächtigen, großen Stadt (St. Petersburg?) treffe ich den Mann meines Lebens. Ich kenne ihn nicht, aber ich weiß: Wir werden heiraten. Der Mann ist strahlend, blond, blauäugig. Er ist eine starke und berühmte Persönlichkeit, ein Dichter. Ich glaube, es ist Puschkin. Ich habe großen Respekt vor ihm und bewundere ihn eher aus der Ferne, spreche kaum persönlich mit ihm.

In einer größeren vornehmen Gesellschaft unternehmen wir einen Ausflug mit Pferdeschlitten. Mein Traummann und ich sitzen jeweils in einem anderen Schlitten. Dick und warm eingepackt in Felle und Decken fliege ich durch eine verschneite Waldlandschaft.

Die Szene wechselt. Ich befinde mich immer noch auf demselben Ausflug, aber es ist Sommer, und anstatt im Pferdeschlitten fahren wir auf Fahrrädern durch den Wald. Der Wald erinnert mich an den Grünwalder Forst und das Isarufer, also an die Umgebung der Klinik Menterschwaige. Ich stürze. Mein Rad ist kaputt, ich kann nicht mehr weiterfahren. Ein Mann reicht mir ein Herrenfahrrad als Ersatz. Ich sehe die hohe Stange und denke: Damit schaffe ich es nie. Ich habe Angst, mit dem Männerfahrrad hinzufallen und mir wehzutun. Ich versuche es trotzdem. Ich will nicht, dass mein Traummann von meiner Ungeschicklichkeit erfährt. Es geht überraschend gut mit dem Herrenrad. Wir kommen aus dem Wald heraus und erreichen einen Aussichtspunkt. Tief unten im Tal sehe ich einen leuchtend türkisfarbenen Fluss. Ich fühle mich glücklich.

Wieder wechselt die Szene. Ich bin jetzt in Mexiko, auf einer Art Hazienda. Ich sitze im Zimmer eines Hauses, das mich an das Haus der Malerin Frida Kahlo erinnert. Soeben habe ich meinen Traum-

mann geheiratet. Er hat sich inzwischen stark verändert. Er ist nicht mehr der blonde, blauäugige Recke, sondern hat wie ich braune Augen und lange braune Haare. Ich sehe meinen Mann allerdings nur in einer kurzen Einblendung, wie auf einem Porträtfoto.

Während der ganzen Szene sitze ich mit meiner Schwiegermutter und den beiden Schwestern meines Mannes in einem Zimmer des Hauses. Die Schwestern sehen fast gleich aus, wie Zwillingsschwestern. Sie tragen weiße Kleider und haben wunderschöne hüftlange, braune Haare. Sie erinnern mich an Frida Kahlo.

Die drei Frauen heißen mich auf liebevolle Art willkommen und führen mich in mein neues Leben als Ehefrau ein. Die Zwillingsschwestern knöpfen ihre Kleider auf und zeigen mir, dass sie am ganzen Körper behaart sind. Erst erschrecke ich etwas, dann finde ich ihre behaarten Körper eigentlich ganz schön. Ich denke auch daran, dass ich später mit meinem Mann eine ebenso behaarte Tochter bekommen werde. Die Mutter erklärt mir, dass man in der Familie die Pflege und Schönheit der Haare sehr wichtig nehme. Sie sagt freundlich, ich solle mich eleganter frisieren, dann würde ich ihrem Sohn noch besser gefallen. Sie kämmt mich, steckt mir die Haare hoch und schmückt sie mit einer roten Hibiskusblüte. Das Gekämmtwerden ist sehr angenehm. Ich fühle mich schön wie eine spanische oder mexikanische Prinzessin.

Die Interpretation der Träumerin

Die drei Szenen des Traums verkörpern Vergangenheit, Gegenwart und Zukunft. Das alte Russland der Zarenzeit zeigt mein früheres Männer- und Selbstbild. Ich idealisiere und überschätze den arischen Bruder-Mann (Puschkin), delegiere den Beruf, den ich selbst gern ausüben würde, an ihn. Ich verhalte mich weibchenhaft passiv, lasse mich verwöhnen, im Pferdeschlitten kutschieren, bleibe dabei aber einsam und depressiv: In meinem Gefühlsleben herrscht eisige Kälte.

In der zweiten Traumsequenz verändere ich meine Lebenseinstellung. Ich werde aktiver, männlicher, meine Gefühle tauen auf; es wird sommerlich warm um mich. Die Szene im Wald ist wahrscheinlich eine Anspielung auf meine Erfahrungen in der Klinik Menterschwaige. Dort wurde ich zum ersten Mal mit meiner Androgynität konfrontiert. Ein fremder Helfer (mein Therapeut?) reicht mir ein Herrenfahrrad. Ich habe erst Angst davor, fahre dann aber ganz gut damit.

Die letzte Szene ist die rätselhafteste. Vom gemäßigten Münchner Sommer gelange ich in das tropische Mexiko. Es ist das Land Frida Kahlos, einer Malerin, deren Werk und deren Biografie mich magisch anziehen. Frida Kahlo war eine erotische und androgyne Frau. Sie hatte wunderschöne lange Haare (weibliches Attribut) und einen Damenbart (männliches Attribut). Die starke Körperbehaarung der beiden Schwestern im Traum ist ein Symbol für die Männlichkeit der Frauen, so wie die langen Haare des Mannes ein Symbol für seine Weiblichkeit sind. Die Geschlechter sind einander stark angenähert. Mein altes selbstzerstörerisches Männerideal des blonden Bruder-Götzen hat seine Attraktivität für mich verloren. Ich heirate im Traum einen dunkelhaarigen Mann, also einen Mann, dem ich gleichberechtigt gegenüberstehe. Damit verbunden ist eine Aufwertung meines Selbstbilds. Ich sehe mich nicht mehr als unterdrückte, hässlich geredete »Jüdin«, sondern als eine wunderschöne mexikanische Prinzessin.

Das Thema Haare, das im letzten Traumabschnitt thematisiert ist, ist gleichzeitig auch das Thema der Sexualität. Die Körper der Schwestern sind behaart wie ihre Scham, d. h. ihr ganzer Körper ist eine erogene Zone. Ich sehe durch dieses Bild meine Sexualität neu, und empfinde das als große Befreiung. Früher durfte mich kein Mensch an Busen oder Bauch berühren. Das war mir so unangenehm, dass es fast weh tat. Das ist vielleicht das Wichtigste an diesem Traum, dass ich durch die freundlichen, erotischen Schwestern und ihre Mutter meine weibliche Schönheit, meine Sexualität und Kreativität neu entdeckt habe.

Wer träumt wie – Allgemeines zum Traumverhalten

Gibt es Träume, die organische oder psychische Krankheiten voraussagen? Was bedeutet es, wenn Therapeuten von ihren Patienten träumen? Träumen Männer anders als Frauen? Wovon träumen Kinder? Gibt es typische Traumthemen, die immer wieder vorkommen? Traumforscher und Psychoanalytiker geben in diesem Kapitel Antwort auf diese und weitere Fragen. Calvin S. Hall nahm in einer breit angelegten Untersuchung insgesamt 50 000 Träume unter die Lupe. P. Garfield untersucht das Verhältnis der Geschlechter, B. Mallon die Träume von Kindern.

Typische Traumthemen

Calvin S. Hall, Direktor eines Traumforschungsinstitutes, sammelte und analysierte in den 60er und 70er Jahren etwa 50 000 Träume aus allen Gegenden der Welt. Er wollte herausfinden, ob es so etwas wie typische Traumthemen gibt – Situationen und Personen, die besonders häufig vorkommen.

Typische Trauminhalte, die immer wieder vorkamen, waren laut Hall: Verfolgtwerden durch Fremde, der Tod geliebter Personen, Aggressionen, Raubtiere, das Fliegen und Fallen, Unglücke, Heirat, Kinder, Prüfungen, Sex, Schwimmen, Reisen jeglicher Art (zu Fuß oder mit einem Verkehrsmittel).

Halls Schlussfolgerung: »Diese typischen Träume drücken die allen Träumern gemeinsamen Anliegen, Sorgen und Interessen aus. Man kann sagen, dass sie die universellen Konstanten der menschlichen Psyche darstellen.« Damit bestätigte Hall indirekt C. G. Jungs These, dass es so etwas wie ein kollektives Unbewusstes gibt. Ob Halls Untersuchung wirklich repräsentativ ist, mag eine andere Frage sein. Träumen *Sie* vorwiegend die von Hall als typisch bezeichneten Trauminhalte?

Träumen Männer anders als Frauen?

Das ist eine Frage, die kontroverse Diskussionen ausgelöst hat. Auch Hall hat sich in seiner Analyse damit beschäftigt. Seine Ergebnisse: Männer sind in ihren Träumen aktiver und tätiger als Frauen, die passiver auftreten und mehr in einer beobachtenden, abwartenden Rolle verharren. Das scheint auf die Mehrzahl aller Träume zuzutreffen.

Dagegen träumen Frauen anscheinend ausgewogener, was das Verhältnis der Geschlechter betrifft: Während in Männerträumen durchschnittlich zwei Männer pro Frau auftauchen, ist in Frauenträumen das Geschlechterverhältnis ausgeglichen. Überhaupt sind Männer stärker mit ihren Beziehungen zu Männern beschäftigt. Das Interesse der Frauen ist gleichmäßiger verteilt. Das zeigt sich auch in Emotionen und Affekten. Frauen verteilen ihre Aggressionen und freundschaftlichen Gefühle gleichmäßiger auf Frauen und Männer.

In Männerträumen richten sich Aggressionen am häufigsten gegen Männer (Konkurrenten o. Ä.), freundschaftliche Verhältnisse dagegen werden am häufigsten mit Frauen gepflegt. Außerdem haben Männerträume häufiger einen sexuellen Unterton. Frauen träumen mehr als Männer von Ehepartnern, Müttern und Verwandten.

Die Traumforscherin Patricia Garfield bestätigt die Ergebnisse Halls teilweise. Sie ist der Meinung, dass in Frauenträumen die soziale Kommunikation vorherrschendes Thema ist, in Männerträumen aber das »Machen« und »Funktionieren« im Vordergrund steht. In ihrem Buch mit dem Titel »Frauen träumen anders. Wechselwirkung zwischen Körper und Traum« kommt sie auch zu dem Schluss, dass bei Frauen Familie und Zuhause eine größere Rolle spielen als bei Männern, die vorwiegend vom Beruf träumten. Garfield weist allerdings darauf hin, dass in den Träumen auch zunehmend ein Wandel dieser traditionellen Rollenaufteilung zu beobachten sei.

Wovon Kinder träumen

Sehr kleine Kinder – etwa bis zum Alter von drei oder vier Jahren – können noch nicht zwischen Wirklichkeit und Traum unterscheiden. Wachen sie beispielsweise mitten in der Nacht aus einem Traum auf, rufen sie angsterfüllt nach ihren Eltern, weil sie fest davon überzeugt sind, dass das Ungeheuer, von dem sie geträumt haben, sich nach wie vor im Schlafzimmer befindet. Auch die Beschwichtigung der Eltern, es handle sich doch »nur« um einen Traum, reicht meist nicht. Erst wenn die Eltern das ganze Zimmer nach dem Ungeheuer abgesucht haben, werden die Kleinen etwas ruhiger. Man nennt das nächtliche Aufschrecken bei Kindern, das typisch für einen Alptraum ist, in der Fachsprache pavor nocturnus. Mit zunehmendem Alter, etwa ab dem fünften Lebensjahr, lernen Kinder, Traum und Wirklichkeit zu unterscheiden. Dann verlieren auch die Alpträume ein erhebliches Stück ihrer Bedrohlichkeit. Patricia Garfield fand heraus, dass die meisten Kinderträume Angst- und Alpträume sind. Das scheint ganz normal zu sein und sollte Eltern insofern nicht beunruhigen. Von den 300 Träumen, die Patricia Garfield analysierte, handelten über die Hälfte vom Verfolgt- und Angegriffenwerden, schrecklichen Erlebnissen oder Verletzung und Tod. Also alles sehr archaische Ängste und Befürchtungen.

Dass Kinderträume häufiger beunruhigend als angenehm sind, bestätigt auch Brenda Mallon in ihrem Buch »Children dreaming« (»Wovon Kinder träumen«). Manche Kinder, so schreibt die Autorin hätten sich darüber beschwert, dass sie noch nie einen schönen Traum gehabt hätten. Lesenswert sind die Interviews, die Mallon mit den Kindern geführt hat. So beschreibt ein vierjähriges Mädchen ihre Träume sehr prosaisch als »Bilder in meinem Kopfkissen«. Der siebenjährige Adam gibt sich eher philosophisch: »Wenn du etwas tun willst, dann musst du es zuerst träumen, damit du weißt, wie du es tun musst.«

Die Ursachen der Alpträume

Natürlich sind Alpträume auch bei Erwachsenen verbreitet. Gerade Menschen, die im Alltag ängstlich, introvertiert und wenig selbstbewusst sind, leiden häufig unter Alpträumen. Auch Menschen, die unter Atemwegs- oder Herz-Kreislauferkrankungen leiden oder fettsüchtig sind, klagen vermehrt darüber. Ebenso Menschen, die viel Alkohol trinken oder regelmäßig Schlaftabletten nehmen.

Ein weiterer, wesentlicher Unterschied zwischen Erwachsenen- und Kinderträumen: Furchterregende Tiere wie Löwen, Spinnen, Bären, Krokodile und Wölfe tauchen besonders oft in den Träumen der Allerkleinsten auf.

Kinder träumen weitaus häufiger von Tieren als Erwachsene. Viele träumen davon, ein Tier zum Freund zu haben.

Die angenehmen Kinderträume

Nach so viel Schrecken nun die »guten« Träume. Patricia Garfield hat die positiven Kinderträume ihrer Häufigkeit nach aufgelistet:

1. Etwas Schönes machen
2. Wünschenswerter Besitz
3. Besondere Leistungen
4. Wichtig sein
5. Abenteuer
6. Medienheld (Superkind) sein
7. Etwas Leckeres essen
8. Ein Tier zum Freund haben
9. Geliebt werden

171

Wenn Therapeuten von ihren Patienten träumen

Wenn das geschieht, ist das ein Hinweis, seine besondere Aufmerksamkeit auf diese Personen zu lenken. Im folgenden Beispiel geht es um eine Patientin, Frau C., die ihre Therapie abschließen möchte. Die Patientin nimmt noch ein letztes Mal an einer Milieutherapie auf dem Lande teil, um Klarheit zu gewinnen. Das Haus und die Landschaft waren für sie immer von großer Bedeutung. Hier hat sie viel erlebt, viele Projekte mitgemacht und selber auch ein Projekt geleitet, das sie sehr gefordert hat. Sie begibt sich sozusagen noch einmal auf den »Prüfstand«, um Gewissheit darüber zu erlangen, ob sie die Therapie auch wirklich abschließen kann. Auch bei der Therapeutin regen sich manchmal noch leise Zweifel. Dann aber hat die Therapeutin folgenden Traum:

Frau C. entdeckt ein Beet mit herrlichen reifen Kürbissen. Niemand hatte sie gesehen, ich selber hatte den vermeintlich letzten Kürbis an einen Nachbarn verschenkt, so dass die Gruppe keine Kürbissuppe kochen konnte. Frau C. verteilt strahlend die Früchte an ihre Gruppenmitglieder; alle staunen über den Fund.

Der Traum beseitigt die letzten Zweifel. »Noch während ich den Traum höre, bin ich völlig überzeugt, dass Frau C. die Therapie beenden kann. Sie ist »reif« und voller Möglichkeiten, kann vieles für sich entdecken« und auch an die anderen verteilen. Die reifen runden Kürbisse sind ein Symbol von Fülle und Fruchtbarkeit. Ich erzähle ihr meinen Traum und teile ihr auch meine Überzeugung mit, dass ich sie gehen lassen kann. Ich teile ihr auch mit, dass es mir schwer fällt, weil ich sie im Laufe der langen und sehr intensiven therapeutischen Arbeit sehr lieb gewonnen habe.« Nun ist auch Frau C. sicher, dass sie ihre Therapie erfolgreich abschließen kann.

Prophetische Träume

C. G. Jung berichtet in seinem wohl bekanntesten Buch »Der Mensch und seine Symbole«: »Einer meiner Kollegen litt unter einem tödlichen Brandfieber – einer Phlegmone. Einer seiner früheren Patienten, der nichts über die Art der Krankheit seines Arztes wusste, träumte, der Arzt käme bei einem großen Brand ums Leben. Zu der Zeit war der Arzt gerade ins Krankenhaus gekommen, die Krankheit hatte erst begonnen. Der Träumer wusste nichts als die bloße Tatsache, dass sein Arzt krank und im Krankenhaus war. Drei Wochen später starb der Arzt.«

Träume, die Krankheiten voraussagen

Jungs Beschreibung eines vorausschauenden Traumes, der eine tödlich endende Krankheit ankündigt, ist kein Einzelfall. Viele Traumtheoretiker – bereits im Altertum – berichten von Träumen, die eine organische oder psychische Krankheit ankündigten. Jung folgerte aus dem obigen Traumbeispiel: »Es ist nur unser Bewusstsein, das noch nicht weiß; das Unbewusste scheint bereits informiert zu sein, und seine Schlussfolgerung ist im Traum ausgedrückt. Das Unbewusste ist also offensichtlich in der Lage, genau wie das Bewusstsein, Tatsachen zu untersuchen und Schlüsse daraus zu ziehen.« Er verweist darauf, dass das Unbewusste von instinktiven Neigungen geleitet zu sein scheint – ganz anders als unser Bewusstsein, das vorwiegend logisch und rational arbeitet.

Medard Boss schildert den Fall einer Patientin, die drei Nächte hintereinander immer den gleichen Traum hatte. Sie träumte, ihr erschiene »ein balinesischer Krankheitsdämon und zwinge sie, auf einer überhitzten Leitungsröhre der Zentralheizung zu sitzen. Dabei verspüre sie einen unerträglichen Schmerz zwischen den Beinen.« In der dritten Nacht erwachte sie mit Fieber und Schüttelfrost. Der herbeigerufene Arzt diagnostizierte eine akute Blasenentzündung.

Die Krankheit als Botschaft der Seele

Der englische Psychiater Arnold Mindell behauptet sogar, ihm sei in seiner langjährigen therapeutischen Arbeit nie ein Fall untergekommen, bei welchem sich nicht eine Krankheit in ihren Symptomen in irgendeiner Weise im Traum angekündigt habe.

Mindell ist übrigens der Ansicht, dass die Seele durch jede Krankheit eine wichtige Botschaft ausdrückt. Er hat eine eigene therapeutische Methode entwickelt, die mit Träumen von körperlich Kranken arbeitet. Mindell hat die Methode in seinen Büchern »The Dreambody. Körpersymptome als Sprache der Seele« und »Traumkörper-Arbeit oder der Weg des Flusses« dargelegt. Grundlage seiner Methode ist die Erkenntnis, dass der Mensch – aus welchen Gründen auch immer – häufig dazu neigt, körperliche Symptome zu verstärken. Man reibt sich das Auge, wenn ein kleines Insekt oder Staubpartikel hineingeflogen ist, was die Sache noch verschlimmert. Oder man kratzt einen juckenden Insektenstich auf und schädigt so die Haut erst nachhaltig.

Eine Erkenntnis, die nicht nur von Mindell, sondern auch von vielen anderen Psychoanalytikern therapeutisch genutzt und anerkannt wird. Doch Mindell geht noch einen Schritt weiter, indem er die Träume der Kranken heranzieht. So auch im Falle eines kleinen Mädchens, das unter einem Tumor im Rücken litt und von den Ärzten bereits aufgegeben worden war. Sie erzählte Arnold Mindell einen Traum, in welchem sie »den Schutzzaun um einen sehr gefährlichen See herum losließ.« Mindell ermunterte sie, ihrer Phantasie freien Lauf zu lassen und das Traumbild weiterzudenken. Daraufhin legte sie sich auf den Boden und sagte ihm, sie würde so gern fliegen »wegfliegen, in eine andere Welt, eine schöne Welt, in der es fremde Planeten gibt.«

Mit Erlaubnis des Hausarztes nahm ihr Mindell das Stützkorsett ab (das er als den Schutzzaun um den See gedeutet hatte) und ermunterte sie, in der Phantasie zu fliegen. Den Traum und die Assoziation nämlich

174

hatte er dahingehend interpretiert, dass sie spielen und sich frei bewegen wolle. Das Mädchen wurde nach Aussage Mindells wieder gesund. Ihr Tumor bildete sich zurück und verschwand schließlich ganz.

Mindells Bericht ist ein schönes Beispiel dafür, wie eng Körper und Seele zusammenwirken und was eine Öffnung zum Unbewussten ausrichten kann.

Viele Psychiater gehen nicht so weit wie Mindell. Sie glauben nicht, dass die Seele durch jede organische Krankheit eine Botschaft ausdrückt und dass diese Botschaft dann auch jedes Mal im Traum wahrnehmbar ist. Aber durch die medizinische Forschung der letzten Jahrzehnte wird immer deutlicher, dass Körper und Seele sehr eng zusammenarbeiten. Die Anzahl der Leiden, die den so genannten psychosomatischen Erkrankungen zugerechnet werden, nimmt weiter zu.

Unbewusste Konflikte treten zutage

Auch Günter Ammon glaubt, dass Träume von psychosomatisch erkrankten Personen eine ganz besondere Qualität aufweisen. Ammon schreibt: »Die Träume bringen die unbewussten Konflikte des Patienten gewissermaßen in einer psychosomatischen Bildersprache zum Ausdruck.« Als Beispiel nennt er den folgenden Traum eines Ausbildungskandidaten, den dieser im Verlauf seiner Lehranalyse hatte:

Durch eine Operation wurde ihm das Herz aus dem Leib genommen und ihm vor Augen gehalten. Mit einem Gefühl tiefer Befriedigung sah er, dass der Herzmuskel kräftig gerötet war und keine Verfettung aufwies. Lediglich an einer Seite des Herzens hing ein kleiner Fettlappen.

Ammon schreibt, der Ausbildungskandidat habe während der Lehranalyse wiederholt mit schweren Herzkrämpfen reagiert und deswegen bereits einmal ärztliche Hilfe in Anspruch genommen. Und am

Abend vor dem Traum habe er ein Gefühl von Herzenge erlebt und einen erneuten Anfall befürchtet.

Ammon fährt fort: »Die Traumanalyse ergab, dass er seine Lehranalyse zu diesem Zeitpunkt unbewusst als starke Bedrohung erlebte, als einen schmerzhaften und mit Angst erlebten Eingriff in sein Leben. (…) Er hatte seinen unbewussten Identitätskonflikt, der durch die Lehranalyse angesprochen worden war, doppelt abgewehrt. Zunächst auf der Ebene eines direkten psychosomatischen Ausagierens in Form akuter Herz-schmerzen, dann in einem Traum (…), ebenfalls auf der Ebene der Körpersprache (…).« Im Traum stellt sich die Befürchtung als unbe-gründet heraus; der Traum drückt seine Hoffnung aus. (»Mit einem Gefühl tiefer Befriedigung sah er, dass der Herzmuskel kräftig gerötet war und keine Verfettung aufwies.«) Das Bewusstmachen seines seeli-schen Konfliktes brachte die Herzsymptome zum Verschwinden.

Psychische Störungen werden angezeigt

Ein anderes Beispiel: Ein psychosomatisch erkrankter Patient Ammons litt unter krampfartigen Herzbeschwerden. Am Abend erlebte er ein intensives Gefühl von Herzenge. In der Nacht darauf träumte er, er sei in einem engen Raum eingeschlossen. Das Organerleben wird in die-sem Fall in ein Traumsymbol übersetzt. Im Traum tritt der Patient selbst an die Stelle des eingeengten und als bedroht erlebten Herzens.

Ammon, der auf die Heilung schwerer psychischer und psychosomati-scher Krankheiten spezialisiert war, und besonders viel mit Träumen arbeitete, erkannte auch und gerade bei psychisch Kranken ein spezi-fisches Traumverhalten. Er beobachtet beispielsweise, dass sich die Träume eines schizophren reagierenden Patienten deutlich unterschei-den von den Träumen eines neurotischen Patienten. Oder dass in Träu-men von Borderline-Patienten (Borderline = Mischform von Neurose und Psychose) und Psychosomatikern das Traum-Ich häufig isoliert, hilflos und wie gelähmt oder ohnmächtig erscheint.

Auch viele andere Psychoanalytiker wie z. B. Medard Boss oder Gaetano Benedetti glauben, dass sich derartige psychische Krankheiten in Träumen zu erkennen geben. Sie kommen wie Ammon zu dem Ergebnis, dass die Träume von Psychotikern vorwiegend archaisch-primitive und chaotische Inhalte haben. In ihnen zeigten sich in weit höherem Maße als in Träumen von Gesunden zerstörerische Tendenzen, Morde, Überfälle, sadistisches Verhalten und Brutalitäten bis hin zu sexuellen Perversionen. Besonders aufschlussreich seien Träume im Hinblick auf schizophrene Erkrankungen. In solchen Träumen erlebt der Schizophrene die Zerstörung seiner selbst bis in grausamste Details hinein. Oder er wird im Traum Zeuge eines Weltunterganges, der totalen Austrocknung der Erde o. Ä.

Schwere psychische Erkrankungen offenbaren sich in Träumen manchmal als archaische Visionen.

177

Traum und Kreativität

Stellen Sie sich einen Professor vor, der seinen Studenten empfiehlt, während des täglichen Studiums öfter einmal ein längeres Nickerchen einzulegen und ausgiebig zu träumen. Was hat das mit wissenschaftlicher Arbeit zu tun?

Nun – eine ganze Menge. Ein deutscher Chemiker mit dem wunderlichen Namen Kekulé von Stradonitz (1829–1896) verblüffte die internationale Fachwelt auf einem Kongress, als er genau das sagte: »Lernen Sie träumen, meine Herren.« Kekulé wusste, wovon er sprach – er hatte seine wichtigste Entdeckung im Traum gemacht.

Kekulé ist nur einer von vielen Wissenschaftlern und Künstlern, die das schöpferische Potenzial ihrer Träume nutzten.

Traumhafte Entdeckungen

Eines der größten naturwissenschaftlichen Rätsel des 19. Jahrhunderts war die Struktur chemischer Verbindungen. Wenn man herausfinden konnte, wie die organischen Kohlenwasserstoffverbindungen, die zu den häufigsten und wichtigsten Molekularen zählten, aufgebaut waren, wäre man auch irgendwann in der Lage, selbst ähnliche Substanzen zu erzeugen. Ganz besonders rätselhaft war die Struktur des Benzols. Wäre allein diese Substanz verstehbar, könne man auch viele andere entziffern. In dem Punkt waren sich die Gelehrten einig.

Kekulé schaffte es: er wurde zum Entdecker der Benzolformel. Das Benzolmolekül war ihm quasi im Schlaf erschienen. Einen Traum – inzwischen genauso berühmt wie seine Entdeckung – machte Kekulé verantwortlich für seine Leistung. Und so schilderte er der staunenden Öffentlichkeit diesen Traum:

Ich drehte den Stuhl zum Kamin und sank in einen Halbschlaf. Die Atome schwirrten vor meinen Augen vorbei… und ringelten und wanden sich dabei wie Schlangen. Und siehe da, was war das? Eine der Schlangen biss sich in ihren eigenen Schwanz, und das Bild wirbelte spöttisch vor meinen Augen herum. Wie von einem Blitzstrahl erwachte ich.

Kekulé hatte Monate mit dem Problem gerungen: Wie waren die Atome im Benzol angeordnet? Nun brauchte er nur noch wenige Stunden, um aus diesem Traumbild die endgültige Strukturformel des Benzolmoleküls herauszuarbeiten. Die Kohlenstoffatome im Benzol waren nicht – wie man bisher immer angenommen hatte – linear, sondern zirkulär angeordnet. Das Benzol bestand genau genommen aus sechs ringförmig miteinander verbundenen Kohlenstoff- und ebenso vielen Wasserstoffatomen.

Vorurteilsfreie Selbstbeobachtung

Ähnliche Erlebnisse sind von vielen namhaften Wissenschaftlern, Künstlern und Schriftstellern überliefert. Sie nutzten das schöpferische Potenzial ihrer Träume. Sie waren offen für das Unbewusste in sich und nahmen ihre Träume ernst. Erinnern wir uns an Freuds Unterscheidung des Nachdenkenden und Selbstbeobachters, die ihn zur Methode der freien Assoziation geführt hat, wie sie auch heute noch in der Psychotherapie Verwendung findet. Freud schrieb: »Der Nachdenkende übt eine Kritik aus, infolge derer er einen Teil der ihm aufsteigenden Einfälle verwirft, nachdem er sie wahrgenommen hat, andere kurz abbricht, so dass er den Gedankenwegen nicht folgt, welche sie eröffnen würden. Der Selbstbeobachter hingegen hat nur die Mühe, die Kritik zu unterdrücken; gelingt ihm dies, so kommt ihm eine Unzahl von Einfällen zum Bewusstsein, die sonst unfassbar geblieben wären.«

Der Kreative ist offener und ähnelt darin diesem Typus des Selbstbeobachters, der seinen Assoziationen freien Lauf lässt, statt sie zu kritisieren und voreilig zu verwerfen. Ebenso verhält er sich gegenüber seinen Träumen und Tagträumen, die er – wenn man so will – in seine Arbeit mit einbezieht.

Weitere Träume berühmter Wissenschaftler

Neben dem Traum des Kekulé gibt es noch eine ganze Reihe ähnlicher autobiografischer Berichte von berühmten Forschern, die ihre wissenschaftlichen Probleme im Schlaf lösten.

Otto Loewi

Otto Loewi zum Beispiel, der Medizin-Nobelpreisträger des Jahres 1936, der ausgezeichnet wurde für seine Theorie, dass Nervenimpulse auf chemischem Wege übertragen werden. Loewi träumte zwei Mal hintereinander von dem Experiment, das zur Grundlage seiner Theorie wurde. Beim ersten Mal stand er mitten in der Nacht auf, schrieb seine Gedanken in schlaftrunkenem Zustand nieder und legte sich wieder schlafen. Als er am anderen Morgen erwachte, litt er Höllenqualen. Er war sich zwar sicher, die Lösung geträumt zu haben, aber er konnte sein Gekritzel nicht mehr entziffern. In der darauffolgenden Nacht dann war es so weit: Er träumte dasselbe noch einmal. Diesmal machte er keinen Fehler mehr. Er ging gleich in sein Labor und führte das Experiment durch.

Dimitrij I. Mendelejew

Im Jahre 1869 – vier Jahre nachdem Kekulé in seinem berühmten Traum von der sich in den Schwanz beißenden Schlange die Benzolstruktur entdeckt hatte – träumte ein anderer Chemiker, der Russe Dimitrij Iwanowitsch Mendelejew (1834–1907) einen weiteren Meilenstein der chemischen Wissenschaft. Jahrelang hatte sich Mendelejew abgemüht mit der Suche nach einem Ordnungssystem für die chemischen Grundelemente. Erst ein Traum brachte die Lösung. Wie Kekulé (Zufall?) war er in seinem Sessel eingedöst. Im Halbschlaf sah er eine Tabelle vor sich, in die sich alle chemischen Elemente sinnvoll einordneten. Mendelejew blieb nur noch, nach dem Erwachen alles niederzuschreiben. Eigener Aussage zufolge war eine Korrektur des Traumbildes nur an einer einzigen Stelle erforderlich gewesen. Dieses so genannte Periodensystem der chemischen Elemente gilt mit wenigen Verbesserungen bis heute.

Elias Howe

Ein Erfinder namens Elias Howe führte seine Entwicklung der Kettenstichnähmaschine auf einen nächtlichen Alptraum aus dem Jahre 1844 zurück. Seine ersten Nähmaschinen, deren Nähnadeln er mit einem Loch in der Mitte des Schaftes versehen hatte, wollten nicht recht funktionieren. Der Traum brachte die Lösung. Howe träumte, er sei einem Stamm wilder Eingeborener in die Hände gefallen. Der Häuptling habe ihn angebrüllt: »Elias Howe, ich befehle dir, diese Maschine sofort zu vollenden, sonst bist du des Todes.« Howe sah sich bereits von feindlichen Kriegern umzingelt, die ihn zum Richtplatz schleppen wollten. Da erblickte er die auf ihn gerichteten Speerspitzen mit ihren schlitzförmigen Löchern.

Er erwachte und machte sich gleich an die Arbeit. Denn das war die Lösung: Die Nähmaschine funktionierte nur mit einem Loch an der Nadelspitze! Das war die Geburt nicht nur der Nähmaschine, sondern auch der heute noch gebräuchlichen Nähnadel.

Albert Einstein

Albert Einstein führte seine Entdeckung der Relativitätstheorie auf einen einzigen Traum zurück, den er einmal als junger Mann hatte. Einstein hatte geträumt, auf einem Schlitten in rasender Geschwindigkeit einen steilen Berghang hinunterzufahren. Als der Schlitten immer schneller wurde, blickte er hinauf in den Sternenhimmel und er sah, dass die Sterne in einer Farbenvielfalt funkelten, wie er sie nie zuvor gesehen hatte.

Einstein behauptete, dieses Traumbild habe ihn so sehr beeindruckt, dass er es nie vergaß und seine ganze wissenschaftliche Leistung sei mehr oder weniger eine Meditation über dieses Bild gewesen.

René Descartes

Von Descartes (1596–1650), dem Begründer der rationalistischen Philosophie und modernen Naturwissenschaft, heißt es, er habe die Gewohnheit besessen, den halben Tag im Bett zu verbringen. Zeit seines Lebens führte er ein Tagebuch, in dem er seine dort entstandenen Träume und Inspirationen akribisch notierte. Leider ist dieses Tagebuch nicht erhalten geblieben, überliefert ist nur ein einziger Traum, den Descartes im 23. Lebensjahr hatte und den er selbst als das wichtigste Ereignis seines Lebens bezeichnet haben soll.

In einer Szene des aus drei Teilen bestehenden Traumes fand Descartes auf einem Tisch ein Lexikon und einen Gedichtband (Anthologie) vor, die er aufschlug und las. Ungewöhnlich an dem Traum ist, dass Descartes sich bereits während des Schlafes an die Deutung des Traumes machte: Er erkannte, dass sich Philosophie (versinnbildlicht durch die Anthologie) und Naturwissenschaft (versinnbildlicht durch das Lexikon) verbinden lassen in dem Sinne, dass sich sämtliche wissenschaftlichen Probleme unter Anwendung der naturwissenschaftlichen Methodik lösen ließen.

Dieser Traum, der von Abbé Baillet 1691 in dem Buch »La vie de M. Descartes« (»Das Leben des Herrn Descartes«) nacherzählt wird, bildete die Grundlage der von Descartes entwickelten rationalen Wissenschaft und soll seine Hypothesen bestätigt haben. Dass eine rationale Wissenschaft durch einen Traum begründet worden sein soll, brachte die vernunftgläubigen Anhänger Descartes in einigen Erklärungsnotstand.

Die Erklärungen der Psychoanalyse

Descartes, Kekulé von Stradonitz, Otto Loewi und Einstein brachten ihre Träume in direkte Verbindung mit ihren Forschungen. Für sie war klar, dass die Deutung etwas mit ihrer Arbeit zu tun haben musste. Und das Ergebnis gab ihnen recht. Einige Psychoanalytiker haben sich solche Selbst-Deutungen noch einmal vorgenommen und die Träume – soweit es aus der großen zeitlichen Distanz überhaupt möglich war – in Zusammenhang mit dem persönlichen Leben der Forscher gebracht. Interessanterweise kommen sie zu ganz anderen Erkenntnissen. Alexander Mitscherlich, der wie Freud meint, im Traum kämen unterdrückte Triebbedürfnisse zum Ausdruck, sieht im Traumbild des Kekulé

– der sich in ihren eigenen Schwanz beißenden Schlange – ein Sinnbild für unterdrückte Liebesentbehrungen des 36-jährigen Junggesellen. Der leistungsorientierte Kekulé, der gewöhnlich nur drei bis vier Stunden pro Nacht schlief und es als ein Verdienst ansah, die Nächte über seinen Büchern zu verbringen, habe ganz einfach »das halluzinierte Erlebnis einer entbehrten erotischen Befriedigung« gehabt. Nach Mitscherlich passen dazu auch andere von Kekulé berichtete Träume, in denen er tanzende Paare von Atomen halluzinierte. Paarbildungen bei Atomen? Für Mitscherlich ganz klar sexuelle Symbole geschlechtlicher Vereinigung, weniger intellektuelle Symbole.

Anthony Stevens, Psychoanalytiker in der Tradition C. G. Jungs, untersuchte den Traum Descartes' neu. Auch er kommt zu dem Ergebnis, dass Descartes' intellektuelle Deutung nicht wirklich zutrifft. Der Traum sei viel eher eine Kompensation der sozialen und emotionalen Isolation des Forschers. Neben dem persönlichen Hintergrund interpretiert Stevens dabei besonders die archetypischen Traumsymbole, versäumt aber nicht, auf die beträchtlichen Schwierigkeiten hinzuweisen, die die Traumdeutung erschwert. Ein Verstorbener steht nun einmal nicht mehr für weitere Auskünfte zur Verfügung. Auf die normalerweise notwendigen Assoziationen des Träumers muss also verzichtet werden. Das war übrigens auch der Grund, weswegen Sigmund Freud auf die Bitte eines Descartes-Biographen, Descartes' Traum zu deuten, ablehnend reagierte.

Wer hat Recht?

Welche Schlüsse müssen wir daraus ziehen? Ist es überhaupt möglich, Schlüsse zu ziehen? Wer kann schon sagen, welche Deutung richtig, welche falsch ist? Die Geschichte der Traumdeutung lehrt uns, dass es viele verschiedene Ansätze und Theorien darüber gibt, Träume zu deuten. Selbst im 20. Jahrhundert, dem Jahrhundert der Psychoanalyse, unterscheiden sich die Traumtheorien auf fundamentale Weise – und ebenso die Ergebnisse der Deutungen. Sogar Freud, der in seiner Traumdeutung eigene Träume selbst analysiert, tut das nur im Hinblick auf seine Theorie. Nachfolgende Analytiker anderer Schulen deuteten seine Träume ganz anders. Festhalten lässt sich vielleicht, dass Träume so vielschichtig und komplex sind, dass sie sich gar nicht auf eine einzige Deutung reduzieren lassen. Es wird immer mehrere Deutungsvarianten geben. Entscheidend ist einzig und allein, was der Träumer selbst damit anfangen kann. Sonst nützt selbst die schönste Deutung nichts. Im vielschichtigen Material der Träume liegt ein kreatives Potenzial. Ein Schatz, der nur gehoben werden muss. Die kreative Leistung der Forscher und Wissenschaftler besteht darin, das unbewusste Traumpotenzial in ihre Tagesarbeit zu integrieren und Verknüpfungen herzustellen. Psychoanalytiker stellen ganz andere Verknüpfungen her – zur sexuellen Triebhaftigkeit (Freud) der Person des Träumers, zum kollektiven Unbewussten (Jung) etc. – sie haben einen anderen Ausgangspunkt: Sie wollen die kranke Seele heilen. Die Forscher und Künstler dagegen verknüpfen ihre Träume mit dem Projekt, an dem sie gerade arbeiten.

Die Erleuchtung als Teil des kreativen Prozesses

Es gibt unzählige solcher Berichte, in denen Wissenschaftler und Philosophen von Erleuchtungen während des nächtlichen Träumens berichten, von Lösungen, die ihnen plötzlich wie ein Lichtblitz vor Augen standen. Carl Friedrich Gauß (1777–1855), einer der bedeutendsten Mathematiker, setzte seine Träume sogar gezielt ein, um hochkomplizierte mathematische Aufgaben zu lösen.

Vor dem Geistesblitz

Doch so spontan und unerwartet diese unbewussten Problemlösungen auch erscheinen, ihnen geht eine lange beschwerliche Vorbereitungsphase voraus, die typisch ist für jeden kreativen Arbeitsprozess – den

186

von Künstlern und Wissenschaftlern gleichermaßen. Zuerst einmal muss eine intensive – oft jahrelange – Beschäftigung mit dem Problem stattfinden. Fakten und Informationen werden gesammelt und vertieft. Das Problem nimmt einen regelrecht gefangen – und das ist auch erforderlich, um das Unbewusste im nachfolgenden Prozess entsprechend aktivieren zu können. In einem zweiten Schritt – der so genannten Inkubationsphase – ist der Kreative nicht direkt mit diesem Problem beschäftigt. Die aufgenommenen Fakten haben sich mittlerweile in unbewussten Gedächtnisspeichern abgelagert. Und doch ist diese Zeit wahrscheinlich die wichtigste. Denn nun erst kommt es zur Erleuchtung, zum »Geistesblitz«.

Der entscheidende Moment

Viele Schriftsteller haben diesen Moment mit recht eingängigen Worten beschrieben. So schrieb Goethe über den Dichter Byron: »Zu seinen Sachen kam er wie die Weiber zu schönen Kindern: Sie denken nicht daran und wissen nicht wie.« Goethe nennt die kreative Idee einen fremden Gast, den Schaffenden ein »Werkzeug einer höheren Weltregierung« und beruft sich dabei auch auf seine eigenen Werke. Häufig sei er nachts erwacht und habe in Windeseile ein Gedicht heruntergeschrieben. Bei diesem »nachtwandlerischen Dichten« habe er oft kaum Zeit gehabt, das Schreibpapier geradezurücken. Viele wirklich schöpferische Menschen erleben und berichten den eigentlichen Schaffensprozess, die Eingebung, aus der ihr Werk hervorgegangen ist, als etwas Fremdes, das ihnen wie von selbst zufällt.

Der Schriftsteller Marcel Proust soll einmal gesagt haben, das Leben des Dichters sei im Hinblick auf sein Werk belanglos, ein Buch sei vielmehr das Ergebnis eines anderen Ichs. Was meinte der antike Philosoph Platon anderes, als er sagte, der Künstler sei das Sprachrohr einer göttlichen Eingebung? Aus dieser Zeit stammt übrigens ein anderes heute genauso häufiges Synonym für den Moment der Erleuchtung:

die Inspiration. Mit dem lateinischen »inspirare« (einhauchen, einflö-
ßen) bezeichnete man in der Antike den Lebensatem, den Gott dem
ersten von ihm erschaffenen Menschen in die Nase blies, damit aus
diesem eine lebende Seele werden konnte. In der Neuzeit tritt an die
Stelle des außermenschlichen Beistandes eine im Menschen selbst liegende Ursache. Das fremde, andere Ich wird von Kreativen des 19. Jahrhunderts vielfach schon als das Unbewusste bezeichnet.

Carl Gustav Carus, Arzt und Naturphilosoph der Romantik, schrieb
1846: »Auf merkwürdige Weise zeichnet sich ein höher begabter Geist
dadurch aus, dass er von dem Unbewussten, dem mysteriösen Gott in
ihm, überall gedrängt und bestimmt wird; dass Anschauungen sich ihm
ergeben – er weiß nicht woher; dass zum Wirken und Schaffen es ihn
drängt – er weiß nicht wohin; und dass ein Drang des Werdens und
Entwickelns ihn beherrscht – er weiß noch nicht wozu.«

Die vier Phasen des kreativen Prozesses

Doch mit der Erleuchtung allein ist es in den meisten Fällen noch nicht
getan. Danach beginnt die Phase der Bestätigung (Verifikation) und
Ausarbeitung, die nicht selten stundenlanges konzentriertes Arbeiten
voraussetzt. Loewi, Kekulé und auch Howe, der Erfinder, verifizierten ihr
Traumbild durch sofort vorgenommene Experimente bzw. erarbeiteten
daraus erst die endgültige Theorie. Fassen wir die Phasen des kreativen
Prozesses noch einmal zusammen:
1. Die Vorbereitungsphase
2. Die Inkubation
3. Die Erleuchtung/Inspiration
4. Die Bestätigung
Anzumerken ist noch, dass diese Phasen selten in einer solchen geradlinigen Reihenfolge ablaufen. Oft gehen sie unmerklich ineinander
über. Bis zum endgültigen Werk können sich die einzelnen Phasen viel-

mals wiederholen und auch in umgekehrter Richtung verlaufen. Allein die Vorbereitungs- und die Inkubationsphase können, wie wir sahen, mehrere Jahre dauern. Dass der schöpferische Prozess überhaupt irgendwelchen Regeln unterworfen ist, mag viele genauso überraschen wie die Tatsache, dass diese Regeln bereits im Jahre 1926 durch G. Wallas formuliert wurden und seitdem – trotz der boomenden Kreativitätsforschung der letzten 50 Jahre – nach wie vor ihre volle Gültigkeit beanspruchen.

Der prozesshafte Verlauf bezieht sich wie gesagt auf alle kreativen Schöpfungen. Die rätselhafteste aller genannten Phasen ist die Inkubationsphase, in welcher der Kreative nicht direkt mit dem Problem beschäftigt ist und aus der die Erleuchtung direkt hervorgehen kann. Die Inkubation umfasst sämtliche Spielarten der Entspannung: Träume, Tagträume, Phantasien, Meditation, Spiel etc.

Es ist die Zeit, wo das Problem unterhalb der Bewusstseinsschwelle brodelt und der rationale Verstand weitgehend ausgeschaltet ist. Was genau passiert, bleibt geheimnisvoll. Die Kreativitätsforscher glauben, dass im Gehirn eine Art Informationsverarbeitung abläuft, die ausschließlich den Gesetzen der Assoziation gehorcht.

Festzuhalten ist, dass eine außergewöhnliche Offenheit gegenüber dem eigenen Unbewussten eine Grundvoraussetzung für kreatives Arbeiten zu sein scheint.

Jenseits aller Vernunft

Eine der umfangreichsten, neueren, populäreren Arbeiten über das Thema Kreativität stammt von M. Csikszentmihalhyi. Der in Amerika lehrende Psychologe hat in den Jahren 1990 bis 1995 eine Studie mit etwa 100 so genannten Kreativen aus Wissenschaft, Kunst, Politik und Wirtschaft durchgeführt. Die sehr aufschlussreichen Ergebnisse dieser Interviews sind nachzulesen in dem 1997 erschienenen Buch »Kreativität. Wie Sie das Unmögliche schaffen und ihre Grenzen überwinden.« Von den unzähligen authentischen Erfahrungen, die in diesem lesenswerten Buch versammelt sind, seien hier zwei zitiert, die die Inkubationsphase sehr eindringlich beschreiben.

So schreibt der Physiker Freeman Dyson:

»Ich spiele herum und tue überhaupt nichts Vernünftiges, was wahrscheinlich bedeutet, dass ich eine kreative Phase habe, obwohl man das natürlich immer erst hinterher weiß. Ich vermute, dass der Müßiggang sehr wichtig ist. Ich meine, von Shakespeare wird immer behauptet, dass er zwischen zwei Dramen völlig untätig war. Ich will mich nicht mit Shakespeare vergleichen, aber andererseits sind Menschen, die pausenlos auf Hochtouren laufen, im Allgemeinen nicht kreativ. Meine Faulheit ist mir also keineswegs peinlich.«

Kreativer Müßiggang

Frank Offner, ein amerikanischer Erfinder, schwört aufs Duschen und Autofahren: »Eines habe ich immer wieder festgestellt: Wenn man ein wissenschaftliches oder technisches Problem hat, darf man sich nicht hinsetzen und angestrengt über eine Lösung nachgrübeln. Weil man es nie lösen wird, wenn man sich hinsetzt und darüber nachdenkt. Die Einsicht kommt mir mitten in der Nacht, beim Autofahren oder beim Duschen oder bei irgendeiner anderen Beschäftigung.«

Mozart soll im Jahre 1780 vor Fertigstellung der Oper »Idomeneo« an seinen Vater geschrieben haben: »Komponiert ist schon alles, aber geschrieben noch nicht.« Seine Aussage über die Quelle seiner Inspirationen klingt ähnlich wie die der Wissenschaftler des 20. Jahrhunderts: »Wenn ich recht für mich bin und guter Dinge, etwa auf Reisen im Wagen, oder nach guter Mahlzeit beym Spazieren, und in der Nacht, wenn ich nicht schlafen kann: da kommen mir die Gedanken stromweise und am besten. Woher und wie, das weiß ich nicht, kann auch nichts dazu.«

Manche Kompositionen soll er wie in einem Rausch in Windeseile niedergeschrieben haben. Ähnliches wird zum Beispiel auch von Schubert berichtet, der eigener Aussage zufolge an einem einzigen Tag bis zu zehn Lieder komponiert haben soll. Es gibt viele Berichte von Kreativen, die ihre Einfälle nicht blitzartig – im Sinne einer kurzen momenthaften Erleuchtung – bekamen, sondern sich dem Rausch eines unbewussten Gedanken- und Bilderstromes überließen. Auch das folgende Beispiel steht dafür.

Das Unbewusste führt die Feder

Der Schriftsteller Georges Simenon (1903–1989), der die berühmte Figur des Kommissars Maigret schuf, behauptete kategorisch, er könne seine Romane nur »unbewusst« schreiben. Im Jahre 1968 stellte sich Simenon den Fragen von fünf Psychologen, die sich besonders für die psychologischen Nuancen seines Werkes und das schöpferische Genie des Autors interessierten.

In diesem Interview, das 1998 in einer deutschen Neuauflage erschien (»Simenon auf der Couch. Fünf Ärzte verhören den Autor sieben Stunden lang«, Diogenes 1998), beschreibt er seine Arbeitsweise wie folgt: »Bevor ich einen Roman schreibe, zu dem Zeitpunkt, wo ich mich in den Zustand versetze, den ich Gnadenzustand nenne, muss ich mich sozusagen meiner selbst entleeren, mich all dessen entleeren, was meine Persönlichkeit ausmacht, um nur noch rezeptiv zu sein, d. h. um andere Figuren, andere Eindrücke aufnehmen zu können. Das geht in großen Zügen etwa folgendermaßen zu: Während ich das Buch schreibe, muss ich so schnell wie möglich schreiben und dabei so wenig wie möglich daran denken, so dass das Unbewusste in höchstem Maße selbständig arbeitet. Im Grunde genommen wäre ein Roman, den ich bewusst schreiben würde, wahrscheinlich sehr schlecht. Der Verstand darf bei der Niederschrift eines Romans nicht mitspielen.«

Rober Louis Stevenson, der als Verfasser der »Schatzinsel« weltberühmt wurde, ließ sich in einzigartiger Weise von seinen Träumen inspirieren.

Eine Horde schwatzender Traumgeister

Einen Schriftsteller wollen wir an dieser Stelle noch erwähnen. Der zeitlebens spindeldürre und lungenkranke Mann, der nur 44 Jahre alt wurde, aus einer Generation von Leuchtturmingenieuren stammte und gegen den Widerstand seines Vaters Schriftsteller wurde, ist uns bekannt als der Autor von »Die Schatzinsel« und »Dr. Jekyll und Mr. Hyde«. Robert Louis Stevenson (1850–1894), der lange Jahre seines Lebens wegen seiner Krankheit im »Bettdeckenland« – wie er es nannte – verbrachte, entwickelte schon früh eine übermächtige Phantasie, die sich gerade auch in einem sehr intensiven nächtlichen Traumleben und – auch tagsüber – in so genannten Wach- oder Tagträumen äußerte. Auch

Stevenson verstand es, die Traumerlebnisse für sein literarisches Schaffen zu nutzen. Und er charakterisiert sein Unbewusstes, das darin zum Vorschein kommt und von dem er sich abhängig wähnt, auf eine sehr originelle und auch treffende Weise. Stevenson sagt, er sei in seiner Arbeit angewiesen auf eine ganze Horde von schwatzenden Traumgeistern, die er Brownies (deutsch: Heinzelmännchen) oder »Kleine Leute« nennt.

In dem Essay »Ein Kapitel über Träume« (abgedruckt in der Gesamtausgabe) denkt Stevenson laut nach über das Wesen und die Arbeitsweise seiner Brownies. Es ist auch ein Aufsatz über das Verhältnis des Unbewussten zum Bewusstsein und den kreativen Schaffensprozess an sich – einschließlich der auf die Eingebung folgende Phase der Verifikation und Ausarbeitung. Stevenson schreibt:

»Je mehr ich darüber nachdenke, desto mehr fühle ich mich veranlasst, die Welt mit der Frage zu bedrängen: Wer sind diese Kleinen Leute? Zweifellos nahe Verwandte des Träumers: Sie nehmen Anteil an seinen finanziellen Sorgen und haben ein Auge auf sein Bankkonto; sie haben die gleiche Ausbildung genossen wie er; sie haben gleich dem Träumenden gelernt, wie man eine komplizierte Erzählung aufbaut und die Spannung des Lesers mehr und mehr steigert. Nur meine ich, dass sie noch größeres Talent haben. Und eines ist über jeden Zweifel erhaben: Sie können ihm eine Geschichte Kapitel für Kapitel erzählen, wie einen Fortsetzungsroman, und ihn während der ganzen Zeit in Unkenntnis lassen, worauf das Ganze zielt. Wer sind diese Brownies? Und wer ist der Träumende? Nun gut, die Frage nach dem Träumenden kann ich beantworten, denn es ist niemand anders als ich selbst … und wie steht es mit den Kleinen Leuten? Was soll ich dazu sagen – sie sind einfach meine Brownies, Gott segne sie! Sie tun die eine Hälfte meiner Arbeit, wenn ich noch fest schlafe, und aller Wahrscheinlichkeit nach auch den Rest, wenn ich wach bin und zufrieden annehme, ich leistete sie selbst. Aber ich bin immerhin ein ausgezeichneter Ratgeber, sehr ähnlich dem Diener bei Molière. Ich nehme Teile aus dem Text heraus oder ändere sie und kleide alles in die besten Worte und Sätze, die ich finden kann. Auch ich halte die Feder und bin schließlich derjenige, der brav am Schreibtisch sitzt. Und wenn alles getan ist, schreibe ich das Manuskript ins reine und bezahle die Beförderungsgebühr. Insofern kann ich einen Anteil am Gewinn unseres gemeinsamen Unternehmens beanspruchen, wenn auch nicht einen so großen wie die Brownies.« Stevenson macht sich auch Gedanken über die fehlende Moral seiner Kleinen Leute: »Meine Brownies haben nicht einmal im Ansatz das, was wir das Gewissen nennen… sie sind meist ein wenig wunderlich und verstiegen, buntfarbig, ganz heiß wie ihre Geschichten und voller Leidenschaft … und sind selbst dem Übernatürlichen keineswegs abgeneigt.«

Kunst lädt zum Träumen ein

Ob Stevenson oder Simenon – Schriftsteller werden nicht nur in Träumen oder anderen Räuschen ihrer unbewussten Seele inspiriert, sie schreiben häufig auch über Träume, und ihre Bücher regen den Leser wiederum zum Träumen an. Wer einmal sein Bücherregal durchsieht, wird unter den Romanen eine Vielzahl entdecken, die nur um diesen Themenkomplex kreisen: Wirklichkeit, Traum, Illusion. Das Erzeugen von traumähnlichen Vorstellungen ist nicht nur ein Kennzeichen der Literatur, auch das der Bildenden Kunst und der Musik. Die Worte eines Romans, die Form einer Skulptur, die leuchtenden Farben eines Gemäldes oder die Dramatik eines Klavierkonzerts lösen in unserem Inneren etwas aus – wenn wir uns darauf einlassen. Das kann verwirren, zu einem Déjà-vu-Erlebnis führen oder gar eine Mischung aus beidem erzeugen. Kunstwerke entstehen nicht nur aus einer unbewussten Inspiration heraus, sie enthalten auch unbewusste Inhalte. Vielleicht erklärt das den geheimnisvollen Reiz eines Kunstwerkes.

194

Der amerikanische Philosoph John Dewey, der sich speziell mit der Ästhetik der Kunst beschäftigte, fasst das so zusammen: »Man kann schwerlich leugnen, dass ein Element von Träumerei, eine Annäherung an einen Traumzustand in die Schöpfung eines Kunstwerks eingeht, noch dass die intensive Erfahrung eines Werkes uns oft in einen ähnlichen Zustand versetzt. Tatsächlich kann man ruhig sagen, dass »schöpferische« Konzeptionen in Philosophie und Wissenschaft nur denjenigen gelingen, die bis zum Punkt der Träumerei entspannt sind. Der unbewusste Schatz von Bedeutungen, der in unserem Verhalten gespeichert ist, lässt sich nicht freisetzen, wenn wir praktisch oder geistig angespannt sind.«

Offen für schöpferische Lösungen sein

Wir hatten schon gesagt, dass die Phase der Inkubation, die der Erleuchtung oder Inspiration unmittelbar vorangeht, viel mehr als den Traum umfasst und sich auch in anderen Zuständen äußern kann, zum Beispiel in Tagträumen oder Phantasien, im Spiel etc. Die Chemiker Kekulé und Mendelejew erhielten ihre Inspirationen nicht im nächtlichen Traum, sondern im Halbschlaf; viele Schriftsteller befinden sich während der Inspiration in einem rauschhaften, tranceähnlichen Zustand. Mit Dewey können wir alle diese Varianten als traumähnliche Zustände charakterisieren. Man könnte sogar die einem Spiel nahekommende Empfehlung Leonardo da Vincis dazuzählen, auf bröckelndes Mauerwerk zu blicken, um auf solche Weise die Einbildungskraft zu schulen. Schöpferisch sein heißt nicht, auf logische, nüchterne Weise nach der Lösung eines Problems zu suchen. Die Kennzeichen des schöpferischen Denkens sind Weitschweifigkeit, Originalität und Eigenwilligkeit. Wer sich auf einen kreativen Prozess einlässt, weiß nicht, was ihn erwartet. Er ist offener für originelle Lösungen, auch wenn sie nicht in sein ursprüngliches Konzept passen.

Erlebnisse fern des rationalen Denkens – ein Exkurs

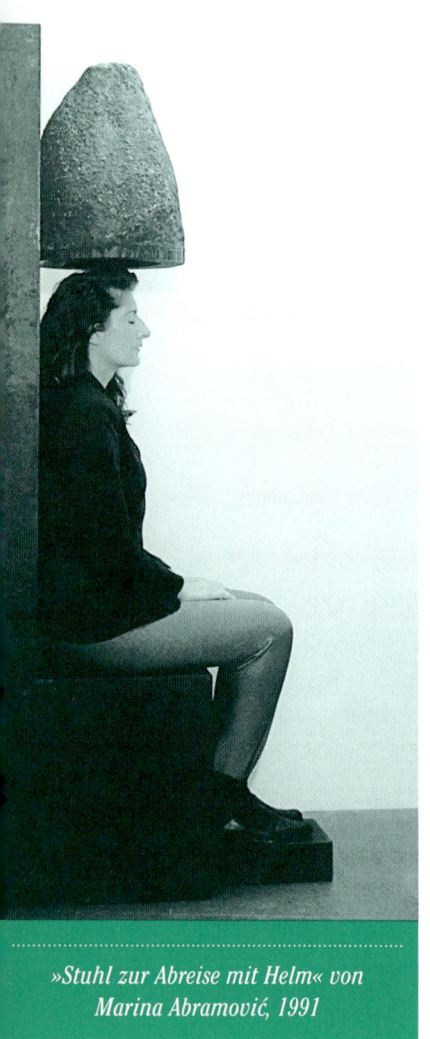

Marina Abramović, eine in Belgrad geborene Künstlerin, die in Amsterdam und Berlin lebt, schafft Kunstwerke, die helfen sollen, die rationalen, logischen Grenzen des Alltags zu überschreiten. Ihre »Chairs for Departure« (»Stühle zur Abreise«) sind Installationen, die den Menschen in die Welt des kreativen, irrationalen Denkens geleiten sollen. Die Stühle sind mit jeweils einem Helm überdacht. Die Helme sind aus einem eisen- und quarzhaltigen Gestein geschaffen, das man in der Urzeit Perus den Toten mit auf die Reise ins Grab gab. Der »behütende« Helm, unter den sich der Teilnehmer setzt, enthält nach Aussage der Künstlerin Erd-Energien, welche zusammen mit der meditativen Versenkung des Teilnehmers die »Abreise« ermöglichen sollen.

> *Setz dich hin.*
> *Halte deinen Kopf unter den Helm.*
> *Augen geschlossen.*
> *Bewegungslos.*
> *Brich auf!*

In einer anderen Installation mit dem Titel »Black Dragon – waiting« (»Schwarzer Drache – wartend«) arbeitet sie mit Quarzblöcken. Ihre Anweisung dazu lautet:

Stelle dich mit dem Gesicht zur Wand.
Drücke deinen Kopf, dein Herz und
dein Geschlecht gegen die Quarzkissen.

Das Anliegen der Künstlerin ist es, mit ihren Arbeiten neue Wahrnehmungsbereiche zu erschließen. Über ihre Aufgabe sagt sie »Ich möchte einen ›mental jump‹ herstellen, möchte an einen Punkt heranführen, wo rationales Denken versagt, der Kopf aufgeben muss. Die Verwirrung, die im Kopf entsteht, ist wieder ein Übergangsraum. Hier kann sich eine neue Welt öffnen. Ich werde den Weg zeigen, nicht mehr. Künstler heute? Das sind Reiseführer, Wegbegleiter auf dem eigentlichen Abenteuer, der Reise ins eigene Innere.«
Wenn Abramović von den »Erd-Energien« der von ihr verwendeten Materialien spricht, kommt das nicht von ungefähr. Die Reise in die Welt fern des rationalen Denkens, die Welt des Traumes, kann ihrer

»Schwarzer Drache – wartend« von Marina Abramović, 1991

Meinung nach nur gelingen, wenn wir den Kontakt zum Kosmos, zu den Energien der Erde wieder aufnehmen. Damit greift sie Vorstellungen von ursprünglichen primitiven Kulturen auf, wie z. B. der Aborigines, der chinesischen Bauern oder der nordamerikanischen Indianer. So stammt auch der Titel ihrer »Dragon«-Arbeiten aus altem Wissen, das heute in unseren Industriegesellschaften verloren gegangen ist.

197

Die tiefenpsychologische Erklärung der Kreativität

Wenn der Philosoph Dewey das schöpferische Produkt mit dem Traum vergleicht, so greift er damit auch eine Ansicht aus der Frühzeit der Psychoanalyse auf. Der erste Psychoanalytiker, Sigmund Freud, hatte schon früh erkannt, dass man mit der Psychoanalyse auch neue Erkenntnisse über das Wesen des künstlerischen und kreativen wissenschaftlichen Prozesses erhalten würde. Freud schrieb bemerkenswerte Aufsätze über Leonardo da Vinci, Michelangelo, Dostojewski und Goethe, die auch heute noch diskutiert werden. Die Wurzeln der Kreativität liegen im Unbewussten – darüber sind sich die Psychoanalytiker bis heute einig.

Träume als Erfüllung unterdrückter Wünsche

Freud sah nun im Traum, in dem das Unbewusste ganz besonders hervortrat, das direkte Gegenstück zum Kunstwerk. Seine Traumtheorie ließ sich fast übergangslos auch auf die Kunst beziehen. Wie wir in dem Kapitel »Sigmund Freud – Die Traumdeutung« bereits ausgeführt haben, war Freud der Ansicht, jeder Traum sei im Grunde genommen nichts anderes als eine Wunscherfüllung, eine Erfüllung unterdrückter sexueller Wünsche in der Welt der Phantasie.

Freud macht aus seiner Traumtheorie eine Theorie der Kunst und der Kreativität: Kreativität entspringe zwar primär der Neugier und der Kraft des Menschen, etwas Neues zu schaffen. Doch diese resultiere aus libidinösen, frühkindlichen traumatischen Erlebnissen, (z. B. die Beobachtung des elterlichen Geschlechtsverkehrs), die auf den empfindlichen Charakter des späteren Künstlers bzw. Wissenschaftlers so vernichtend wirkten, dass sie verdrängt werden mussten. Kunst und wissenschaftliche Schöpfungen seien demnach nichts anderes als ständige Versuche, solche unbewusst gewordenen Traumata oder frustrierte erotische Wünsche, die in der Realität keine Befriedigung finden, zu überwinden. Sexualität also ist nach Freud die eigentliche Ursache der Kreativität. Freud nannte das Sublimierung. Das heißt übersetzt, dass Energie, die ursprünglich an sexuelle Triebe gebunden war, in eine »höherwertige« geistige Energie umgewandelt wird.

Freuds Sublimierungstheorie ist überholt

Die Sublimierungstheorie hat nach wie vor großen Einfluss auf die moderne Kreativitätsforschung wie auch auf die landläufige Meinung von Kreativität. Künstler gelten häufig als weltfremde Neurotiker. In Künstlerbiografien suchen viele oft nur noch nach einer Bestätigung dafür, dass Künstler kranke und unglückliche Leute sind. Und sie werden nicht selten fündig: Denn auch Künstler haben – wie alle Menschen – ungesunde Elemente in ihrem Wesen. Diese Elemente werden dann aufgebauscht, wie immer, wenn man mit einem Vorurteil an etwas herangeht. Doch Freuds Sublimierungstheorie, der dieses Vorurteil zu verdanken ist, gilt in der heutigen Psychologie bereits als weitgehend überholt. Es wird ganz im Gegenteil sogar angenommen, dass Gesundheit und ein gesundes Selbstbewusstsein die besten Voraussetzungen einer kreativen Leistung sind.

Moderne Gegenentwürfe

Die meisten heutigen Psychoanalytiker sehen in sexuellen Traumata und einer daraus resultierenden neurotischen Verfassung nicht mehr die ausschließliche Ursache von Kreativität. Die Sublimierungstheorie, nach der die gesamte Kultur letztendlich das Ergebnis unterdrückter sexueller Triebe und Komplikationen sei, die vom Kreativen in Kunst

199

umgewandelt (sublimiert) würden, wird von Günter Ammon gänzlich abgelehnt. Zum einen sieht Ammon im schöpferischen Vorgang selbst genau das Gegenteil: nämlich eine Erweiterung und Entfaltung der eigenen Identität. Zum anderen erkennt er im frühkindlichen Trauma oder in einer gehemmten kindlichen Entwicklung nicht die Voraussetzung für Kreativität, sondern im Gegenteil einen Hemmschuh, eine Blockierung derselben.

Ammon stützt seine Ansicht auf eine psychoanalytische Untersuchung von etwa 100 schöpferisch tätigen Menschen, die er über einen Zeitraum von 15 Jahren beobachten konnte. Er kommt dabei zu dem Ergebnis, dass alle diese Persönlichkeiten eine offene, wenig restriktive Erziehung – zumindest in den ersten, den im Leben jedes Menschen wichtigsten Lebensjahren – genossen hatten.

Bestätigt werden diese Erkenntnisse auch durch die psychotherapeutische Arbeit im Allgemeinen. Gelungene Therapien, die seelische Blockaden, frühkindliche sexuelle Hemmungen und diffuse Ängste beseitigen, führen meist dazu, dass der Patient lebendiger und kreativer wird. Unter Freudschen Gesichtspunkten können diese und andere kreative Prozesse kaum vollständig verstanden werden.

Frühe Grundlagen der Kreativität

Gerade die allerersten Lebensjahre sind wichtig, um zu einer kreativen Persönlichkeit heranwachsen zu können. Bietet das Milieu, in das das Kind hineingeboren wird und hineinwächst, genügend Schutz, so kann das Kind sich positiv entwickeln und seine Kreativität entfalten. Das ist gekoppelt mit der Ausbildung einer schuldfreien Identität. Ganz wichtig ist die früheste Kindheitsphase der Mutter-Kind-Beziehung, die Ammon eine symbiotische nennt. Das Kind ist in dieser Zeit besonders auf die freundliche und positive Zuneigung der Mutter und anderer Bezugspersonen in seiner Umgebung angewiesen.

Bei all den untersuchten Kreativen war eine solche Erziehung gegeben, auch wenn sie dann in späteren Kindheitsjahren gebremst wurde.
Wie z. B. bei dem Mathematiker Anton, der als Liebling der Mutter so
ziemlich alles tun durfte. Bemalte er die Wände der Wohnung mit Ölfar-
ben, wurde das von seiner Mutter nicht bestraft. Es wurde als eine
besonders kreative Leistung gelobt. Erst als sein Vater aus dem Krieg
zurückkam, wurde das freie, sorglose Leben des Jungen durch eine
autoritäre Erziehung unnötig eingeschränkt. Doch die Grundlage der
kreativen Lebendigkeit war bereits gelegt.

Kinder sind kreativer als Erwachsene

Wer kleine Kinder, die nicht dauernd durch Ermahnungen und Regeln
in ihrer Beweglichkeit eingeschränkt werden, beobachtet, wird feststellen, dass sie die Ordnung der Erwachsenenwelt gehörig aus den Fugen
heben. Sie überschreiten ständig die engen Grenzen, die uns Erwachsenen zur Selbstverständlichkeit geworden sind.

Im Spiel Neues entdecken
Kinder sind in ihrer schier unbegrenzten Experimentierfreude und
Neugier ständig dabei, neue Zusammenhänge herzustellen, Dinge und
Situationen miteinander zu verknüpfen, die unter rationalen Gesichtspunkten nicht zusammengehören. »Anton (siehe oben) stieg mit Kleidern zur Mutter in die Badewanne, wenn sie badete, löschte Kerzen mit
süßem Sprudel und band seinen Teddy an einen Regenschirm und ließ
ihn als Fallschirmspringer (wie der Vater) aus dem Fenster gleiten.«
Und das ist Kreativität per se: das schöpferische Hervorbringen von
etwas Neuem. Diese kindliche Kreativität erinnert an manche Werke
moderner Künstler, z. B. an die »Pelztasse« von Meret Oppenheim. Meret
Oppenheim umkleidete eine normale Kaffeetasse einschließlich Kaf-
feelöffel und Untertasse mit einem Tierfell. Der Eindruck dieser Kaffee-

tasse ist frappierend, schafft außergewöhnliche Empfindungen und lässt bisherige »gewöhnliche« Erfahrungen in einem neuen Licht erscheinen.

Die unvoreingenommene kreative Experimentierfreude des Kindes lässt sich also durchaus mit der schöpferischen Kreativität eines Künstlers oder eines Wissenschaftlers vergleichen. Es ist wohl kein Zufall, dass viele schöpferische Menschen sich als Erwachsene einen Rest kindlicher Verspieltheit erhalten haben. Picasso sagte 1945 anlässlich einer Ausstellung von Kinderzeichnungen: »Als ich so alt war wie diese Kinder, da konnte ich zeichnen wie Raffael. Es hat viele Jahre gedauert, bis ich wieder zeichnen konnte wie diese Kinder.«

Kinder sind in ihrer Schaffensfreude sehr viel spielerischer und unverkrampfter als Erwachsene.

Ammon nennt die ersten Lebensjahre die kreativste Zeit überhaupt. Eingeschränkt wird das freie phantasievolle Spiel des Kindes meist in der Schulzeit und in späteren Jahren, wenn die Regeln der Nützlichkeit und Rationalität die Oberhand gewinnen und der Wert des Spiels herabgesetzt wird. Doch das kann auch schon in den ersten Lebensjahren passieren. Es kann die natürliche Kreativität lebenslang blockieren, wenn kindliches Forschen und kindliche Bedürfnisse von den Eltern eingeschränkt und unterdrückt werden.

Sexualität ist kreativitätsfördernd

Auch für Ammon ist kreatives Tun immer mit Sexualität verknüpft, aber in einem gänzlich anderen als dem Freudschen Sinne. Eine lebendige positiv erfahrene Sexualität schließt kreatives Handeln nicht aus, sie ist die Voraussetzung! Ein sexuell unausgereifter, gehemmter Mensch ist in seiner Erlebnis- und Wahrnehmungsfähigkeit und damit auch in seinen kreativen Möglichkeiten deutlich eingeschränkt. »Seine Welt« ist eine rudimentäre. Auch die kreativste Zeit im Leben, die des Kindes, wird begleitet von einer sexuellen (prägenitalen) Neugier. Auch sexuelle Trieberfahrung ist ein Stück Lebenserfahrung. Fehlt diese oder wird sie unterdrückt, ist die Kreativität, die Fähigkeit, Neues zu entdecken und zu erfahren, erheblich beeinträchtigt. Das ist der Fall bei einer restriktiven Erziehung. Ein ängstlicher Umgang der Eltern mit ihrer eigenen Sexualität führt zu einer ängstlichen Erziehung und hemmt letztendlich auch die Kreativität der Kinder.

Kreativität braucht Schutz und Verständnis

Ohne ein schützendes Umfeld, in welchem die Bedürfnisse und die Neugier des Kindes wohlwollend und freundlich unterstützt werden, ist eine gesunde und kreative Entwicklung also gar nicht möglich. Das gilt so ähnlich auch für die Kreativität des Erwachsenen, die sich ohne das positive Feedback der Mitmenschen nicht entfalten kann. Die Bestätigung durch die Gruppe ist sehr wichtig. Denn kreatives Tun ist immer ein Wagnis, ein Überschreiten der Grenzen. Es entsteht etwas Neues, Ungewohntes, Außergewöhnliches. Deshalb kann es mitunter sehr lange dauern, bis die Leistungen kreativer Künstler oder Wissenschaftler von ihrer Umgebung verstanden und gewürdigt werden.

Von Freuds großer Erleichterung wird erzählt, als er im Jahre 1909 anlässlich einer Vortragsreihe in den USA endlich die langersehnte breite Anerkennung fand: »Hier endlich sind meine Bemühungen Realität geworden und der Zweifel ist von mir genommen, wahnwitzige Ideen zu haben.« Wir alle kennen auch die Verzweiflung berühmter Künstler, wie etwa Van Gogh oder Gauguin, die sehr darunter litten, Zeit ihres Lebens nie die große Anerkennung gefunden zu haben.

Kreativität als existenzielles Wagnis

Aber es ist nicht nur die Bestätigung, die der Kreative braucht. Ein freundliches, erleichterndes Milieu (»facilitating environment«), das der symbiotischen Kind-Mutter-Beziehung ähnlich ist, scheint eine wichtige Voraussetzung der Kreativität. Denn jeder kreative Prozess führt automatisch – zumindest vorübergehend – zu Instabilität. Im freien Spiel, in der Phantasie, im nächtlichen Traum überschreitet der Kreative die rationalen, festgefügten Grenzen der Tageswirklichkeit. Wenn er sich einlässt auf die traumhaften Einflüsterungen des Unbewussten, sich inspirieren lässt, dann muss er seine gewohnten Ich-Grenzen verlassen. Die Inspiration wird eingeleitet durch einen Zustand der freischwebenden Aufmerksamkeit, der dem von Freud empfohlenen Zustand der Assoziation in der Psychoanalyse entspricht.

Schon jetzt, aber auch in den nachfolgenden Phasen der Inspiration und Verifikation macht der Kreative auf die Menschen in seiner Umgebung einen instabilen Eindruck. Die Öffnung hin zum Unbewussten macht ihn für die Außenwelt schwach und angreifbar. Er verliert das

Beständige und Verlässliche. Stimmungslabilitäten, Depressionen, Rücksichtslosigkeit und impulsives Verhalten können eintreten und den Menschen in seiner vertrauten Umgebung das Leben schwer machen. Wer erinnert sich nicht an den Hinweis in manchen Büchern: »Und danken möchte ich ganz besonders meiner Familie, ohne deren Verständnis dieses Buch nie gelungen wäre.«

Genie und Wahnsinn – kreative Krisen

Diese Turbulenzen deuten darauf hin, dass sich etwas Aufwühlendes ereignet. Günter Ammon ist der Überzeugung – und neuere Untersuchungen bestätigen es – »dass es sich bei dem kreativen Zustand um eine besondere Form der Ich- und Identitätsdiffusion handelt, welche die Grenzen der bisherigen Ich-Organisation auflöst und neue Zusammenhänge zwischen den verschiedenen (…) Bewusstseinsebenen herstellt.«

Identitätsdiffusion heißt, dass die Grenze zwischen Traum und wacher Realität – zumindest vorübergehend – verschwimmt. (Unter Traum verstehen wir hier alle »traumhaften« Zustände wie z. B. auch Phantasie, Spiel etc., die zur Quelle der Inspiration werden können.) Würde sie für lange Zeit verschwimmen, befände man sich im Stadium der Verrücktheit. So kann z. B. der Geisteskranke nicht mehr zwischen Traum und Realität unterscheiden.

Die Ähnlichkeit zwischen diesen beiden Zuständen, des verrückten und des kreativen, zumindest in formaler Hinsicht, erklärt warum in der populärwissenschaftlichen Literatur und auch von vielen Künstlern häufig von der Verwandtschaft zwischen Krankheit und Kreativität, zwischen Genie und Wahnsinn gesprochen wird. Im Unterschied zum Geisteskranken ist der Künstler allerdings in der Lage, die Situation mit dem Bewusstsein zu kontrollieren und jederzeit »in die Realität zurückzukehren«.

Eine ähnliche Situation in der Kindheit

Auch in der frühesten Kindheit erfahren wir eine ähnliche Situation, allerdings hat das wieder andere Gründe. Die Identität des geborenen Kindes befindet sich noch in der Entwicklung. Es fällt ihm noch schwer, zwischen Phantasie und Realität, zwischen Ich und Außenwelt zu unterscheiden.

Erst durch die praktischen Erfahrungen mit der Realität, die es allmählich sammelt, lernt es differenziert zu unterscheiden. Dazu ist es angewiesen auf den Schutzraum, den die Mutter und die Familie ihm zur Verfügung stellt.

Die Erforschung der frühkindlichen Lebensphase hat gezeigt, dass das Kind eine solche Umgebung benötigt, um sich auf spielerische Weise sowohl mit seinen Vorstellungen, Wünschen und Träumen als auch mit der »harten« Realität auseinanderzusetzen. Seine Identität entwickelt sich in dieser Spannung zwischen Phantasie und Wirklichkeit, zwischen dem Wunsch nach der symbiotischen Nähe der Mutter und dem Wunsch nach Abgrenzung von ihr, dem Heraustreten aus der Symbiose und dem Bestreben, die Welt »auf eigene Faust« zu entdecken. Eine solche Spannung erlebt und spürt auch der Kreative während des schöpferischen Prozesses.

Der Kreative und sein Umfeld

Natürlich kann man den kreativen Erwachsenen nicht mit einem Säugling vergleichen. Doch die Tatsache, dass auch er ein geschütztes Milieu braucht, um sich auf das Abenteuer der Kreativität einlassen zu können, hat er mit dem Säugling gemeinsam. Deshalb tun sich Kreative mit Menschen zusammen, die ihnen wohlgesinnt sind und Sicherheit bieten. Man denke nur an die Künstlergruppen der Expressionisten, die Ateliers am Montmartre, wo sich Dichter, Maler und Bildhauer verbündeten. Auch Freud scharte einen Kreis von Gleichgesinnten um sich. Sogar der scheinbare Einzelgänger hat solche Bindungen, die ihm Halt geben. Eine solche »Gruppe« muss imstande sein, die immense Spannung des schöpferischen Prozesses auszuhalten. Und darin ähnelt sie wieder sehr stark der symbiotischen Mutter-Kind-Gruppe. Die Gruppe muss es ertragen können, dass der Kreative sich während des schöpferischen Prozesses zeitweilig aus dem Gruppenverband löst und sich abgrenzt. Und sie muss die Turbulenzen (Stimmungslabilitäten etc.) ertragen, die sich ereignen können.

Fatal wäre es, wenn sie darauf ablehnend, empört oder belustigt reagiert. Untersuchungen haben gezeigt, dass ein solches Verhalten der engsten Umgebung besonders in der kreativsten Zeit im Leben eines Menschen, der frühen Kindheit, die kreative Experimentierfreude deutlich herabsetzen und die Lebendigkeit eines Menschen für immer hemmen kann.

Erforderlich ist ein hohes Maß an Toleranz. Man könnte diese Situation auch als kreatives Milieu bezeichnen. Denn auch die Gruppe selbst ist kreativ, wenn sie Kreativität, die Schaffung von etwas Neuem zulässt.

Veränderungen zulassen

Ammon meint, dass jeder kreative Prozess die Identität des Menschen und auch die der umgebenden Gruppe erweitert. Die Öffnung hin zum Unbewussten hat zwar eine vorübergehende Identitäts-Diffusion zur Folge, führt aber letztendlich auch zu einer Erweiterung des geistigen Horizontes. Neue Erfahrungen und Erkenntnisse vergrößern die Erlebnisfähigkeit.

Ein kreativer Mensch entwickelt sich ständig weiter. Natürlich stellt das hohe Anforderungen an die Umgebung. Kein Mensch gibt gern vertraute Vorstellungen auf, an die er sich mit der Zeit gewöhnt hat. Niemandem fällt das leicht. Wenn sich jemand ändert und das Bild, das sich andere von ihm gemacht haben, in Frage stellt, stößt das erst einmal auf Unverständnis. Deshalb ist der Vergleich mit der frühen Mutter-Kind-Beziehung doch nicht so weit hergeholt, wie es im ersten Moment scheint. Die Anforderungen an die Gruppe sind fast ebenso außergewöhnlich. Jeder Mensch, der kreativ arbeiten will, wird sich auf die Suche machen nach einer lebendigen und erfahrungsfähigen Gruppe und Umgebung, die ihm einen günstigen Nährboden bietet. Alles andere wäre kontraproduktiv.

Kreativität im Alltag

Kreativ zu sein ist kein Privileg von genialen Künstlern und Wissenschaftlern. Wenn Joseph Beuys sagt, jeder Mensch sei ein Künstler, meint er genau das: Jeder Mensch hat ein kreatives Potenzial, das eigentlich nur erkannt und ausgebildet werden muss. Schöpferisches Tun ist nicht beschränkt auf das eng begrenzte Gebiet der Kunst und Wissenschaft, es bezieht alle menschlichen Lebensbereiche und Tätigkeiten mit ein. Für Freud und alle nachfolgenden Psychoanalytiker war es lange Zeit selbstverständlich, den Begriff Kreativität ausschließlich auf besonders herausragende Leistungen von Gelehrten und Künstlern zu beziehen. Kreativ sein zu können galt als eine Leistung, die nur wenigen vorbehalten war. Kreativ war nur, wer etwas Neues schuf, einen Wert, der von der breiten Öffentlichkeit anerkannt wurde. Damit übernahm die frühe Psychoanalyse Vorstellungen, die seit dem Altertum galten und die Kreativitätsforschung lange Zeit eher behindert als vorangetrieben haben.

Beuys' Aussage wird durch die moderne Psychologie bestätigt. Schöpferisch kann jeder Mensch sein. Dazu muss er kein Kunstwerk schaffen oder eine neue wissenschaftliche Entdeckung machen. Voraussetzung ist allerdings, dass er Zugang findet zur Welt des Traumes und der Phantasie. Dazu muss er die geradlinigen Bahnen des rationalen Denkens verlassen und beide Wirklichkeiten, die des Wachens und die des Träumens, als gleichwertig wahrnehmen lernen. Wenn ihm das gelingt, wenn er die Welt des Traumes und der Phantasie genauso ernst nimmt wie die Welt des Verstandes und beide miteinander verknüpft, wird seine Erlebnisfähigkeit zunehmen.

Gemeinsam leichter ans Ziel

Der offenere und bewusstere Umgang mit den Träumen, der Phantasie, dem Spiel weitet den Blick. In dem günstigen Milieu einer wohlwollenden Umgebung ist das besonders gut möglich. In einer vordergründig auf Leistung orientierten Umwelt, die vor allem an der Quote interessiert ist und in der Konkurrenz- und Rivalitätskämpfe an der Tagesordnung sind, ist es dagegen schwieriger.

Schon in den 20er und 30er Jahren kam man zu der Überzeugung, dass die Kreativität in einer erfahrungsfähigen Gruppe zunimmt. Die Methode des Brainstorming wurde in den 50er Jahren entwickelt. Man hatte herausgefunden, dass spontan vorgebrachte Einfälle der einzelnen Gruppenmitglieder viel eher zur Lösung eines Problems beitragen als angestrengtes Nachdenken. Das Brainstorming wurde zum geflügelten Wort für die kreative Problemlösung in der Gruppe.

Offenheit und Spontaneität sind ohne Vertrauen nicht möglich. Wer den Verstand zur alleinigen Richtschnur seines Lebens macht, leugnet nicht nur das eigene Unbewusste, die Welt des Traumes und der Phantasie, er wird auch die spontanen und phantasievollen Äußerungen der Anderen als Unsinn empfinden und ablehnen. In einem solchen Umfeld würde Vertrauen gar nicht erst entstehen. Einen besonders günstigen Nährboden für Kreativität bietet deshalb nur eine Gruppe, in welcher der Einzelne Zugang zum eigenen Unbewussten und – was genauso wichtig ist – zum Unbewussten der Anderen gewinnt und eigene genauso wie fremde Spontaneität zulassen kann.

Guter Rat: Der Umgang mit den eigenen Träumen

»Ich träume viel, aber ich habe meine Träume bereits wenige Stunden nach dem Aufwachen gleich wieder vergessen. Was soll ich machen?«

»Schreib sie auf.«

»Mein Freund wird mich für verrückt halten, wenn ich mitten in der Nacht Licht mache, um einen Traum aufzuschreiben.«

»Sag ihm einfach, du möchtest dich selbst verwirklichen. Er wird schon Verständnis für dich haben.«

Die nachfolgenden Seiten sollen Sie anregen, den Schatz Ihrer Träume zu entdecken. Die praktischen Hinweise und Checklisten werden Ihnen den Umgang mit den eigenen Träumen erleichtern.

Traumarbeit für alle

Wer sich mit seinen Träumen beschäftigen möchte, stößt mitunter auf sehr praktische Probleme. Beim Aufwachen ist der Traum noch in frischer Erinnerung. Man ist sich sicher, dass das auch so bleibt. Doch schon nach wenigen Stunden ist der Traum wie vom Wind verweht. Es gibt Träume, die man zu gerne in seinem Gedächtnis aufbewahren würde, die man »fixieren« möchte wie in Gießharz. Träume, bei denen man den Eindruck nicht los wird, sie hätten eine besondere Bedeutung gehabt. Es gibt Träume, die ängstigen und bedrücken. Alpträume, die einen schweißüberströmt aufwachen lassen. Wer nach solchen Schrecken schnell wieder einschlafen kann, ist erleichtert. Schnell weg damit! Verdrängen! Vergessen!

Es gibt auch Menschen, die von sich behaupten, sie hätten noch nie geträumt. Erst nach einigem Nachfragen erinnern sie sich – manchmal sogar an einen Traum, der schon Jahrzehnte zurückliegt.

Jeder Mensch träumt. Jede Nacht. Mehrmals. An viele Träume erinnert sich auch der begabteste Träumer nicht. Das ist physiologisch bedingt. Wenn Sie sich überhaupt nicht oder nur in den allerseltensten Fällen an Träume erinnern, kann das damit zusammenhängen, dass Sie innerlich noch nicht wirklich bereit sind, sich auf Ihre Träume einzulassen. Vielleicht sind Sie noch nicht motiviert genug. Wahrscheinlich fehlt es Ihnen aber auch ein wenig an Übung. Im Folgenden verraten wir Ihnen einige Tricks und Techniken, mit denen die Erinnerung erleichtert wird.

1. Papier und Stift bereithalten!

Legen Sie vor dem Einschlafen Papier und Stift zurecht, möglichst in unmittelbarer Nähe des Bettes. So können sie Ihren Traum gleich nach dem Aufwachen schriftlich fixieren. Eventuell benutzen Sie einen Stift mit eingebauter Taschenlampe. So wecken Sie niemanden. Oder benutzen Sie ein Diktiergerät. Es gibt mittlerweile sogar preisgünstige sprachgesteuerte Diktiergeräte auf dem Markt. Egal, für was Sie sich entscheiden – wichtig ist einzig und allein, dass Sie am Morgen, wenn sie aus einem Traum erwachen, diesen ohne große Umstände und ohne körperliche Anstrengung festhalten können.

2. Wünschen Sie sich einen Traum!

Führen Sie ein Traumtagebuch und gewöhnen Sie sich an, vor dem Einschlafen darin zu lesen, am besten die Träume der letzten Tage. Vielleicht knüpfen Sie dann in Ihrem neuen Traum genau dort an. Sagen Sie sich vor dem Einschlafen, dass sie träumen und sich am Morgen an Ihren Traum erinnern wollen. Das wirkt oft Wunder. Eventuell gelingt es Ihnen sogar, sich ein bestimmtes Traumthema vorzunehmen: »Heute nacht will ich von xy träumen.« Es gibt Wissenschaftler, die auf diese Weise ihre Probleme im Schlaf lösen.

3. Schreiben Sie den Traum sofort auf!

Wenn Sie aufwachen, bleiben Sie einige Minuten liegen, schließen Sie noch mal die Augen und sinnen Sie darüber nach, an was Sie zuletzt gedacht haben. Hören Sie auf Ihre »innere Stimme«. Sie werden sich auf diese Weise von einer Traumsequenz zur nächsten hangeln. Manchmal ist diese Erinnerungsarbeit auch nicht nötig. Der Traum steht wie ein gerade gesehener Film vor dem inneren Auge. Dann schreiben Sie ihn möglichst schnell auf. Auch beim Schreiben fallen Ihnen meist noch einige Dinge ein. Häufig verändert sich beim Aufschreiben auch die Aufeinanderfolge der geträumten Ereignisse und Sie müssen umstellen und ordnen. Das hat mit der Arbeitsweise unseres Gedächtnisses zu tun, das sich vom Ende der Geschichte zum Anfang – also in umgekehrter Reihenfolge – vorarbeitet.

4. So erinnern Sie sich todsicher: Lassen Sie sich vorzeitig wecken!

Wenn es Ihnen dennoch nicht gelingt, Träume zu erinnern, greifen Sie einfach auf eine Technik zurück, wie sie in wissenschaftlichen Schlaflabors angewandt wird. Dabei wird der Träumer in den traumintensiven REM-Schlafphasen geweckt. Die REM (Rapid eye movement) – Phase durchläuft der Schläfer mehrmals pro Nacht. Insgesamt vier bis fünf Mal pro Nacht, also etwa alle 90 Minuten. Sie ist gekennzeichnet durch rasche, flackernde Augenbewegungen, eine unregelmäßige Atmung und unwillkürliche Bewegungen des Körpers. Wenn Ihr(e) Partner(in) diese Symptome erkennt und sie daraufhin weckt, werden Sie sich mit hoher Wahrscheinlichkeit an Ihre Träume erinnern.

Es gibt noch eine andere Möglichkeit: Lassen Sie sich von Ihrem Wecker eine Stunde früher als sonst wecken. Auch dann ist die Wahrscheinlichkeit groß, eine REM-Phase zu erwischen. Manchen gelingt das auch mit Suggestion: Nehmen Sie sich vor dem Einschlafen vor, eine halbe Stunde früher aufzuwachen. Wenn der Vorsatz fest gefasst wurde, gelingt dies auch meist.

5. Notieren Sie auch Bruchstücke der Träume!

Beim Aufschreiben des Traumes reicht es manchmal auch, Bruchstücke zu skizzieren. Ein Wort oder einen Satz. Sie könnten das Traummotiv oder -bild auch aufzeichnen. Oft passiert es nämlich, dass einem eine ungeheuer bunte und gehaltvolle Traumlandschaft vor Augen steht und man gar nicht nachkommt mit dem Beschreiben. Zuweilen träumt man auch Bilder, die sich besser aufzeichnen als benennen lassen. Natürlich ist auch eine Kombination von beidem (Zeichnung und erläuternde Worte) sinnvoll. Wichtig ist, dass die Traumbilder erinnert werden und im Gedächtnis bleiben.

6. Träume regelmäßig festhalten!

Schreiben Sie Ihre Träume möglichst regelmäßig auf – am besten jeden Morgen. Auf diese Weise schulen Sie Ihr Erinnerungsvermögen, und Sie werden immer vertrauter mit Ihrem nächtlichen Traumleben. Und auch mit sich selbst, mit Ihrem Unbewussten, das tagsüber nicht in dieser Deutlichkeit in Erscheinung tritt. Auch wenn sie Ihre Träume nicht deuten, Sie werden bald merken, dass Ihr Leben reicher an Bildern, kreativer wird. Denn die nächtlichen Traumbilder und Geschichten haben, werden sie einmal erinnert, eine unglaubliche Verweildauer in Ihrem Gedächtnis. Das bewusste Tageserleben wird auf diese Weise bereichert und erweitert. Um eine Nuance, die von den meisten Menschen in unserem Kulturkreis als unwichtig abgetan wird. Träume offenbaren nicht nur vieles, was Sie im Alltag gar nicht wahrnehmen. Wer regelmäßig Träume erinnert und aufschreibt, erweitert sein Leben um eine zusätzliche Dimension.

7. Träume mit Gleichgesinnten besprechen!

»Ich weiß noch, wie du vor zwanzig Jahren geträumt hast«, sagte der Mann zu seiner Frau. Träumen verbindet. Und erleichtert die Kommunikation. Voraussetzung ist allerdings, dass man die Träume seines Gegenübers ernst nimmt.

Wenn Sie Ihre Träume mit Gleichgesinnten besprechen und austauschen möchten – in vielen Städten Deutschlands gibt es Gruppen, die sich allein zu diesem Zweck regelmäßig zusammenfinden. Oft finden solche Zusammenkünfte unter Anleitung eines in Traumdeutung erfahrenen Therapeuten statt. Der Erfahrungsaustausch mit anderen ist für das Verstehen und Analysieren von Träumen ungemein hilfreich. Nicht selten findet man auf diese Weise Interpretationen, auf die man alleine nie kommen würde.

8. Assoziationen zum Traum sind wichtig

Wer regelmäßig ein Traumtagebuch führt, sollte darauf achten, dass er auch Assoziationen und Ereignisse vermerkt, die am Tag oder einige Tage vor dem jeweiligen Traum auftauchten. Sie könnten den Traum auf der linken und die Anmerkungen auf der rechten gegenüberliegenden Hälfte der Doppelseite notieren. Solche Assoziationen sind wichtig für eine eventuelle spätere Deutung. Schreiben Sie möglichst alles auf, was Ihnen einfällt und intuitiv wichtig erscheint. Zensieren Sie nicht, was aus Ihrem Gedächtnis an die Oberfläche steigt.

9. Gefühle beachten!

Achten Sie auch besonders auf die Gefühle, die Sie beim Aufwachen gespürt haben. Hat der Traum Sie geängstigt? Können Sie genau angeben, an welcher Stelle des Traumes Sie sich fürchteten oder erschreckten? Hat der Traum in Ihnen angenehme Empfindungen ausgelöst? Bedauern Sie, dass der Traum schon zu Ende ist?

Versuchen Sie Ihre Gefühle zu benennen, auch solche Gefühle, die mit bestimmten Personen, Gegenständen oder Situationen verbunden waren. Halten Sie auch Stimmungen fest.

Sie brauchen nicht gleich nach Gründen für diese Gefühle zu suchen. Denn hier verhält es sich ähnlich wie im realen Leben. Für manche Menschen hegen wir tiefe Gefühle, für andere nicht. Warum das so ist, lässt sich oftmals kaum erklären. Doch so viel steht fest: Menschen, von denen wir oft träumen, bedeuten uns mehr als andere.

10. Träume laut vorlesen oder erzählen!

Wenn Sie einen Traum aufschreiben und lesen, wird der Trauminhalt präsent. Vielleicht haben Sie auch vertrauensvolle, sympathische Freunde, denen Sie Ihre Träume vorlesen oder erzählen können und die wiederum auch selbst Träume berichten. Ein laut gelesener oder erzählter Traum kann neue Erinnerungen und Assoziationen hervorrufen. Dass der mitgeteilte, formulierte Gedanke viel schneller zu Erkenntnissen führen kann als der nur im Stillen gedachte, ist eine Erfahrung, die man häufig macht.

Eventuell hat Ihr(e) Freund(in) ein paar Einfälle, auf die Sie selbst noch gar nicht gekommen sind. Diese Einfälle müssen nicht zutreffen. Entscheidend ist, dass Sie selbst etwas damit anfangen können. Hören Sie auf Ihre Intuition und folgen Sie Ihrem Gefühl, auch wenn es anfangs noch etwas verwirrend erscheint.

11. Jeder Traum ist nur eine Erinnerung

Seien Sie nicht erstaunt, wenn Sie plötzlich feststellen, dass der Traum, den Sie erzählen, ein ganz anderer ist als der, den Sie frühmorgens aufgeschrieben haben. Das nennt man sekundäre Bearbeitung, ein Vorgang, der bereits einsetzt mit dem morgendlichen Aufschreiben des Traumes. Ein völlig authentischer Traumbericht wird nie möglich sein. Denn der Akt des Träumens ist nicht wiederholbar. Alles, was danach kommt, und das ist alles, was wir im bewussten oder halbbewussten Zustand ersinnen, ist nichts weiter als eine Erinnerung an diesen Traum. Es ist ähnlich wie mit einem Film, den Sie gestern im Kino oder im Fernsehen gesehen haben und den Sie nun einem anderen Menschen erzählen wollen. Aufschlussreich könnte es natürlich auch sein, zu beobachten, was genau Sie beim Erzählen verändern und weglassen. Das hat Gründe. Sie sehen, auch die Traumarbeit kann interessant sein. Mit viel Übung und einem guten Gedächtnistraining – denn Träume erinnern ist nichts anderes – werden Sie sich dem ursprünglichen Traum immer mehr annähern. Dann können Sie mit der Deutungsarbeit beginnen.

Das Traumdeuten – Hinweise für die Praxis

Vollständig deuten lässt sich ein Traum nie. Auch gibt es immer mehrere Deutungen. Je nachdem wer Ihren Traum deutet, Sie werden immer unterschiedliche Antworten erhalten. Das hängt unter anderem mit der »Lebensphilosophie« des Deuters zusammen. Aber auch mit dem, was der Deuter alles über Sie weiß, über Ihren Lebenslauf, Ihre Sorgen und Probleme, Ihre Erwartungen und Sehnsüchte – kurz: Ihre aktuelle wie vergangene Lebenssituation. Denn Träume sind die Schnittstelle zwischen Heute, Gestern und Morgen und nur in diesem Zusammenhang zu verstehen.

Es kommt natürlich auch darauf an, inwieweit Sie sich dem Deuter offenbaren. Das beginnt schon mit dem Erzählen des Traumes. Sie werden den Traumbericht ändern, je nachdem wem Sie den Traum erzählen, und sei es nur unbewusst. Das Vertrauen zum Deuter Ihrer Träume ist deshalb eine wichtige Voraussetzung, die sie nicht außer Acht lassen sollten.

Den Traum für sich sprechen lassen

Das Verstehen von Träumen wird heute nicht als eine rationalistische, intellektuelle Angelegenheit betrachtet. Die moderne Psychoanalyse hat sich in den letzten Jahren zunehmend den Einstellungen der Romantiker angenähert, welche ausgeklügelte Deutungsstrategien ablehnten und Wert darauf legten, den Traum für sich sprechen zu lassen. Ebenso wie damals wird heute anerkannt, dass der Traum etwas Unergründliches, Geheimnisvolles besitzt und dass er vornehmlich über das Gefühl (die Romantiker hatten ihn mit einem Gedicht verglichen), weniger mit dem Verstand begriffen werden kann. Noch eine Ansicht, die die Romantiker mit vielen heutigen Psychoanalytikern teilen: Im Traum enthüllt sich die wahre Natur des Menschen eher als im Alltag.

Mit Intuition und Gefühl herangehen

Dem Traumsinn kommen Sie mit Intuition und Gefühl auf die Spur! Strengen Sie sich nicht an, allzu viel hinein zu interpretieren. Besser ist es, wenn Sie sich entspannen und den Traum auf sich wirken lassen, offen sind für Assoziationen und Einflüsterungen Ihres Inneren. Schnüffeln, riechen, horchen und fühlen Sie. Lassen Sie sich ein auf die Atmosphäre Ihres Traumes.

Dass der Traum kein sinnloses nächtliches Entladen elektrochemischer Nervenreize ist, wie es uns einige rein naturwissenschaftlich denkende Skeptiker weismachen wollen, sondern ein aufschlussreiches Produkt unserer unbewussten Psyche darstellt, werden Sie spätestens dann merken, wenn Sie mit den Inhalten Ihrer Träume etwas vertrauter geworden sind. Vertrauen Sie also Ihren Gefühlen und Eingebungen. Eine ernsthafte Beschäftigung mit den eigenen Träumen lohnt sich.

Auch die dunklen Seiten akzeptieren

Eine eingehende Beschäftigung mit Träumen kann dazu führen, dass man das eigene Leben besser versteht und bisher verborgene Antriebe, Ziele und Wünsche wahrnimmt. Das setzt allerdings auch eine gewisse Bereitschaft voraus, nicht nur das Angenehme, sondern auch die eigenen »dunklen« Seiten (Schwächen, Defizite etc.) wahrnehmen zu wollen. Leichter gesagt als getan!

Erkenntnisse sind leider immer auch mit einer gewissen Frustration verbunden. Man benötigt ein ganzes Quäntchen Frustrationstoleranz und Offenheit, um mit Träumen arbeiten zu können. Doch die Wirklichkeit sieht oft ganz anders aus. Wer allein über einem Traum brütet, neigt häufig zu einer Ich-freundlichen oder bestätigenden Interpretation. Das geht dem Psychologen genauso wie der Journalistin oder dem Angestellten.

Eine Gruppe kann hilfreich sein

Träume sind keine billigen Schmeichler. Natürlich enthalten sie auch Schmeichelhaftes. Aber zuweilen müssen Sie auch mit dem Schlimmsten rechnen. Wenn Sie die ganze Kraft Ihrer Träume nutzen und neue Erkenntnisse über sich und die Welt gewinnen wollen, tun Sie unter Umständen gut daran, sich einer »Traumgruppe« anzuschließen oder einen traumerfahrenen Psychoanalytiker aufzusuchen. Wenn Sie sich gerade in einer Lebenskrise befinden oder unter psychischen oder psychosomatischen Problemen leiden, sollten Sie in jedem Fall eine zusätzliche Hilfe in Anspruch nehmen!

Geduld wird belohnt

Die Arbeit mit den eigenen Träumen macht Spaß, bereitet aber auch Mühe. Das beginnt schon mit dem regelmäßigen Aufschreiben des Traumes. Der Lohn ist groß. Eine ernsthafte und langfristige Beschäftigung mit Träumen bereichert, kann ein unzufriedenes Leben umkrempeln und insgesamt kreativer machen. Im Traum macht man manchmal Dinge, die man im Alltag nie und nimmer tun würde. Fallschirmspringen zum Beispiel. Oder eine Reise nach Hawaii.

Im Traum kommen ungelebte Seiten zum Ausdruck. Manchmal sind solche Botschaften wie eine Aufforderung. Aber Vorsicht! Solche Träume sind meist auch bildlich zu verstehen. Andererseits gibt es umgekehrt Alltagssituationen, die in meinen Träumen nie auftauchen. Vielleicht sind sie nicht so wichtig?!

Es gibt Träume, die enthüllen ihre eigentliche Bedeutung erst nach Wochen, Monaten oder sogar Jahren. Und mit dem Verstehen eines Traumes ist es ja auch nicht getan. Von der Erkenntnis bis zur Umsetzung ins Leben ist es ein zusätzlicher Schritt, der nicht selten sehr lange braucht. Haben Sie Geduld.

Traumsituationen und -symbole

Im Folgenden zählen wir eine Reihe von Fragen auf, die Ihnen dabei helfen könnten, Ihren Träumen auf die Spur zu kommen. Wenn Sie über längere Zeit ein Traumtagebuch führen, sind Sie vielleicht irgendwann so weit, Ihren »seelischen Fingerabdruck« zu identifizieren. Denn Träume sind genauso individuell wie die Menschen, die sie haben. Es finden sich auch in Ihren Träumen eine ganze Reihe von Symbolen und Situationen, die immer wieder einmal auftauchen und in dieser speziellen Zusammensetzung eine autobiografische Komponente Ihres Traumlebens bilden. Darüber hinaus gibt es natürlich auch Bilder, die Sie mit anderen Menschen gemeinsam haben, mit Ihrem Freundes- und Bekanntenkreis, der Gesellschaft, in der Sie leben, der ganzen Menschheit. Versuchen Sie also, Ihre Traumsituation so genau wie möglich zu ergründen.

Fragen, die weiterhelfen

○ Wo spielt die Traumhandlung, in einem Gebäude oder im Freien? Wie sieht das Gebäude bzw. die Landschaft aus? Besondere Charakteristika? Ungewöhnliches? Gibt es Übereinstimmungen zu realen Landschaften und Wohnungen? Was ist angenehm, was erschreckend?

○ Wie viele und welche Personen kommen im Traum vor? Vertraute, Unbekannte, Fremde? Gibt es besondere Auffälligkeiten? Was erinnert Sie an die Realität? Was nicht? Gibt es etwas, mit dem Sie gar nichts anfangen können? Erschreckt, betrübt, verwirrt Sie etwas?

○ Wie verhalten sich die Personen in Ihrem Traum, untereinander, zur Landschaft, zur Umgebung? Wer ist aktiv? Wer passiv? Wie ist die Kommunikation der Personen untereinander?

○ Stellen Sie sich vor, die Traummenschen wären Schauspieler in einem Film. Auch wenn Sie persönlich in dem Traum vorkommen, tun

221

Sie so, als wäre es nicht so. Abstrahieren Sie. Wer ist Ihnen sympathisch, wer nicht? Wen möchten sie zum Freund haben? Wen nicht? Gibt es einen Helden, eine tragische Figur? Gefällt bzw. missfällt Ihnen der »Film«? Warum?

◉ Kommen Sie selbst in dem Traum vor? Wie verhalten Sie sich? Was ist typisch an Ihrem »Traum-Ich«? Da ein Traum hochkonzentriert ist, mit Verdichtung und Verschiebung arbeitet, kann es passieren, dass sich Ihr Traum-Ich als eine andere Person »verkleidet« oder die Eigenschaften des Traum-Ichs sich sogar auf mehrere Personen verteilen. Welche Person(en) könnte(n) etwas von Ihnen symbolisieren? Eine negative Seite vielleicht? Solche Dinge zu erkennen ist nicht einfach und braucht viel Übung, gelingt selten sofort, manchmal nie. Wie verhalten sich die Traum-Menschen zueinander? Ängstlich, aggressiv, freundlich, zornig, leicht beleidigt, übertrieben höflich, dynamisch …?

◉ Welche Tiere kommen in Ihrem Traum vor? Benehmen sie sich atypisch? Auffälligkeiten? Ungewöhnliches? Gibt es typische Eigenschaften, die in Ihrem Traum besonders hervorgehoben werden?
Im Volksmund werden Tieren häufig auch menschliche Verhaltensweisen zugesprochen – im übertragenen Sinne. Betrachten Sie die Tiere, die in Ihrem Traum vorkommen, einmal unter diesem Gesichtspunkt. Haben Sie selbst vielleicht etwas Schweinisches, Eselhaftes, Hündisches in Ihrem Wesen, das Sie verleugnen oder in der Realität nicht wahrhaben wollen?

◉ Gegenstände, die im Traum vorkommen, haben fast immer eine symbolische Bedeutung. Sie stehen für etwas anderes, verdeutlichen eine Eigenschaft oder ein Merkmal. Was assoziieren Sie mit dem Traum-Gegenstand (einem Gewehr, dem Jugendstilhaus, der Kaffeetasse, der Fernbedienung, dem Handy …)?

◉ Können Sie mit ein, zwei Worten die Gesamtatmosphäre des Traumes charakterisieren? Welche Gefühle haben Sie, wenn Sie den Traum erzählen oder lesen?

⊙ Wenn Sie einmal Ihre Träume über Monate oder Jahre betrachten: Was ist besonders typisch für Ihre Art zu träumen? Welche Gefühle und Empfindungen tauchen immer wieder auf? Welche Orte, Situationen, Verhaltensweisen, Beziehungen kommen häufig vor?

Gibt es Wiederholungen? Was ist neu? Lassen sich Entwicklungen, Veränderungen erkennen, die vielleicht sogar mit beruflichen oder persönlichen Änderungen übereinstimmen? Versuchen Sie auch einmal den entgegengesetzten Weg. Was kommt in meinen Träumen gar nicht oder selten vor?

⊙ Was haben Sie als Kind geträumt? Wahrscheinlich erinnern Sie sich an zwei oder sogar mehrere Träume Ihrer ersten Lebensjahre. Schreiben Sie sie auf!

⊙ Vergleichen Sie Ihre Träume mit Ihrer aktuellen Lebenssituation. Was ist ähnlich, was anders? Manchmal lenken die an Unterbewusstem reichen Träume, die Wünsche und Sehnsüchte geradezu konservieren, die Aufmerksamkeit auf zu kurz Gekommenes, nicht Gelebtes.

⊙ Welche Tagesreste (am Vortag oder unmittelbar an den Tagen vor dem Traum Erlebtes) finden Sie direkt in Ihrem Traum wieder?

⊙ Träume enthalten auch längst Vergangenes bis hin zu frühesten Kindheitserlebnissen. Entdecken Sie Verhaltensmuster Ihrer Kindheit und Jugend in Ihren aktuellen Träumen? Ungelöste Konflikte? Symbiotische Verwicklungen zur Herkunftsfamilie? Einstellungen zu Vater, Mutter, Geschwistern?

⊙ Wo überschneiden sich vergangene und aktuelle Lebenssituation im Traum?

⊙ Bis hierher war immer der Traum der Ausgangspunkt. Andersherum geht's auch: Schreiben Sie aktuelle Probleme und Sorgen auf, und schauen Sie dann, was ihnen Ihre Träume dazu sagen. Schon mancher hat auf diesem Weg verblüffende Lösungswege für schier ausweglos erscheinende Situationen gefunden.

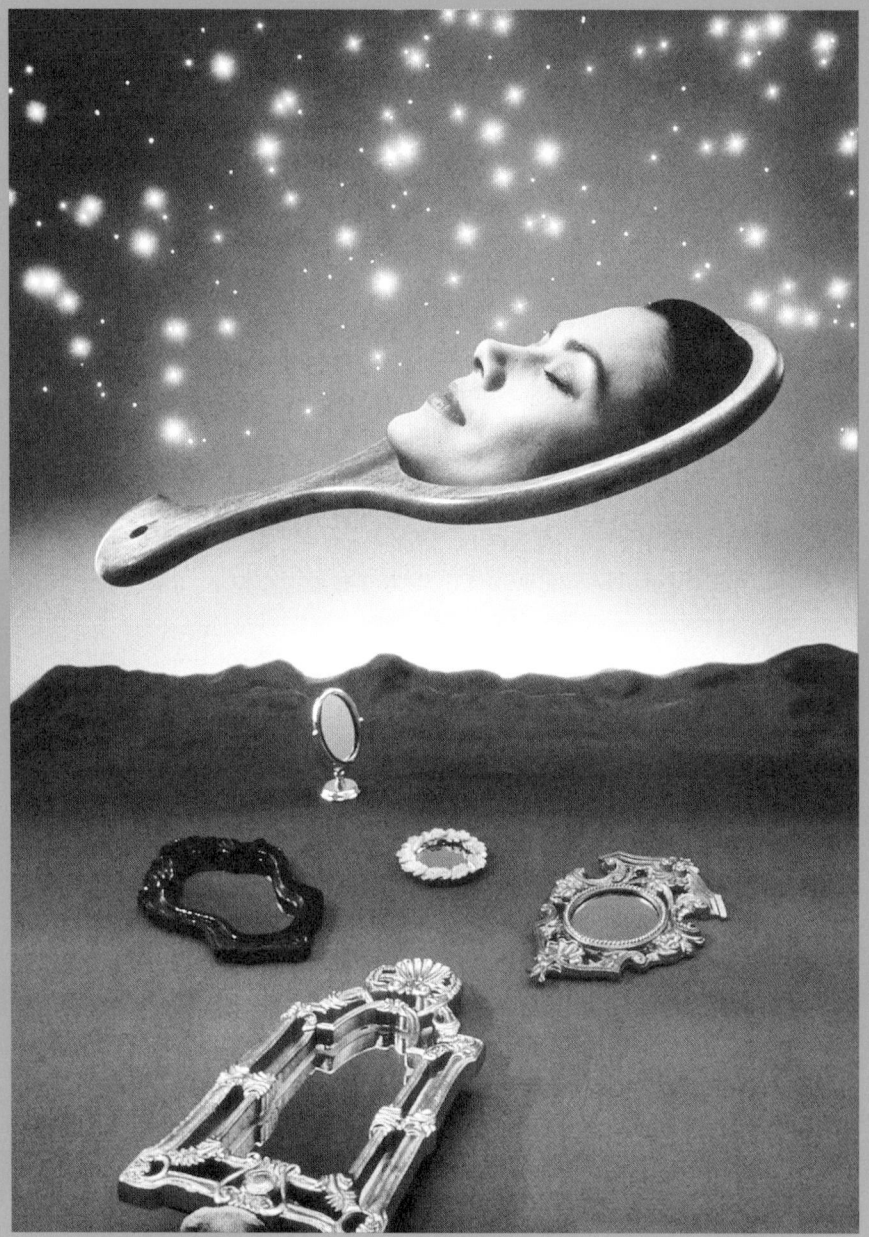

Der Surrealismus – Traumkunst oder Die Kunst, zu träumen

In dem folgenden Essay kommen Vertreter jener Kunstrichtung zu Wort, die den Traum und das Irrationale zum Mittelpunkt ihrer Kunst machten. Sie experimentierten mit Trance und Hypnose und hielten künstlerisches Talent für unwichtig. Einzig und allein ein unverstellter Zugang zum eigenen Unbewussten war die Grundlage ihrer Kunst. Dabei waren sie besonders beeinflusst von der Psychoanalyse Freuds. Berühmte Surrealisten waren u.a. die Maler Salvador Dalí und René Magritte sowie der Filmemacher Luis Buñuel.

Eingebungen des Unbewussten

Im Jahr 1919 entstand in Paris eine avantgardistische Bewegung von Dichtern, Malern, Bildhauern, Fotografen und Filmschaffenden, die mit traditionellen Kunstauffassungen brachen. Träume und andere nicht-rationale Zustände (Hypnose, Visionen, spontane Assoziationen etc.) standen im Mittelpunkt ihrer Kunst. Alles Akademische lehnten sie ab. Ästhetische oder ethische Fragestellungen galten ihnen als völlig irrelevant. Alles Rationale verachteten sie. Wichtig war einzig und allein ein unverstellter Zugang zum Unbewussten. Guillaume Apollinaire (1880–1918), ein französischer Dichter, behauptete, das Träumen sei kein Luxus des Geistes, sondern eine seiner ergiebigsten Tätigkeiten. Auf ihn beriefen sich die Surrealisten häufig.

Im Schlaf kreativ sein

In ihren Bildern, Filmen und Gedichten ging es den Surrealisten darum, die Bilder der Träume und die spontanen Eingebungen des Unbewussten möglichst direkt und unmittelbar wiederzugeben. Dazu wandten sie verschiedene Techniken an: das »automatische« Schreiben und Malen zum Beispiel. Oder die Selbst- oder Fremdhypnose. Talent war eher nebensächlich.

So wandte sich Robert Desnos (1900–1945), ein leidenschaftlicher Surrealist, dessen Begabung eigentlich im Schreiben lag – er war Dichter und Journalist – auch dem Zeichnen zu. Viele der Zeichnungen Desnos entstanden während hypnotischer Zustände. Schlaf- und Hypnoseexperimente wurden regelmäßig auf den Versammlungen der Surrealisten durchgeführt, und Robert Desnos erwies sich schon bald als besonders geeignetes »Medium«. Er war in der Lage, während des künstlich herbeigeführten Schlafes zu schreiben, zu sprechen und eben auch zu zeichnen.

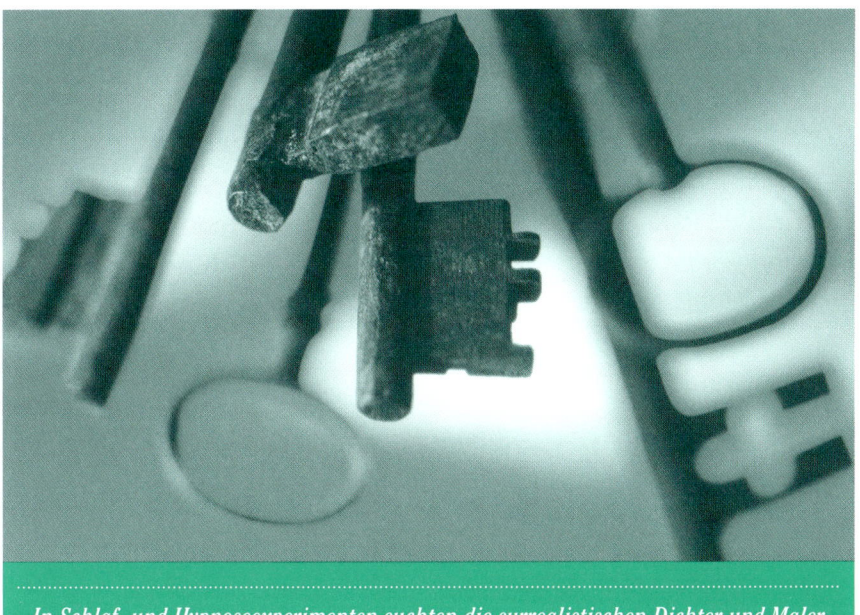

In Schlaf- und Hypnoseexperimenten suchten die surrealistischen Dichter und Maler die Schlüssel zum Unbewussten.

Louis Aragon erinnert sich an Desnos: »Im Café, inmitten des Stimmengewirrs, des grellen Lichtes, des Gedränges, braucht Desnos nur die Augen zu schließen, und schon spricht er, und zwischen Biergläsern und Untertassen stürzt der ganze Ozean herab, mit seinem Getöse und seinem Dunst, in dem lange Banner flattern. Wer diesen phantastischen Schläfer befragt, braucht ihm kaum die Richtung zu weisen, und schon strömt die Weissagung, der Ton des Zaubers, der Offenbarung, der Revolution, des Fanatikers und des Apostels hervor.«

Die Surrealisten nahmen die »Botschaften«, die ihnen in solchen Trance-Zuständen und in Träumen vermittelt werden, sehr ernst. Die Hypnoseexperimente brechen sie aber bald wieder ab, weil Desnos während der Hypnose zunehmend aggressiv und gewalttätig wird und einmal sogar mit einem Messer den Dichter Eluard attackiert.

227

Das »automatische« Schreiben

André Breton, der Medizin studiert hatte und zum charismatischen Wegbereiter des Surrealismus wurde, interessierte sich besonders für den hypnagogischen Zustand. So nennt man das Zwischenstadium zwischen Traum und Wachen. In diesem Stadium kommen einem Bilder, Worte und ganze Sätze in den Sinn, die wirr und zusammenhanglos erscheinen. Zum Beispiel: »Da ist ein Mann, der das Fenster in zwei Teile schneidet.« Breton nannte das »verbalen Automatismus«, und er sah darin die Hauptquelle der schöpferischen Poesie. Bald schon erkannten er und seine Anhänger, dass es ein solches »inneres Gespräch« (discours intérieur) ständig gibt, nicht nur im hypnagogischen Zustand.

Die Methode des »automatischen Schreibens« geht noch einen Schritt weiter. Das »innere Gespräch« wurde wortwörtlich niedergeschrieben, ohne im Nachhinein auch nur ein einziges Wort zu ändern. Nach Breton war es entscheidend, dass man sich dabei in eine träumerische, entspannte Stimmung versetzte.

Jeder ist ein Dichter

Im »Surrealistischen Manifest« gab er eine Anweisung: »Versetzen Sie sich in den maximal passiven und rezeptiven Zustand, dessen Sie fähig sind. Sehen Sie ab von Ihrem Genie, Ihren Talenten, und denen aller anderen. Halten Sie sich vor Augen, dass die Literatur einer der trostlosesten Wege ist, die überall hinführen. Schreiben Sie schnell, ohne vorgefasstes Thema, schnell genug, um nichts zu behalten und nicht in Versuchung zu kommen, ihren Text zu überlesen.«

Doch man brauchte auch eine ganze Menge Übung. Die Surrealisten übten sich täglich im »automatischen Schreiben«, manchmal bis zu zehn Stunden am Tag. Ein ganzes Buch entstand auf diese Weise: »Die Magnetfelder« von A. Breton und P. Soupault. Und es war den Surrealisten wieder ein Beweis dafür, dass die Schätze des Schöpferischen in jedem Menschen angelegt sind und nur noch gehoben zu werden brauchen. Die Methoden des »automatischen Schreibens, Sprechens und Malens« standen jedem Menschen zur Verfügung. Selbst dem so genannten Autodidakten, der – aus welchen Gründen auch immer – dem kulturellen Betrieb mit seinen Museen, Kunstschulen und Künstlergruppen fernstand, war es möglich, spontan Kunstwerke zu schaffen. Die Surrealisten haben in ihren öffentlichen Manifesten immer wieder betont, für wie schöpferisch und vorbildlich sie die Werke von Autodidakten, von Geisteskranken und von spiritistischen Medien hielten.

Die Maxime der Surrealisten lautete: »Versetzen Sie sich in den höchstmöglichen passiven und rezeptiven Zustand, dessen Sie fähig sind.«

Ursprünge im Spiritismus

Das »automatische Schreiben« hatte seinen Ursprung in der spiritistischen Bewegung, die sich Mitte des 19. Jahrhunderts – von Amerika ausgehend – auch in Europa und Deutschland ausgebreitet hatte. In spiritistischen Sitzungen, auch Séancen genannt, fungierten geeignete Personen als Medium, als Vermittler zwischen der fassbaren Wirklichkeit der Lebenden und dem geistigen Reich der Toten. In dem tranceartigen Zustand, in dem sich die Medien befanden, waren sie in der Lage, zu sprechen und auch automatisch zu schreiben. Einige zu besonderer Berühmtheit gelangte Medien konnten sogar physikalische Phänomene auslösen: Tische oder Klaviere schweben lassen oder Ähnliches. Einigen Medien sollen Geister die Schreibfeder geführt haben. Auf diese Weise sollen autobiografische Botschaften von antiken Gelehrten wie Plato und Cicero überliefert worden sein. Auf der Grundlage der spiritistischen Bewegung entstand nicht nur die Wissenschaft der Parapsychologie. Einige klinische Psychologen begannen, die Methode des »automatischen Schreibens« bei ihren Patienten anzuwenden, um auf diese Weise das Unbewusste ihrer Patienten zu erforschen.

Sigmund Freud und die Surrealisten

Auch für die Surrealisten offenbarte der Automatismus das unbekannte Ich des Schreibenden. André Breton illustrierte das einmal an einem Satz, den er selbst automatisch geschrieben hatte. Der Satz hieß: »Der Farbdruck an der Wand ist ein Hirngespinst, das immer wiederkehrt.« Er meinte, dass es sich bei diesem Farbdruck um das Bild »Die Lebensalter« handele, das er als Kind in seinem Kinderzimmer hängen hatte. Eine solche Interpretation von gegenwärtigen mit vergangenen Bildern wird auch in der psychoanalytischen Traumdeutung von Freud bis Ammon unternommen. Von Breton war bekannt, dass er sich intensiv mit den Schriften Freuds beschäftigt hatte und die ganze surrealistische

Bewegung von der Psychoanalyse beeinflusst war. Bei der Anweisung im Surrealistischen Manifest: »Versetzen Sie sich in den maximal passiven und rezeptiven Zustand …« (siehe Seite 228) dachte Breton sicher auch an die Freie Assoziation im psychoanalytischen Setting. Obwohl die Surrealisten Freuds Leistung bewunderten und ihm viel verdankten, eine wirkliche Zusammenarbeit zwischen Freud und den Surrealisten kam nie zustande. Freud selbst hat sich über die Surrealisten insgesamt eher abschätzig geäußert – auch wenn mindestens zwei seiner Aufsätze in surrealistischen Zeitschriften erschienen waren. Die Ideen und Werke der Surrealisten scheinen ihn eher verwirrt als begeistert zu haben. Der einzige Surrealist, dessen Werke Freud gelten ließ, war Salvador Dalí. Ihn hat er einmal empfangen, auf Empfehlung von Stefan Zweig. Als Dank zeichnete Dalí bei seinem damaligen Besuch ein Porträt Freuds: Freud als Schnecke.

Der entscheidende Unterschied in der Blickrichtung von Psychoanalyse und Surrealismus wird deutlich in einem Brief, den Freud an Breton schrieb. Breton hatte ihn um einen Beitrag für eine Anthologie von Träumen gebeten. Freud antwortete in seinem Brief, eine bloße Sammlung von Träumen ohne die Assoziationen des Träumenden und ohne eine Kenntnis der Umstände, in denen sie geträumt wurden, erschiene ihm nicht sehr sinnvoll. Und er könne sich überhaupt nicht vorstellen, dass sie irgendjemandem etwas sagen könnte.

Das »automatische« Malen

Bei einer anderen Methode, der des automatischen Malens, kam es wie beim Schreiben darauf an, sich passiv und rezeptiv dem Strom der geistigen Gedanken und Bildern zu überlassen und geradezu schlafwandlerisch, ohne Unterbrechung, das Papier zu bekritzeln. Die Geschwindigkeit der Hand sollte sich dabei möglichst dem Gedankenstrom anpassen. André Masson war derjenige, dessen Bilder diesem Anspruch

Die »umherirrende« Linie ist typisch für die Gemälde Massons, so auch für dieses Selbstbildnis von 1943.

am ehesten entsprachen. Typisch für seine verschlungenen Zeichnungen ist die »umherirrende« Linie. A. Breton schreibt über die Bilder Massons: »Die Hand des Malers beflügelt sich wahrhaft mit ihm: es ist nicht mehr die Hand, die die Formen der Gegenstände kopiert, sondern diejenige, welche – in ihre Eigenbewegung und nur in diese verliebt – die unwillkürlichen Formen beschreibt, in die sich erfahrungsgemäß diese Formen wieder eingliedern müssen.

Die Hauptentdeckung des Surrealismus ist ja, dass die Feder, die sich zum Schreiben, oder der Bleistift, der sich zum Zeichnen bewegt, ohne vorgefasste Absicht eine unendlich kostbare Substanz spinnt, die vielleicht nicht insgesamt einlösbar ist, die aber zumindest mit all dem beladen erscheint, was der Maler oder Dichter an Gefühl verbirgt. Hierin liegt das Geheimnis der herrlichen Kurve (…)«

Breton bezeichnet hier zwar die automatische Schrift und Zeichnung als die Hauptentdeckung des Surrealismus. Doch die meisten Kunstwerke der Surrealisten sind sicher nicht aus einem solchen reinen Automatismus hervorgegangen. Das Malen nach Traumerinnerungen,

Sinnestäuschungen und Zufällen führte ebenso zur »Auflösung der beiden widersprüchlich erscheinenden Zustände Traum und Realität«. Denn das hatte Breton als Ziel der Bewegung definiert: die Auflösung dieser beiden Zustände zu Gunsten einer absoluten Realität, die er Surrealität nannte. Die Gesetze der physischen Wirklichkeit sollten außer Kraft gesetzt werden.

Der mysteriöse René Magritte

Die neue Realität, die so entsteht, ist eine befremdliche Mischung aus realen und irrealen Elementen, die allein mit rationalen Denkweisen nicht zu verstehen ist. In den surrealistischen Gemälden werden unzusammenhängende Elemente nebeneinandergestellt.

René Magrittes »Drohende Zeit« von 1928 ist dafür ein hervorragendes Beispiel: Über dem Meer und einer steinigen Küste schweben ein Frauentorso, eine Trompete und ein Stuhl. Das ist verwirrend und mysteriös. Das Nachdenken über den Sinn der Anordnung scheint von vornherein zum Scheitern verurteilt.

Die Bilder zeigen Situationen, die es eigentlich gar nicht geben dürfte. Die vertraute Welt wird seltsam und unverständlich.

In manchen Bildern verschwimmen die Grenzen zwischen Darstellung und Wirklichkeit. In Magrittes »Conditione humaine II.« hat das auf der Staffelei stehende Bild eine Doppelbedeutung: das Bild stimmt mit der Landschaft des Hintergrundes haargenau überein. Darstellung und Wirklichkeit sind untrennbar miteinander verbunden.

Wenn wir uns die psychoanalytische Traumtheorie, besonders Freuds Traumdeutung (siehe Seite 62ff.) ins Gedächtnis zurückrufen, werden wir die surrealistischen Gemälde etwas besser verstehen, aber nicht erklären können, weil wir ohne die Vorgeschichte und die Assoziationen des »Träumers« auskommen müssen. Sind die Charakteristika des Traumes, wie sie vor allem Freud benannte, nicht auch die des surrealistischen Bildes?

Erinnern wir uns:

○ Die Verdichtung – das Zusammenziehen zu einer einzigen Person oder einer Sache;

○ die Verschiebung – die Traumelemente werden nicht ihrer eigenen Bedeutung gemäß angeordnet, das Nebensächliche tritt in den Vordergrund;

○ die Überdetermination – Dinge sind nicht nur ihrer ursprünglichen Bedeutung entkleidet, es gibt auch Doppel-und Mehrfachbedeutungen. Völlig unterschiedliche Dinge werden miteinander kombiniert und erhalten einen anderen Sinn. Gegensätze und Widersprüche können im Traum nicht dargestellt werden.

Die Gemälde der Surrealisten sind genauso verwirrend und mysteriös wie viele unserer Träume.

Diese Traummerkmale erklärte Freud aus der besonderen Eigenart des Unbewussten und aus der Vermischung von aktuellem Tagesgeschehen und Unbewusstem. All das führe letztendlich zur Fremdartigkeit des Traumes. Wir dürfen aber auch nicht vergessen, dass Freud erst über die Assoziationen des Träumers oder zumindest ein Vorwissen über die Person des Träumenden den Traum in diese Merkmale auflösen konnte. Das ist bei der surrealistischen Kunst kaum möglich.

Die Traumlandschaften des Salvador Dalí

Salvador Dalí war unter den Surrealisten wahrscheinlich derjenige, der am meisten von der Psychoanalyse Freuds fasziniert und beeinflusst war. Besonders »Die Traumdeutung« hatte ihn beeindruckt. Endlich hatte er eine Erklärung gefunden für die quälerischen erotischen Phantasien, die ihn seit seiner frühen Kindheit im Schlaf verfolgten. Ihm lag besonders daran, die unbewussten, nichtrationalen Traumerlebnisse detailliert darzustellen. In seinen sehr realistisch gemalten Bildern gehen Traum und Wirklichkeit unmittelbar ineinander über.

Dalí hatte die Angewohnheit, große Mengen Camembert zu essen, weil er glaubte, auf diese Weise häufiger, intensiver und skurriler träumen zu können. Sind seine fremdartigen Traumlandschaften also letztendlich auf den Genuss des Camemberts zurückzuführen?

Dalí arbeitet viel mit Doppelbildern. In »Der Schlaf« von 1937 verwandelt sich das monströse Gesicht bei näherem Hinsehen in einen Fetus. Eine solche Doppelbedeutung kommt auch in Träumen häufig vor. Dann macht das Gesicht einerseits einen weichen ballonartigen Eindruck, andererseits wirkt es wie ein schweres Gewicht. Man beachte nur einmal, wie verkeilt die Stützen mit Lippen, Stirn und Auge sind. Ein Gegenstand also, der zwei sich widersprechende Eigenschaften hat. Das passiert auch in unseren Träumen, dass durch Verdichtung und Verschiebung Dinge miteinander kombiniert werden, die nicht zusammengehören. Eindrücke, die uns – wenn sie in nächtlichen Träumen auftauchen – nicht selten schweißgebadet aufwachen lassen.

Auch Dalí hielt sich an die Richtlinien des surrealistischen Automatismus. In seiner Autobiografie »Das geheime Leben des Salvador Dalí« von 1942 schreibt er: »Die erste morgendliche Vorstellung war die von meinem Bild, die auch die letzte Vorstellung vor dem Schlafengehen sein sollte. Ich versuchte, sie genauer ins Auge zu fassen und dabei einzuschlafen ... Den ganzen Tag vor meiner Staffelei sitzend, starrte ich auf meine Leinwand wie auf ein Medium, um die Elemente meiner eigenen Imagination aus ihr emportauchen zu sehen ... Doch manchmal musste ich stundenlang warten und müßig bleiben, den Pinsel unbeweglich in der Hand, bevor ich etwas auftauchen sah ...«

Die paranoisch-kritische Methode

Aber Dalí hatte noch eine andere Methode entwickelt, die er die »paranoisch-kritische Methode« nannte. Dazu täuschte er eine wahnsinnige oder paranoische Geisteshaltung vor, um Zugang zu den unbewussten Bildern seines Inneren zu erhalten. Die Bilder, die ihm dabei vor Augen traten, malte er möglichst unmittelbar auf die Leinwand. Diese ergänzte er mit Hilfe der freien Assoziation, die er in Freuds Traumdeutung kennengelernt hatte. Hier wird der Einfluss, den die bahnbrechenden Ergebnisse der Psychoanalyse auf das Geistesleben hatte, besonders deutlich.

Traumbegegnungen

1928 drehte Dalí zusammen mit dem Filmregisseur Buñuel den ersten surrealistischen Film. Buñuel, der sich ebenfalls den Surrealisten angeschlossen hatte, schildert in seinen autobiografischen Erinnerungen »Mein letzter Seufzer«, die aus Gesprächen mit seinem langjährigen Drehbuchautor Jean-Claude Carrière hervorgingen, sehr lebendig die für den Surrealismus typische sehr spontane Entstehung: »Dieser Film

Salvador Dalís »Der Schlaf« von 1947

ging aus der Begegnung zweier Träume hervor. Dalí hatte mich einge-
laden, ein paar Tage bei ihm in Figueras zu verbringen, und als ich dort
ankam, erzählte ich ihm, dass ich kurz vorher geträumt hätte, wie eine
langgezogene Wolke den Mond durchschnitt und wie eine Rasierklinge
ein Auge aufschlitzte. Er erzählte mir seinerseits, dass er in der vorauf-
gehenden Nacht im Traum eine Hand voller Ameisen gesehen hatte,
und fügte hinzu: ›Und wenn wir daraus einen Film machen?‹ (…) Das
Drehbuch wurde in weniger als einer Woche nach einer sehr einfachen
Regel geschrieben, für die wir uns in voller Übereinstimmung entschie-
den hatten: keine Idee, kein Bild zuzulassen, zu dem es eine rationale,
psychologische oder kulturelle Erklärung gäbe; die Tore des Irrationalen weit zu öffnen; nur Bilder zuzulassen, die sich aufdrängten, ohne in
Erfahrung bringen zu wollen, warum.«

Traum und Film – Film und Traum

Wer kennt heute noch Peter Ibbetson? George du Maurier (1834–1895), der Großvater der englischen Schriftstellerin Daphne du Maurier, ist der Autor dieses Buches, das 1891 erschien und zu einem Bestseller der neunziger Jahre wurde. In diesem Roman wird das Leben zweier Liebenden geschildert, die sich nur im Traum begegnen können, weil sie ein tragisches Schicksal für immer getrennt hat. Thema des Buches ist nicht der gewöhnliche Traum, sondern der bewusst herbeigeführte Wahrtraum (auch luzider Traum genannt), in den nach Belieben eingegriffen werden kann.

Nur wenige Jahre später wurde der Traum vom Träumen auf Verlangen schon Wirklichkeit. Es war das Jahr 1895, als die ersten öffentlichen Filmvorführungen stattfanden. Es ist heute kaum vorstellbar, was das für die damaligen Menschen bedeutete. Die Faszination und das Staunen angesichts der laufenden Bilder ist verschwunden. Film ist ein Stück Alltag geworden. Das Fernsehen beginnt mit dem Frühstück und beschließt den Tag. Längst spricht man von einer neuen Realität, der virtuellen Realität.

Du Mauriers Peter Ibbetson entstand zwar zu einer Zeit, als es den Film noch nicht gab, doch die Art, wie er die Traumerlebnisse seines Helden schildert, liest sich stellenweise so, als würde er eine Filmvorführung in einem öffentlichen Kino beschreiben. »Durch dieses Fenster, von diesem Polstersitz aus können wir sehen, was wir nur wollen«, sagt die Traumgeliebte zu Peter Ibbetson.

Der Wahrträumer Ibbetson unterscheidet sich vom gewöhnlichen Träumer. Er weiß, dass er träumt, er kann seine Träume bewusst lenken, sie lassen sich ein- und ausschalten, er kann den Schauplatz beliebig wechseln und tief in die Vergangenheit eintauchen. Ibbetson und seine Geliebte Mary, die sich schon seit ihrer Jugend kennen und seitdem immer wieder auf schmerzliche Weise voneinander getrennt werden, beginnen schon früh, ihre Beziehung in ihren auf spielerische Art bewusst herbeigeführten Träumen zu leben. Bis das Träumen vollends zum einzigen Ort ihrer Kommunikation wird. Denn als Ibbetsons Onkel bei einem Streit der beiden auf unglückliche Weise ums Leben kommt, wird die Trennung von Mary endgültig. Ibbetson wird zu lebenslänglicher Kerkerhaft verurteilt.

Der Wahrträumer kann seine Träume bewusst herbeiführen und lenken.

Luzides Träumen

Du Maurier könnte zu seinem Roman angeregt worden sein durch die Forschungen des Marquis Hervey de Saint Denis (1823–1892), einem Professor für chinesische Sprache und Literatur, der über mehrere Jahrzehnte seine eigenen Träume beobachtete und untersuchte. Sein 1867 anonym publiziertes Buch, in dem er seine Ergebnisse niederschrieb, gilt bis heute als eine der umfassendsten Arbeiten, die ein Mensch jemals über seine eigenen Träume angefertigt hat. Seine akribischen Notizbücher sollen allein fast 2000 Träume enthalten haben. Hervey de Saint Denis unterzog sich einem Training, das es ihm irgendwann ermöglichte, seine Träume bewusst zu lenken. Wenn er sich beispielsweise kurz vor dem Einschlafen vornahm, vom eigenen Tod zu träumen, gelang ihm das. Während des Traumvorganges nun war es ihm möglich, sich einen Turm hinaufgehen zu lassen, um sich von dort hinunterzustürzen. Das Verblüffende dabei war, dass er sich im Traum gleichzeitig als Zuschauer, der am Fuß des Turmes steht, erlebte.
In diesem Beispiel ist der Vorgang des luziden Träumens in anschaulicher Weise versinnbildlicht: Der Träumer ist aktiv (indem er seine Träume lenkt und als »Schauspieler« erlebt) und passiv zugleich (als Beobachter).

Wahr- und Wachträume

Hervey de Saint Denis ist wahrscheinlich der erste Mensch, der das luzide Träumen systematisch untersuchte. Doch das luzide Träumen, das auch als Wach- oder Wahrträumen bezeichnet wird, ist wahrscheinlich schon seit Urzeiten bekannt und angewandt worden. Der antike Philosoph Aristoteles schreibt bereits darüber:
»Wenn der Schläfer wahrnimmt, dass er träumt und sich des Schlafzustandes bewusst ist (…) sagt etwas in ihm: ›Das Bild von Korisko prä-

sentiert sich selbst, aber dennoch ist Korisko nicht wirklich anwesend.‹ (…) Denn oft, während man schläft, existiert etwas im Bewusstsein, das uns sagt, dass alles nur ein Traum ist.«

Im tibetanischen Buddhismus wird das luzide Träumen bereits seit dem 8. Jahrhundert geübt. Die Buddhisten verstehen das luzide Träumen als eine Form des Yoga. Das Bewusstsein auch während des Traumes aufrechtzuerhalten, bedeutet für sie eine Möglichkeit, ihr negatives Karma (Karma = Schicksal, das vom früheren Leben abhängt) zu überwinden.

Ein islamischer Geistlicher, Ibn El-Arabi, soll im 12. Jahrhundert den Gläubigen empfohlen haben, die Kontrolle des Traumes zu üben, denn diese sei eine überaus wertvolle Fähigkeit. Auch Thomas von Aquin kannte das luzide Träumen. Er war der Ansicht, dass es besonders gegen Ende des Schlafes auftritt und vor allem bei den Menschen, die eine starke bildliche Vorstellungsgabe haben.

In neuerer Zeit hat sich besonders Paul Tholey mit dem Phänomen des luziden Träumens, das er Klarträumen nennt, beschäftigt. Er hat einen ganzen Kanon von Punkten aufgestellt, mit denen man überprüfen kann, ob man sich wirklich im Zustand des Klarträumens befindet. Unter anderem sei sich der Träumer im Klaren darüber, dass er träumt, dass er entscheiden könne, was passiert und dass er genau wisse, wer er sei und was er sich für diesen Traum vorgenommen habe. Es gäbe auch eine Reihe von Aspekten, die nicht für jeden Klarträumer zutreffen müssen, zum Beispiel eine Klarheit über den Sinn des Traumes.

Peter Ibbetson – der Wachträumer

Der Übersetzer der 1967 erschienenen deutschen Ausgabe von »Peter Ibbetson«, Fritz Güttinger, schreibt in einem Nachwort zum Buch: »Du Maurier ist der Erfinder des seelischen Heimkinos, nur dass er diesen Namen noch nicht kennen konnte, weil es die Sache noch nicht gab.«

Zu du Mauriers Zeiten waren erst primitive Vorläufer der späteren Foto-
kamera bekannt. Du Maurier zeigt fast hellseherische Fähigkeiten,
wenn er seinen Helden Peter Ibbetson über die Täuschung des Traumes sagen lässt, sie sei »sowohl der photographischen Platte als auch
der phonographischen Walze verwandt und noch anderen derartigen
Dingen, die noch nicht entdeckt sind.«

Peter Ibbetson schwelgt in seinen Träumen, die ihm das Leben im
Gefängnis versüßen und ihn zu einem der glücklichsten Häftlinge
machen, die jemals gelebt haben. In den bewusst gelenkten Wahrträumen lässt er Vergangenes in neuem Licht erscheinen und wie eine ständige Abfolge von erleuchteten Bildern – als eine Art gelenkte Rück-
blende – an sich vorbeiziehen: »Es ist ein eigenartig neues, pikantes
und erregendes Erlebnis, persönlich und gleichsam gegenwärtig, vergangene Aktualitäten an sich vorüberziehen zu sehen und gleichzeitig
Vergangenes voraussehen und sich an Kommendes erinnern zu können.«

Die anschaulichen Umschreibungen des Wachträumens ähneln sehr
stark den Eindrücken, die Schriftsteller des 20. Jahrhunderts über das
Kino berichten. Das Staunen ist das gleiche. »Zeit und Raum waren für
uns aufgehoben«, lässt du Maurier seinen Peter Ibbetson sagen. »Der
Raum war vernichtet, die Zeit zurückgestellt, das Dort und Damals in
ein huschendes, gaukelndes, von Musik umspieltes Hier und Jetzt verwandelt«, schreibt Thomas Mann in »Der Zauberberg«.

Auch Hofmannsthals Aufsatz über den Film als »Ersatz für die Träume«
(1921) ist an dieser Stelle zu erwähnen. Hofmannsthal schreibt: »Der
Träumende weiß, dass er wach ist; er braucht nichts von sich draußen
zu lassen; mit allem, was in ihm ist, bis in die geheimste Falte, starrt er
auf dieses flimmernde Lebensrad, das sich ewig dreht. Es ist der ganze
Mensch, der sich diesem Schauspiel hingibt; nicht ein einziger Traum
aus der zartesten Kindheit, der nicht mit in Schwingung geriete …«
Auch eine Erklärung der Faszination, die vom Kino ausgeht.

Der Film als öffentlicher Traum

Jean Cocteau (1889–1963), ein Schriftsteller und Dichter, der sich dem Film zuwandte, und einmal von sich sagte, wirklich intensiv lebe er nur im Schlaf und im Traum, nannte den Film einen öffentlichen Traum, den wir dank einer Art von Hypnose zusammen träumen.

Über seinen Beruf sagt er: »Ich bin kein Filmemacher. Ich bin ein Dichter, der die Kamera als ein Vehikel benutzt, das es allen ermöglicht, gemeinsam ein und denselben Traum zu träumen – einen Traum, der nicht Traum im Schlaf ist, sondern Wachtraum, der nichts anderes ist als jener irreale Realismus, jenes Wahrere als das Wahre, das man eines Tages erkennen wird als das wahre Kennzeichen unserer Zeit.«

Über das, was im Film passiert: »Im Film wie im Traum nehme ich eine Folge von wirklichen Handlungen wahr, die sich mit der wunderbaren Absurdität des Traumes verschränken, denn diejenigen, die diesen Handlungen zusehen, hätten sie nicht auf dieselbe Weise verschränkt, sie hätten sie sich nicht so vorgestellt, und sie folgen ihnen aus ihrem Sessel so, wie sie in ihrem Bett den merkwürdigen Abenteuern folgen, für die sie nicht verantwortlich sind.«

Luis Buñuel

Damit sind wir schon bei den Filmregisseuren, denen die Verwandtschaft von Traum und Kino natürlich nicht verborgen blieb. Einen weiteren hatten wir schon erwähnt: Luis Buñuel, der die Träume in surrealistischer Manier und als geborener Anarchist (im positiven Sinne) und zum Herzstück seiner Filme machte. Natürlich wurde auch Peter Ibbetson bald verfilmt. Das Buch wurde in Europa durch den Film erst richtig bekannt. Die 1935 unter Henry Hathaway entstandene Verfilmung fand auch bei den Surrealisten begeisterte Aufnahme. Buñuel nannte ihn einmal einen der zehn besten Filme, die je gedreht worden sind. Buñuel steht sicher ganz vorne in der Phalanx berühmter Regisseure, die eigene und fremde Träume im Medium des Films künstlerisch umsetzten. Aber auch andere bekannte Filmregisseure wie Ingmar Bergmann und Federico Fellini dürfen hier nicht unerwähnt bleiben.

Federico Fellini

Federico Fellini hat einige seiner Filme bewusst so konzipiert, dass der betrachtende Zuschauer nicht weiß, wo die Wirklichkeit aufhört und die Phantasie beginnt. Seine Filme – insbesondere der berühmte Klassiker »8 ½« – wollen durch diese Ungewissheit und Mehrdeutigkeit provozieren. Groteske Figuren und Schauplätze tragen darüber hinaus dazu bei, dass sich der Betrachter in die Irrealität der eigenen (Alp-)träume versetzt sieht.

Ingmar Bergmann

Das hat der Film nach I. Bergmann mit dem Traum gemeinsam: beide sprechen vor allem das Gefühl an, der Verstand bleibt zumindest während des unmittelbaren Traum- und Filmerlebnisses weitgehend ausgeschaltet. Für den Regisseur Bergmann gibt es noch eine weitere Gemeinsamkeit: eine ähnlich lebensnotwendige Bedeutung wie der Traum (er verweist auf die Schlafforschung, wonach Traumentzug beim Menschen nachweislich zu Depressionen oder zum Wahnsinn führen könne) habe für ihn der Film. Er brauche diese Möglichkeit, seine übermächtigen Träume und Phantasien künstlerisch umzusetzen, zu kanalisieren. Seine gesamte künstlerische Tätigkeit habe sich bei ihm immer als Hunger ausgedrückt: »Mit dem aufgestauten Hunger des Kindes stürzte ich mich auf mein Medium, und zwanzig Jahre lang habe ich unermüdlich und in einer Art Raserei Träume vermittelt, Sinneserlebnisse, Phantasien, Ausbrüche des Wahnsinns, Neurosen, Glaubenskämpfe und reine Lügen.« Es scheint nicht einfach so dahergesagt, wenn der berühmte Regisseur Bergmann, der immerhin mehr als 50 Filme gedreht hat, behauptet, alle seine Filme seien Träume.

Luis Buñuel – Träume und Träumereien

Auszug aus: Luis Buñuel, »Mein letzter Seufzer, Erinnerungen«. 1991

Wenn mir gesagt würde: Du hast noch zwanzig Jahre zu leben, was wirst du anfangen mit den vierundzwanzig Stunden jedes Tages, der bleibt?, so würde ich antworten: Gebt mir zwei Stunden aktiven Lebens und den Rest zum Träumen, aber ich muss mich der Träume erinnern können, denn der Traum existiert nur eingebettet in Erinnerung.

Ich liebe den Traum, auch wenn die Träume Alpträume sind, was bei mir meistens der Fall ist. Immer sind sie durchsetzt mit Hindernissen, die mir schon vertraut sind. Das ist mir egal.

Diese amour fou zum Traum, diese Lust zu träumen – frei von jeglichem Versuch, die Träume auch zu deuten –, gehört zu den tiefsitzenden Neigungen, die mich zum Surrealismus gebracht haben. Ein andalusischer Hund, auf den ich noch zurückkommen werde, ist aus der Begegnung eines meiner Träume mit einem Traum von Dalí hervorgegangen. Später habe ich Träume in meinen Filmen untergebracht und dabei immer versucht, das Rationale und Erklärende zu vermeiden, das ihnen meistens in Filmen anhaftet. Einmal habe ich einem mexikanischen Produzenten, der indes gar keinen Sinn für meinen Scherz hatte gesagt: »Wenn der Film zu kurz wird, tu ich einfach einen Traum rein.«

Es heißt, dass sich das Gehirn während des Schlafs gegen die Außenwelt schützt, dass es dann viel weniger empfindlich ist gegen Geräusche, Gerüche, Licht. Dagegen scheint es von innen her geradezu von einem Traumgewitter bombardiert zu werden, das wellenweise niedergeht. Milliarden und Abermilliarden von Bildern tauchen so jede Nacht auf und zerstreuen sich fast sofort wieder. Sie umgeben die Erde mit einem Mantel von verlorenen Träumen. Alles, absolut alles, ist in irgendeiner Nacht von dem einen oder anderen Hirn imaginiert und wieder vergessen worden.

Es ist mir gelungen, ein gutes Dutzend wiederkehrender Träume, die mich als treue Weggefährten durch mein Leben begleitet haben, festzuhalten. Einige sind unglaublich banal: Ich falle unter Wohlgefühl in einen Abgrund, oder ein Tiger oder ein Stier verfolgt mich, ich bin in einem Zimmer, ich mache die Tür hinter mir zu, der Stier durchbricht die Tür – und so weiter.

Mein ganzes Leben hindurch stand ich im Traum immer wieder plötzlich vor der Notwendigkeit, meine Prüfungen zu wiederholen. Ich hatte gedacht, ich hätte sie mit Erfolg hinter mich gebracht, aber keineswegs. Ich muss sie noch einmal machen, und natürlich habe ich alles vergessen, was ich wissen sollte.

Ein anderer Traum desselben Typs ist sehr häufig bei Leuten vom Theater und vom Film anzutreffen: In wenigen Minuten muss ich auf die Bühne und eine Rolle spielen, aber ich habe das erste Wort vergessen. Der Traum kann sehr lang und kompliziert werden. Ich habe Angst und rege mich auf, das Publikum wird ungeduldig und pfeift, ich gehe zum Inspizienten oder zum Theaterdirektor und sage: »Es ist furchtbar, was soll ich bloß machen?« Aber er antwortet ungerührt, das müsse ich selber wissen. Der Vorhang werde hochgehen, man könne nicht länger warten. Eine grenzenlose Angst befällt mich. In »Le Charme discret de la bourgeoisie« (»Der diskrete Charme der Bourgeoisie«) habe ich versucht, ein paar Bilder dieses Traums zu rekonstruieren.

Ein anderer Angsttraum: die Rückkehr in die Kaserne. Mit fünfzig oder sechzig muss ich in einer alten Uniform in die Kaserne zurück, in der ich in Madrid meinen Militärdienst geleistet habe. Ich bin sehr beklommen, ich schleiche an den Mauern entlang, ich habe Angst, dass man mich wiedererkennt. Ich empfinde ein Gefühl der Schande, dass ich in meinem Alter noch Soldat bin, aber so ist es nun mal, ich kann nichts dran ändern, ich muss unbedingt mit dem Oberst sprechen und ihm meinen Fall erklären. Wie kommt es, dass ich nach allem, was ich im Leben mitgemacht habe, immer noch in der Kaserne bin?

246

Manchmal komme ich als Erwachsener nach Calanda in das Haus meiner Kindheit zurück, in dem sich, das weiß ich, ein Geist versteckt – eine Erinnerung daran, wie mir mein Vater nach seinem Tod erschienen ist. Ich gehe mutig in ein Zimmer ohne Licht und rufe den Geist, wer er auch sein möge, ich provoziere ihn, manchmal beschimpfe ich ihn sogar. Dann ertönt hinter mir ein Geräusch, eine Tür schlägt zu, und ich erwache mit einem Schrecken, ich habe niemanden gesehen.

Es passiert mir auch wie jedem andern, dass ich von meinem Vater träume. Er sitzt an der Familientafel, sein Gesicht ist ernst. Er isst sehr langsam, sehr wenig und spricht kaum. Ich weiß, dass er tot ist, und ich sage leise zu meiner Mutter oder einer meiner Schwestern, die neben mir sitzt: »Wir dürfen es ihm bloß nicht sagen.«

Geldmangel quält mich im Schlaf. Ich habe keinen Pfennig mehr, mein Bankkonto ist leer – wie soll ich nur mein Hotel bezahlen? Das ist einer der Alpträume, die mich, bis heute, mit der größten Hartnäckigkeit verfolgen.

Nur der Zugtraum ist mir ähnlich treu geblieben. Ich habe ihn Hunderte von Malen geträumt. Die Geschichte ist immer die gleiche, aber Einzelheiten und Nuancen variieren mit einer unglaublichen Subtilität. Ich bin in einem Zug, ich weiß nicht wo, mein Gepäck liegt über mir im Netz. Plötzlich fährt der Zug in einen Bahnhof ein und bleibt stehen. Ich stehe auf, um mir auf dem Bahnsteig ein wenig die Beine zu vertreten und etwas zu trinken.

Dabei bin ich sehr vorsichtig, denn ich bin schon sehr oft in diesem Traum gereist und weiß, dass der Zug, wenn ich den Fuß auf den Bahnsteig setze, urplötzlich abfährt. Das ist eine Falle, das weiß ich.

Deshalb bin ich auf der Hut. Ganz vorsichtig setze ich einen Fuß auf den Bahnsteig, schaue nach rechts und nach links, pfeife vor mich hin, als ob nichts wäre. Der Zug rührt sich nicht, um mich herum steigen die Reisenden ganz normal aus, darauf setze ich auch den anderen Fuß auf den Bahnsteig, und dann, auf einen Schlag, wie aus der Kanone geschossen: weg ist der Zug und – was noch viel schlimmer ist – mit ihm mein ganzes Gepäck! Ich stoße einen gewaltigen Fluch aus, ich stehe allein auf dem Bahnsteig, der plötzlich menschenleer ist, und dann wache ich auf.

Wenn Jean-Claude Carrière und ich zusammenarbeiten und wir zwei nebeneinanderliegende Zimmer haben, hört er mich nachts manchmal durch die Wand aufschreien. Darüber regt er sich längst nicht mehr auf, er sagt sich einfach: Der Zug ist mal wieder abgefahren. Und so ist es auch, am nächsten Morgen kann ich mich noch erinnern, dass der Zug mal wieder plötzlich in der Nacht verschwunden ist und ich allein dastehe, ohne Gepäck.

Dagegen habe ich nicht ein einziges Mal in meinem Leben vom Flugzeug geträumt – ich wüsste gern, warum.

Da sich niemand für die Träume anderer interessiert – aber wie könnte man sein Leben erzählen, ohne dessen unterirdischen, imaginativen, irrealen Teil wenigstens zu erwähnen? –, höre ich gleich damit auf. Nur noch zwei oder drei Träume, dann bin ich fertig.

Zuerst der von meinem Vetter Rafael. Dabei handelt es sich um einen makabren, ziemlich melancholischen und sanften Traum. Mein Vetter Rafael Saura ist schon lange tot, das weiß ich, und dennoch treffe ich ihn plötzlich in einer leeren Straße. Überrascht frage ich ihn: »Was machst du denn da?« Er antwortet traurig: »Ich komme täglich hier vorbei.« Plötzlich bin ich in einem dunklen Haus, unordentlich und voller Spinnweben, in das ich Rafael habe eintreten sehen. Ich rufe ihn, er antwortet nicht. Ich gehe wieder hinaus und rufe jetzt auf derselben leeren Straße nach meiner Mutter: »Mutter, Mutter, was machst du denn hier unter den Schatten?«

Dieser Traum hat mich besonders stark beeindruckt. Ich war ungefähr siebzig, als er mich heimsuchte. Etwas später hat mich ein anderer Traum noch mehr getroffen. Ich sehe plötzlich die Jungfrau Maria, vor Sanftheit strahlend, mir die Hände entgegenstrecken. Sie ist es, ohne

Frage. Sie spricht zu mir finsterem Ungläubigen mit unvorstellbarer Sanftheit, eingehüllt in eine Schubert-Musik, die ich ganz klar höre. In »La Voie lactée« (»Die Milchstraße«) wollte ich dieses Bild rekonstruieren, aber es fehlt ihm da die Kraft der unmittelbaren Überzeugung, die es in meinem Traum hatte. Ich knie nieder, meine Augen füllen sich mit Tränen, und ich fühle mich plötzlich vom Glauben erfasst, einem brennenden und unwiderstehlichen Glauben.

Als ich erwachte, brauchte ich zwei oder drei Minuten, bis ich mich wieder gefasst hatte. Auf der Schwelle zum Wachwerden wiederholte ich immer noch: ja, ja, heilige Mutter Maria, ich glaube. Mein Herz schlug sehr stark.

Bleibt noch hinzuzufügen, dass dieser Traum einen ausgeprägt erotischen Charakter hatte. Eine Erotik, die sich in den keuschen Grenzen platonischer Liebe hielt, versteht sich. Vielleicht, wenn der Traum länger gedauert hätte, wäre diese Keuschheit verschwunden und hätte einem wirklichen Verlangen Platz gemacht. Ich kann es nicht sagen. Ich fühlte mich einfach ergriffen, im Herzen angerührt, von Sinnen. Ein Gefühl, dem ich im Lauf meines Lebens immer wieder begegnet bin, und nicht nur im Traum.

Sehr oft – aber leider hat mich dieser Traum seit etwa fünfzehn Jahren verlassen, und was kann man tun, um einen verlorenen Traum zurückzuholen? – war ich in einer Kirche, ich drückte auf einen hinten an einer Säule versteckten Knopf, der Altar drehte sich langsam um sich selbst und gab eine Geheimtreppe frei. Ich ging hinunter, mit klopfendem Herzen, und kam in unterirdische Säle. Das war ein ziemlich langer und leicht beängstigender Traum, den ich sehr mochte.

In Madrid bin ich eines Nachts unter schallendem Gelächter aufgewacht. Ich musste lachen, ich konnte nicht aufhören. Meiner Frau, die mich nach dem Grund fragte, sagte ich: »Ich habe geträumt, dass meine Schwester Maria mir ein Kopfkissen geschenkt hat« – ein Satz für den Analytiker.

Liste der im Buch beschriebenen Träume

Literatur

Ammon, Günter: Dynamische Psychiatrie. Grundlagen und Probleme einer Reform der Psychiatrie. Verlag Dietmar Klotz. Frankfurt am Main 1998

Ammon, Günter: Psychoanalyse und Psychosomatik. Verlag Dietmar Klotz. Frankfurt am Main 1998

Ammon, Günter (Hg.): Gruppendynamik der Kreativität. Kindler Verlag. München 1980

Ammon, Günter: Der Traum als Ich-und Gruppenfunktion. In: Ammon, Günter (Hg.), Psychoanalytische Traumforschung. Verlag Hoffmann und Campe. Hamburg 1974

Artemidoros von Daldis: Das Traumbuch. Deutscher Taschenbuch Verlag. München 1979

Bartels, Michael (Hg.): Traumspiele. Junius Verlag. Hamburg 1994

Benedetti, Gaetano: Botschaft der Träume. Vandenhoeck & Rupprecht, Göttingen 1998

Boss, Medard: Der Traum und seine Auslegung. Hans Huber. Bern 1953

Boss, Medard: Es träumte mir vergangene Nacht… Hans Huber. Bern 1991

Buñuel, Luis: Mein letzter Seufzer. Erinnerungen. Ullstein. Frankfurt am Main 1991

Coxhead, David / Hiller, Susan: Träume. Eine Bilddokumentation. Umschau Verlag. Frankfurt am Main 1976

Czikzintmihalhyi, Mihaly: Kreativität. Klett-Cotta. Stuttgart 1997

Dewey, John: Kunst als Erfahrung. Suhrkamp. Frankfurt am Main 1988

Ellenberger, Henry F.: Die Entdeckung des Unbewußten. Diogenes. Zürich 1985

Fink, Norbert: Lehrbuch der Schlaf- und Traumforschung. Minerva-Publikationen. München 1979

Freud, Sigmund: Zur Psychopathologie des Alltagslebens. Fischer Taschenbuch Verlag. Frankfurt am Main 1954

Freud, Sigmund: Die Traumdeutung. 1900. (Fischer Taschenbuch, Frankfurt am Main 1987)

Freud, Sigmund: Schriften über Träume und Traumdeutungen. Fischer Taschenbuch Verlag. Frankfurt am Main 1997

Fromm, Erich: Märchen, Mythen, Träume. Eine Einführung in das Verständnis einer vergessenen Sprache. Rowohlt. Reinbek bei Hamburg 1997

Garfield, Patricia: Frauen träumen anders. Die weibliche Traumwelt. Piper Verlag. München 1992

Holzinger, Brigitte: Der luzide Traum: Phänomenologie und Physiologie. WUV-Universitätsverlag. Wien 1997

Jung, Carl Gustav (u.a.): Der Mensch und seine Symbole. Walter-Verlag. Solothurn und Düsseldorf 1995

Jung, Carl Gustav: Erinnerungen, Träume, Gedanken. Hg. Von A. Jaffé. Walter Verlag. Olten 1971

Koppel, Glenn T.: Wochenendlektüre: Träumen und Traumdeutung. Vandenhoeck & Rupprecht. Göttingen 1994

Mertens, Wolfgang: Traum und Traumdeutung. C.H.Beck. München 1999

Mitscherlich, Alexander: Kekulés Traum. DIE ZEIT vom 17.9.1965, Seite 19

Picon, Gaetano: Surrealismus. Skira. Genf 1998

Pierre, José: DuMont's kleines Lexikon des Surrealismus. DuMont Buchverlag. Köln 1976

Reitz, Gertraud: Der therapeutische Prozeß eines Borderline-Patienten im Feld einer ambulanten Gruppen- und Tanztherapie. In: Dynamische Psychiatrie. Internationale Zeitschrift für Psychiatrie und Psychoanalyse. 24. Jahrgang. 1./2. Heft 1991. 56–67

Reitz, Gertraud: Tanz, Traum und Gruppe. Vortrag gehalten auf dem Internationalen Symposium der Deutschen Akademie für Psychoanalyse 1987

Reitz, Gertraud: Zur Integration des Human-Strukturellen Tanzes im gruppentherapeutischen Prozeß. In: Dynamische Psychiatrie. Internationale Zeitschrift für Psychiatrie und Psychoanalyse. 19. Jahrgang. 4./5. Heft 1986. 353–365

Rosky, Thomas: Die Kunst des Beschreibens. Klassifizierung in Kunstgeschichte und Archäologie. Verlag Kalkbrenner und Schuster. Freiburg i. Br. 1995

vom Scheid, Jürgen: Geheimnis der Träume. Wie man sie entschlüsseln und sich selbst besser verstehen kann. Mosaik. München 1992

Schmidts, Rolf: Das ganzheitliche Prinzip in der humanstrukturellen Psychoanalyse Günter Ammons. In: Dynamische Psychiatrie. Internationale Zeitschrift für Psychiatrie und Psychoanalyse. 29. Jahrgang. 5./6. Heft 1996. 317–339

Schneider, Wolf: Die Sieger. Wodurch Genies, Phantasten und Verbrecher berühmt geworden sind. R. Piper. München 1996

Simenon auf der Couch. Fünf Ärzte verhören den Autor sieben Stunden lang. Diogenes. Zürich 1985

Stevens, Anthony: Vom Traum und vom Träumen. Deutung, Forschung, Analyse. Kindler. München 1996

Vedfelt, Ole: Dimensionen der Träume. Ein Grundlagenwerk zu Wesen, Funktion und Interpretation. Deutscher Taschenbuchverlag, München 1999

Die Autoren

Dr. phil. Gertraud Reitz ist seit über 20 Jahren Lehr- und Kontrollanalytikerin der Deutschen Akademie für Psychoanalyse in München. Sie arbeitet in ihrer eigenen Praxis als Psychoanalytikerin, Gruppen- und Tanztherapeutin. Der Schwerpunkt ihrer Arbeit ist die Integration nonverbaler Therapiemethoden wie Tanz- und Milieutherapie.

Dr. med. Rolf Schmidts ist Chefarzt der Dynamisch-Psychiatrischen Klinik Menterschwaige in München und ärztlicher Leiter und Lehranalytiker des Lehr- und Forschungsinstituts der Deutschen Akademie für Psychoanalyse in München. Sein Schwerpunkt ist die stationäre Psychotherapie und Großgruppenforschung sowie die Musiktherapie im Rahmen der nonverbalen Therapiemethoden.

Dr. Thomas Rosky studierte in Freiburg i. Br. und Madrid Ur- und Frühgeschichtliche Archäologie und Kunstgeschichte. Es folgten die Promotion und eine journalistische Ausbildung. Seit 1997 arbeitet er als Autor und Redakteur.

Bildnachweis

Marina Abramovic, Amsterdam/Berlin: 196, 197: © VG Bild-Kunst, Bonn 1999; AKG Archiv für Kunst und Geschichte GmbH, Berlin: 4/33, 20, 26, 53, 75, 192, 232: © VG Bild-Kunst, Bonn, 1999, 237: © Demart pro Arte B.V./VG Bild-Kunst, Bonn 1999); Bildarchiv Preußischer Kulturbesitz, Berlin: 48; Deutsche Akademie für Psychoanalyse (DAP), München: 104; Dokumentations- und Informations Zentrum München GmbH/Süddeutscher Verlag- Bilderdienst: 62 (Scherl), 86 (Pfeiffer); Image Bank Bildagentur GmbH, München: 2 (Schuster), 7/229 (Tcherevkoff), 9 (Crocker), 137 (Turner), 171 (Garrabrant), 202 (Lewin), 224 (Schuster), 234 (Meola), 239 (Schuster); Michael Haussmann, München: 60; B.O. Howell, München: 10 (Promenade with the Tigreleopantera), 120 (Parallel-Wesen, Ausschnitt); Keystone, Zürich: 100; Mauritius Die Bildagentur GmbH, Mittenwald: 82 (AGE), 97 (AGE), 166 (Jiri), 177 (AGE), 178 (AGE), 210 (Glamour Intern.), 227 (AGE), Gertraud Reitz, München: 156.
Titel: Premium. Stock Photography GmbH, Düsseldorf (Knox)

Impressum

Weltbild Buchverlag
© 1999 Weltbild Verlag GmbH · Augsburg
Alle Rechte vorbehalten

Redaktion: Peter Ebert
Bildredaktion: Susanne Allende
Layout/Satz: Dirk Risch · München
Reproduktion: Kaltner Media GmbH · Bobingen
Druck und Bindung: Franz Spiegel Buch GmbH · Ulm

Gedruckt auf chlorfrei gebleichtem Papier

Printed in Germany

Stichwörter von A bis Z